JN092821

グローカル化する社会と意識のイノベーション
——国際社会学と歴史社会学の思想的交差

西原和久 著

東信堂

はじめに

　本書は、グローカル化およびトランスナショナリズムという視点から社会と意識の変容を論じたものです。内容的には、第1部で世界、とりわけ西洋を中心に論じ、第2部では日本を素材にして、主に近代以後の社会と意識の流れを追っています。

　ただし、本書は歴史書ではありません。本書は、筆者が関心をもってきた国際社会学と歴史社会学が交わる地点で見えてくる社会意識・社会思想の流れを論じながら、そこから私たちが学ぶものは何かを考えて、筆者なりの未来展望を示したものです。また本書は、学術的ではありますが、いわゆる専門書ではありません。専門書であれば、厳密に出典の原書や頁数を記す必要がありますが、本書では基本的に関連する翻訳・和書を中心に文献を示し、煩雑な注や頁数などの細かなデータは割愛しました。というのも、この本を手にした方に、新書を読むように、枝葉を切り落として、一気に本筋を読んでほしいと願っているからです。

　本文で論じていますが、筆者はいま、沖縄から展望する東アジアの平和と共生に向けた連携のあり方を、理論的、実践的に探究することに専念しています。本書は、その探究の途上で得た知見も含めて、なるべくコンパクトに内容をまとめた「要説」で、現時点での到達点を記したという意味では、筆者の小さな「ライフワーク」でもあります。ただし、本書で批判の対象となる「国家主義」という言葉には、少し補足が必要かもしれません。本書でいう国家主義は、近代国民国家（modern nation-state）の国家第一主義（自国中心主義といっても構いません）のことを指しており、したがって対応する英語はstatism です。この国家主義がナショナリズム（nationalism）を喚起しつつ、現代世界の大きな足かせになっているというのが筆者の認識です。そして、この国家主義を脱国家的に乗り越えて、新たな歴史の創造に役立ちたいという

思いが、筆者のキーワードでもある〈トランスナショナリズム〉という言葉に込められています。

　かつて、カール・マルクスは、歴史の創造ということに関して、次のように述べていました。「人びとは自分たちの歴史をつくる。けれども好きな材料でつくるわけでも、自分で選んだ状況でつくるわけでもない。自分たちの目の前にあり、自分たちに与えられ、手渡された状況でつくるのである」（丘沢静也訳『ルイ・ボナパルトのブリュメール 18 日』）。まさに、未来を展望しようとするとき、自分たちに与えられた状況は何なのかを考える必要があります。本書には、その状況を見極めたいという意図があります。文脈を無視して、同じ文献からマルクスの文章をさらに借用すると、「生きている者たちがちょうど、自分やものごとを変革して、これまでになかったものを創造しようとしているように見えるとき」、筆者の思考のなかには、〈イノベーション〉という概念も立ち現れます。しかし、イノベーションとは何でしょうか。それは何をイノベートして変革し、何を創造しようとするのでしょうか。そうした問題意識が本書の底流を形成しています。

　筆者はこれまで、〈移動〉をキーワードの一つとして、理論的、実証的、実践的に、社会学研究を推し進めてきました。本書は、その移動論から始め、最後は、現状の壁や枠を超えて進む方向性について触れています。それは、いまを超えていく〈越境〉の試みでもあります。そしてそれは、ナショナルなものを超えていく〈トランスナショナリズム〉という筆者の中心的キーワードの、現時点での展開のかたちでもあります。

　筆者はいま、平和市民大学という構想をもっています。そこから、北東アジア、東アジア、そして世界へと、連帯の輪を広げていきたいという夢を育んでいます。さまざまなジャンルを超え、越境して、本書が、共に考えるための契機になれば幸いです。

　　　2021 年 1 月　コロナ禍に伴う 2 度目の緊急事態宣言のなかで

　　　　　　　　　　　　　　　　　　　　　　　　　　　西原和久

グローカル化する社会と意識のイノベーション
——国際社会学と歴史社会学の思想的交差

序章　グローカル研究と社会の変革

1.　グローカル化する社会への国際社会学的・歴史社会学的接近

(1)新型コロナ問題が問いかけること

　新型コロナウィルスの世界的な流行は、まさにローカルな地で発生した「新型」がトランスナショナルな移動を経て、グローバルに広がった病の「グローバル化」の典型例です。しかし、ウィルスのグローバルな流行とは、このウィルスがローカルな場で多数の人びとに感染することです。つまり、「グローバル化」とは、同時に「ローカル化」でもあるのです。グローバル化とローカル化の同時性・両面性を合わせて考えようとすると、「グローカル化」という視点が重要になります (後述参照)。

　ただし、次のような見方も重要です。新型コロナに対するワクチンが急いで開発されました。しかしそれは、パンデミックに対する科学・医学の勝利なのでしょうか。2021 年の 1 月 16 日の段階で、AFP= 時事の配信記事が伝えるところによれば、国連のアントニオ・グテーレス事務総長は、世界の新型コロナによる死者が 200 万人を超えた「痛ましい節目」に、「ワクチン・ナショナリズム」に警鐘を鳴らしたとのことです。彼は、「ワクチンは、高所得の国々にすぐ行き渡ったが、特に貧しい国々には全く届いていない」——その間に第三世界でも死者は増大しているのです——と述べ、「科学の面では成功しているが、連帯の面では失敗している」と指摘したようです。まさに、国際社会学的、歴史社会学的にみて、問題はここにあるのではないでしょうか。

　本書は、グローカル研究という視点から、これまでの社会と意識の変容な

4

いしイノベーションを論じ、現代から未来に向けた社会のあり方を考えよう
とする本です。イノベーションという言葉に関しては後述しますが、ここで
は「新しい大きな変革」を指す言葉として使います。これまでの社会や意識
がどのような「新しい大きな変革」を経て現代に至っているのか、まずその
点を世界および日本に焦点を絞って国際社会学的かつ歴史社会学的にみてい
きます。そしてそれを踏まえて現代社会を考え、「コロナ後」の未来社会を
展望したいと考えているのです。その際に、筆者は「グローカル化」という
補助線と、「トランスナショナリズム」という補助線を活用しようと考えて
います。まずは、簡潔にこの点から触れていきましょう。

⑵グローカル化とトランスナショナリズムという補助線

　筆者は、グローバル社会化やインターネット社会化をともなう現代社会を
考える際に、グローカル研究の重要性を認識するようになってきました。こ
こで、グローカル研究というのは、グローバルという視点とローカルという
視点を同時的に捉えて、グローカルと称する研究のことです。そこで筆者は、
社会研究の際の補助線として、「グローカル化」という概念を用いることの
意義を強調してきました（成城大学グローカル研究センター編『グローカル研究の
理論と実践』所収の拙稿を参照）。ただし、ここでいうグローカル研究で用いら
れる「グローカル化」の概念には多少の注意が必要です。それは、グローカ
ル化には上向の動きと下向の動きがあるという点です。グローカル化の上向
とは、ローカル－ナショナル－リージョナル－グローバルへと領域拡大的に
展開される動きを指します。逆に、グローカルの下向とは、グローバルから
リージョナル、ナショナル、そしてローカルへと向かう動きです。筆者はそ
れらを、逆円錐形をモデルとして、最下層にローカルを位置づけ、最上位に
グローバルを位置づけて表してきました。それに基づいて、上向や下向と表
現してきたのですが、簡単に言えば、ローカルなものがグローバルなものへ
と上向的に拡大していくのが「上向」で、逆にグローバルなものがローカル
なものに影響を与えていくのが「下向」です。

　ただし、この「グローカル化」の議論には、2つだけ留意点があります。こ
れも筆者がしばしば強調してきた点ですが、社会研究においてグローカル化
を論じる際には、その基底に常に「パーソナル」なものと「コーポレアル」(＝
身体的)なものが位置しているという点です(コーポレアルについては後に触れ
ます)。身体をもった人が他者と相互行為を取り結ぶことで「社会」が成り立
ちます。その社会の基底のところにある「コーポレアル」と「パーソナル」と
いう層の問題は、グローカル化においては現れにくいのですが、常に視線を
向けておくべき事柄です。きわめて単純に図式化すると、次のようになります。

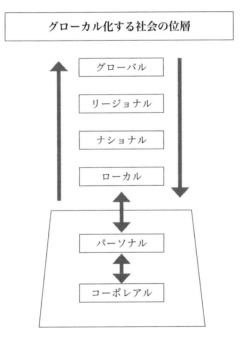

　もう1つ、この図には留意点があります。すなわち、上のような図を見る
と、きわめて空間的なイメージに囚われがちになりますが、「グローカル化」
とは、時間的なものでもあるという点です。よく使われる例ですが、マクド
ナルドがグローバル化するためにはローカル化する必要、つまりローカルな
地に店舗を構える必要があります。したがって、グローバル化とローカル化

は同時的で一体であって、まさに「グローカル化」なのですが、それは時間的な過程でもあるということです。つまり、最初はナショナルな枠を超えて、外国に1店舗、1店舗と拡大し、さらに進出する外国の数も1カ国、1カ国と拡大し、グローバルになっていく。それは、一気に展開されるにせよ、徐々に展開されるにせよ、いずれにせよ、時間的過程であるということです。冒頭で述べた新型コロナウィルスの場合も、パンデミック（世界的流行）とは時間的な過程であることがよくわかります。

つまり、時間的過程とは、「歴史」を創造する過程でもあるのです。ですので、グローカル化も当然ながら、歴史的な過程なのです。ということは、グローカル化が、（コーポレアル、パーソナル、）ローカル、ナショナル、リージョナル、そしてグローバルと関係するという国際的な視点と、それらが時間とも深くかかわるという点で、歴史的でもあるのです。本書の「はじめに」でみたように「人びとは自分たちの歴史をつくる。けれども好きな材料でつくるわけでも、自分で選んだ状況でつくるわけでもない。自分たちの目の前にあり、自分たちに与えられ、手渡された状況でつくるのである」とマルクスは述べていました。グローカル化する現代社会の研究を行うためには、国際社会学的視点と歴史社会学視点が必要となるのです。

さらに、本書の視点と深く関係するのですが、グローカル化時代の現代社会は、日常の人びとが歴史的に日々作り上げてきた努力のなかで、成り立っているものです。その意味で、「グローカル化の上向」運動が重要な社会形成要因です。もちろん、人びとは「グローカル化の下向」運動によっても大きく影響を受けているので、いずれにせよ、グローカル化の歴史研究は、現代社会研究に不可欠なのです。

したがって本書は、社会と意識の研究を時間的・歴史的な観点から論じ、しかも社会や意識の変革＝イノベーション＝創新という観点からみていこうとするものです。とくに本書では、知識人も含めたこれまでのさまざまな人びとが思い描いてきた哲学、特に社会に関する哲学・社会思想に焦点があてられることになります。思想家、哲学者、科学者、政治家、詩人、市井の人

びと、などといった広義の「知識人」の社会思想に着目するのも本書の特徴です。

　なお、最後にもう１点。グローカル化時代の現代社会研究という意味では、物や情報や文化が国境を越えていくだけではなく、何よりも人が国境を越えて移動していくことが、「歴史的」にみればきわめて重要です。インターネットも飛行機もない時代に、人びとはすでに移動を開始しています。そして現代社会を特徴づけるのは、国家を超えるトランスナショナルな移動です。筆者が、グローカル研究以前に着目していた、社会研究のもう一つの補助線が、「トランスナショナリズム」でした。これについては、筆者はこれまでにもしばしば言及しているので（拙著『トランスナショナリズム論序説』など）、ここでは、「ナショナルなもの」を超える（トランスする）視点が「トランスナショナリズム」で、①経験的事実として、日常の人びとが実際に国家・国境をこえて移動し他国・他地域で他者と交流していくこと、さらに②研究の方法として、このトランスナショナルな移動と交流に焦点化していくこと、そして③理念・理想として、こうしたトランスナショナルな移動とそれに基づく交流が（国境という壁を低くするなどして）円滑に進むことが今後の社会でめざされること、こうしたことが含意されています。こうした視点＝補助線を用いた国際社会学的研究を、筆者は前著（『現代国際社会学のフロンティア』）で「トランスナショナル社会学」と名づけました。詳しくは、前著を参照いただけると幸いです。

　以上の点から、本書は、「グローカル化する社会と意識のイノベーション」という主題が選ばれ、同時に「国際社会学と歴史社会学の思想的交差」という副題が選ばれたわけです。では、さっそく、本論に入って行きましょう。

2. 現代社会とイノベーション──Society 5.0 をめぐって

(1)イノベーションとは何か

　「現代社会とイノベーション」と題した本節では、「イノベーション」とは何かを考えてみましょう。イノベーション（innovation）とは、一般的にいえば、

これまでにはなかったもの、存在しなかったもの／こと（あるいは価値）を新たに生み出すことです。それは、何ものかを初めて考案する「発明 (invention)」というよりも、これまでのあり方を「革新する」という意味合いが強いと思われます。だから『広辞苑』（第七版）でも「イノベーション」の説明の冒頭に、「①刷新。革新。新機軸」と記されています。なお、中国では、イノベーションは「創新」と訳されることが多いようです。これは、創造的革新という意味では、よくできた訳語です。（なお、『広辞苑』の２番目の説明は、以下の通りです。「②生産技術の革新のほか、新商品の開発、新市場・新資源の開拓、新しい経営組織の形成などを含む概念。シュンペーターが用いた。日本では狭く技術革新の意に用いることもある」。この点に関しては、シュンペーター『経済発展の理論（上）』、および拙著『トランスナショナリズムと社会のイノベーション』も参照してください）。

　以上を踏まえ、筆者も必要に応じてこの「創新」という言葉を使いたいと思います。それは、これまでのあり方を革新して新たに何かを創造することを意味しますが、その新しい何かは、今までにはなかったのですから、それが何かということ、つまりイノベーションの中身それ自体をあらかじめ示すことはできません。いってみれば、それは現時点ではまだ定義不能です。ただ最低限いえることは、イノベーションとは、既存のもの（思考・行動・制度など）をドラスティックに（＝劇的に）変えることだ、という点だけです。ただし、ただ変えるだけでなく、「ドラスティックに」変革するというのがここでのポイントとなるでしょう。それは本来、いままで他の誰もほとんど思いつかなかったようなことを、これまでの「思考と行動」の延長線上で考えつつ、実現していくようなことなのです。ただし、現代日本では、もう少し一般的な使用法も見られます。それについて以下で触れておきましょう。

　2006 年に自民党政権下の政府は「イノベーション 25」というプロジェクトを開始し、初の「イノベーション担当大臣」も決めました。「イノベーション 25」とは、20 年後の 2025 年のあるべき日本社会の姿を表したものです。具体的には、「世界のモデルとなる 2025 年の日本の姿」として、「①生涯健康な社会、②安全・安心な社会、③多様な人生を送れる社会、④世界的課題解決

に貢献する社会、⑤世界に開かれた社会」です。また、2010 年の民主党政権
下でも、「行政刷新会議」は農業の刷新ともに、環境・エネルギー分野の「グリー
ンイノベーション」と医療・介護分野の「ライフイノベーション」が重要だと
述べていました。こうしてイノベーションという言葉は、少しずつ社会に浸
透していきました。ただ——『広辞苑』が示唆していたように——日本の場
合は「イノベーション＝技術革新」という意味で用いられることも多い点が
気になります。どこが気になるかを、最近の事例を通して考えてみましょう。

　2018 年に、自民党の政権下の政府はあらためて「統合イノベーション戦略
推進会議」という名称のグループを立ち上げ (https://www.kantei.go.jp/jp/singi/tou-
gou-innovation/ 参照、なお、以下の政府関係の HP は 2020 年 5 月に閲覧した)、2019
年にはそこで論じられてきた「統合イノベーション戦略 2019」を閣議決定し
ました。その概要は次のように 4 つにまとめることができます。つまり、

　① Society 5.0 の社会実装
　②国際的な研究力の強化
　③国際連携の抜本的強化
　④最先端 (重要) 分野の重点的戦略の構築

の 4 つです (https://www.kantei.go.jp/jp/singi/tougou-innovation/pdf/togo2019gaiyo.pdf)。
　少し説明が必要でしょう。①の社会実装とは、社会に実際に装備すること
といった意味でしょう。②の「研究力の強化」は、日本では大学などの研究
機関が国際的に立ち遅れているという認識があり、国際競争力を強化する「戦
略」を示しています。しかし、②は分かるとしても、①の中身・内容は何でしょ
うか。具体的には何を社会実装するのでしょうか。また、③や④も、これら
の標語だけでは中身・内容が分りにくいと思われます。そこでこれらについ
て、もう少し言葉を費やしておきましょう。

⑵ Society 5.0

　まず、①の「Society 5.0」とは何のことでしょうか。それは、政府機関によれば、これまでの社会の歴史を、大略、Society 1.0＝狩猟社会、Society 2.0＝農耕社会、Society 3.0＝工業社会、Society 4.0＝情報社会、と捉えたうえで、それらの諸社会に続く第 5 の段階の、新たな社会を指す言葉として用いられている「テクニカル・ターム」(専門用語) です (https://www8.cao.go.jp/cstp/society5_0/index.html)。しかしながら、これでもまだ中身が分りづらいと思われますので、内閣府が示している言葉を実際に引用してみましょう。

　　これまでの情報社会 (Society 4.0) では知識や情報が共有されず、分野横断的な連携が不十分であるという問題がありました。人が行う能力に限界があるため、あふれる情報から必要な情報を見つけて分析する作業が負担であったり、年齢や障害などによる労働や行動範囲に制約がありました。また、少子高齢化や地方の過疎化などの課題に対して様々な制約があり、十分に対応することが困難でした。
　　Society 5.0 で実現する社会は、IoT (Internet of Things) で全ての人とモノがつながり、様々な知識や情報が共有され、今までにない新たな価値を生み出すことで、これらの課題や困難を克服します。また、人工知能 (AI) により、必要な情報が必要な時に提供されるようになり、ロボットや自動走行車などの技術で、少子高齢化、地方の過疎化、貧富の格差などの課題が克服されます。社会の変革 (イノベーション) を通じて、これまでの閉塞感を打破し、希望の持てる社会、世代を超えて互いに尊重し合える社会、一人一人が快適で活躍できる社会となります。

　　　　　　　　（出典は https://www8.cao.go.jp/cstp/society5_0/index.html）

ここでは、「社会の変革 (イノベーション)」という表現とともに、Society 5.0 で、IoT、人工知能 (AI)、ロボットなどがカギとなることが示されます。そして、おそらくビッグデータも重要になるでしょう。さらにここから、「統合イノ

ベーション戦略 2019」では、フィジカル空間とサイバー空間の融合や経済発展と社会的課題の解決の両立も志向されて、結論としては上記引用のサイト内で、次のような「Society 5.0 による人間中心の社会」について語られていきます。

　　これまでの社会では、経済や組織といったシステムが優先され、個々の能力などに応じて個人が受けるモノやサービスに格差が生じている面がありました。Society 5.0 では、ビッグデータを踏まえた AI やロボットが今まで人間が行っていた作業や調整を代行・支援するため、日々の煩雑で不得手な作業などから解放され、誰もが快適で活力に満ちた質の高い生活を送ることができるようになります。

　　これは一人一人の人間が中心となる社会であり、決して AI やロボットに支配され、監視されるような未来ではありません。また、我が国のみならず世界の様々な課題の解決にも通じるもので、国連の「持続可能な開発目標」(Sustainable Development Goals：SDGs) の達成にも通じるものです。

　　我が国は、先端技術をあらゆる産業や社会生活に取り入れ、イノベーションから新たな価値が創造されることにより、誰もが快適で活力に満ちた質の高い生活を送ることのできる人間中心の社会「Society 5.0」を世界に先駆けて実現していきます。

　ちなみに、上記の「フィジカル空間とサイバー空間の融合」に関しては、次のように説明されています。「Society 5.0 は、サイバー空間 (仮想空間) とフィジカル空間 (現実空間) を高度に融合されたシステムにより実現します。これまでの情報社会 (Society 4.0) では、人がサイバー空間に存在するクラウドサービス (データベース) にインターネットを経由してアクセスして、情報やデータを入手し、分析を行ってきました。(改行省略) Society 5.0 では、フィジカル空間のセンサーからの膨大な情報がサイバー空間に集積されます。サイバー空間では、このビッグデータを人工知能 (AI) が解析し、その解析結果がフィ

ジカル空間の人間に様々な形でフィードバックされます。今までの情報社会では、人間が情報を解析することで価値が生まれてきました。Society 5.0では、膨大なビッグデータを人間の能力を超えたAIが解析し、その結果がロボットなどを通して人間にフィードバックされることで、これまでには出来なかった新たな価値が産業や社会にもたらされることになります」(https://www8.cao.go.jp/cstp/society5_0/index.html)。

　さて、以上、まずは日本の政府の狙いがどこにあるのかを示すために、やや長く「Society 5.0による人間中心の社会」を引用するようにしました。これまでの引用文では、少なくとも3つのことに着目できます。

　1つ目は、イノベーションは新しいIT(情報技術)に依拠するかたちで論じられ、かつそれによる「新たな価値」の創造によって、未来の社会では「日々の煩雑で不得手な作業などから解放」され、「誰もが快適で活力に満ちた質の高い生活を送ることができる」という点です。本当でしょうか。

　2つ目は、そうした社会が「一人一人の人間が中心となる社会」であり、「決してAIやロボットに支配され、監視されるような未来」ではないと断言している点です。どうして監視社会にはならない、といえるのでしょうか。

　3つ目は、「Society 5.0」の実現(に向けた努力)が「国連の『持続可能な開発目標』(Sustainable Development Goals: SDGs)の達成にも通じる」としている点です。だが、それはどの点で「通じる」のでしょうか。「Society 5.0」は、どこまで国連のSDGsの「思想」と合致しているのでしょうか。

　とはいえ、ここではまず政府側の指摘を踏まえつつ、Society 5.0は、ここからSDGsとの関係も視野に入れた「③国際連携の抜本的強化」が語られ、「国際共同研究の抜本的強化」とともに、「SDGs達成のための科学技術イノベーションの推進」も「知の国際展開」として示され、さらに強化すべき「基盤的技術分野」として、AI技術、バイオテクノロジー、量子技術が示されているという点を押さえておきたいと思います(以下のURL参照、https://www.kantei.go.jp/jp/singi/tougouinnovation/pdf/togo2019gaiyo.pdf)。

　筆者からみれば、以上の点がまず問題として的確に把握されたうえで、さらに考察されていくに値する点だと思われます。21世紀の今日、ITあるいはICT（情報通信技術）の進展によって、一部でかなりバラ色の未来像が描かれがちだからです。もちろん、一部では逆に、監視社会化や、AI（人工知能）がそれを産み出した人間を支配するようになるシンギュラリティ（特異点）が2045年ごろに現れるという見方など、ネガティブな未来像も描かれます。筆者としては、明るい未来あるいは暗い未来像を思い描くのではなく、もっと人間社会の根本のところで、①私たちはどんな存在で、②いま私たちの世界では何が問われており、そして③未来に向けていま私たちには何ができるのか、を考えたいと思います。本書では、こうした点の考察が主眼となります。そこでまず、この②に関連して、Society 5.0の議論を踏まえながら、いま問われるべきことは何なのかを考えてみたいと思います。

　……さて、政府の「総合イノベーション戦略」、とくにSociety 5.0の議論に関して、皆さんはどのように感じたでしょうか。これからは科学技術の進展でバラ色の素晴らしい社会がやってくる、とワクワクしながら読んできたでしょうか、あるいは逆にこれからの社会がこんなにうまくいくわけはなく重要な問題が論じられていない、と胡散臭く感じながら読んできたでしょうか。どのように感じるのも、基本的には自由です。しかしながら、こうした未来社会の描写が成り立つ（⇒実現される）には、絶対に必要不可欠な「歴史社会的な基本的諸事実」があり、それらをまずしっかりと把握しておくべきだと筆者は考えています。つまり、そのような把握なくしては、この種の描写に関する議論が、単なる願望、あるいは単なる批判のための批判となってしまうからです。そこで、筆者の考えを前もって示すかたちで、以下でまず問われるべきことを「序論」的に述べておきたいと思います。

⑶問われるべき平和と国家

　筆者は、Society 5.0で描かれたようなバラ色にみえる世界が実現されるためのもっとも基底の、いわば必須の要件は、世界から国家間の「戦争」のよ

14

うな悲惨な争いがなくなることだと考えています。つまり、まず考えなければならないこととは、世界社会が「平和」であるという点においてのみ、理想に近づく〈バラ色〉風の未来が初めて実現可能性をもつということです。

20世紀の2つの世界大戦やその後の東西冷戦下での地域戦争（たとえば朝鮮戦争やベトナム戦争）、あるいは冷戦後のイラク戦争やアフガン戦争などで、自分の属する社会が戦時体制にあるようなときには、つまり平和ではないときには、「理想社会」の実現は不可能です。「理想社会」は「戦争のない平和な状態」を大前提としています。なお、戦争状態が続くなかで科学技術が戦争に活用されることによって、戦争が大量殺戮も含め悲惨なもの・非人間的なものになってきたことも歴史的事実です。戦車や飛行機（爆撃機）の登場、さらに無人の爆撃機や生物兵器などから巨大ロケットや長距離ミサイルの登場、そして原子爆弾などの核兵器の登場によって大量殺戮が可能になり、さらには現在では宇宙空間を活用した兵器の開発や、宇宙空間における戦争準備の軍拡競争などが現実化しています。筆者としては、科学技術が進んだ時代だからこそ、「戦争と平和」をめぐるこの論点を、まず初めに確認しておきたいと思うのです。

そして、この点にかかわるもう1つ他の重要な点もあります。現代の戦争は基本的に国家間の対立です。20世紀のほとんどの大きな戦争は基本的に国家間戦争でした。20世紀後半の冷戦下での地域戦争も、米国とソ連という2つの大国の代理戦争という面が色濃く、基本的に国家間戦争であることに変わりはありません。戦争や平和の問題は、じつは国家の問題と密接につながっているのです。この点が中心となる重要なポイントなのです。

国家は、これまでの国際法では、戦争の主体となりえます。個人や少数グループが銃撃戦や爆弾事件などを起こすと通常は「テロリズム」と見なされますが、宣戦布告をしたうえでのミサイル攻撃や爆撃は「戦争」です。戦争では、敵を抹殺することが「戦果」として讃えられます。人殺しが公的に認められるのは、主として戦争と死刑だけです。ただし、国家による死刑執行は現在、多くの国で廃止や執行停止状態になっています。しかし、戦争に関

しては、国家による核兵器の保持も含めて、それぞれの国が戦闘準備態勢を取ったり、そのための法整備を行ったりしています。しかも実際に、中東やアフリカ、そしてアジアの一部地域(たとえばアフガニスタン)では、今日でも戦闘が続いています。

　現代の国家、つまり一般に「近代国民国家」(これについては後で述べます)と呼ばれている国家形態においては、国家の発展が、主に経済的な国際競争のなかで勝ち抜くことによって証明されるような仕組みになっています。それはちょうど、オリンピックにおいて国家がメダル獲得争いに勝利するのと似ています。競争に勝ち抜いて国家が経済発展すること、これが国家の大きな目標になります。さらに、国家間が競争することで1つの国家が経済発展するだけでなく、国際的な全体の経済水準も上がってくるという発想さえあります。これは新自由主義者の発想の1つですが、経済分野での国際競争というのは、現代社会を特徴づける大きなポイントです。そうした国際競争社会を経済体制という側面からみれば、それは明らかに資本主義社会です。そこで、資本主義という仕組みが現代世界を特徴づけるもう1つのポイントとなります。しかも、20世紀の主要な社会主義国が崩壊した後の現在は、「グローバル資本主義社会」として資本主義がグローバルな規模で展開されています。しかも、この経済的な仕組みは現在、一般の人びとにきわめて自然なかたちの「自明な」経済体制として受け入れられているように見えます。単に受け入れられているだけでなく、社会主義体制に対する勝ち誇ったような勝利宣言を伴いつつ、かつソフトなかたちでの「持続可能な発展」という点も一般に浸透し自明視されて、資本主義の「発展」がいわば「持続可能性」を伴う自明なこととされているようにさえ思われます。本当にそうなのでしょうか。

3.　国際社会学と歴史社会学の交点としての社会思想——自明性を問う

⑴国家主義と資本主義

　以上で前提となってきたのが、「国家主義」と「資本主義」です。しかしそ

れらは、歴史的には近代になって「誕生」してきた「社会の仕組み」です。物事には、「誕生」があれば、やがて衰退し、「死滅」することもあり得るでしょう。しかし、多くの人びとはそのように考えずに、現代国家の存在や、資本主義経済のあり方を、当然のこととして自明視しています。その自明視は、まとめると、①国家の発展を自明視すること、あるいは国の発展ために役立つことは当然だと考えること、②そうした発展のためには、資本主義経済のさらなる発展、とくに持続可能な発展が求められていること、そして③国家間が政治的・経済的に競争することで、国際的な社会的発展が実現していくこと、この3つがいわば「自明視」されているといえるのではないでしょうか。

しかしながら、この自明視は本当に適切なことなのでしょうか。そこで、以下では、この自明性を再検討する視点について考えてみましょう。Society 5.0 の未来社会を構想するということは、先述の内閣府によれば、Society 3.0 の工業社会を超え、Society 4.0 の情報社会をも超えることだとされています。しかし、このまだ名前のない Society 5.0 という「未来」社会を考えることは、これまでの社会の歴史をきちんと把握しておくことが重要です。

そしてその際、きわめて重要な点だと筆者が考えているのは、次の点です。すなわち、情報社会化の進展が私たちに教えてくれたことは、情報は容易に「国境を超える」ということでした。とくに 20 世紀の 90 年代の冷戦後にインターネットが普及し、さらに 21 世紀に入って各種の SNS の登場によって、情報や文化、そしてそれに伴う商品でさえも、国境を越えてグローバルに移動するようになったということです。そしてそれは、工業社会で前提にされていた国民経済が、「脱工業社会」の進展とともに、国境を越えてグローバルになっていった証でもありました。すでに 1960 年代には多国籍企業という呼び方も生まれ、1990 年代には冷戦終結とグローバル化の本格化とともに、超国籍企業も語られてきました。もはや経済は、生産も流通も消費も、国家を超えたグローバルな展開が当然になっています。にもかかわらず、政治的には国家間対立が際立ち、自国中心主義が語られているのが現在です。ここがポイントです。たとえば、日中における政冷経熱、日韓の歴史認識問題、

アメリカ・トランプ時代の自国ファースト、イギリスの EU 離脱などが国家重視の例が挙げられるでしょう。

　ここでは数値を挙げて細かく論証することは控えますが、日本社会はとくに 21 世紀に入って外国にルーツを持つ人びとが日本国内で急増して、確実に「多文化社会」化の様相を呈し始めています。あるいは難民のことを考えてみましょう。2010 年代の半ばに、主に中東からの難民がヨーロッパに大量に押し寄せて、社会問題化しました。アメリカの南の中南米からの越境者のことを思い浮かべても構いません。国境に壁をつくって移民を防ごうとしても、南部の農業地帯では安い中南米の労働力＝（不法な）外国人農業労働者が必要なのです。つまり、いずれにしても、いま世界は「国境を越えた」トランスナショナルな移動者が際立つようになっているのです。さらに、生産拠点を海外に移すことに伴う外国駐在員の増加、語学学習を含めた留学生の増加、あるいは先進国における労働者不足とも関係する国際結婚移住者の増加、こうした例は、訪日観光客の増加というインバウンドの流れとともに、現代世界の大きな特徴です。そしてそこで求められているのは、日本式にいえば「多文化共生」です。筆者自身は、この「多文化」共生という表現は少し問題があると感じているので、ここからは共生ないし共生問題と記すようにしますが、国籍を異にする人びとを中心に、いかにして望ましいトランスナショナルな交流が可能となるかという共生問題は、現代社会にとって大きな課題です。

⑵平和・共生・格差・環境

　さらに、もう 1 点、付け加えておきたいことがあります。それは、SDGsと絡めてしばしば論じられる「国連」のことです。前述の Society 5.0 でも国連の SDGs との連携が謳われていました。とくに政府の意向を踏まえたと思われる経団連（日本経済団体連合会）は、Society 5.0 for SDGs という標語も作って積極的に SDGs に貢献しようとしています（https://www.keidanren.or.jp/policy/cgcb/2017shiryo2.pdf）。そしてこの点、つまり経済界が SDGs の目標達成に深く

18

コミットする点は、とても重要なことだと筆者も思っています。ただし、ポイントを捉え損ねてはいけません。SDGs の目標の 7 や 8 には「持続可能な経済成長」や「持続可能な産業化」（さらにはそこでは「イノベーションの拡大」という言葉も見られます）といった言葉がありますが、SDGs は、その目標全体を考えれば明らかなように、不均衡な経済発展に基づくグローバルな格差社会の是正と、そのための国家を超えた連携がポイントなのです。つまり、SGDs のポイントは国家を超えたグローバルな協力や助け合いであって、やみくもの経済成長や、イノベーションによる新たな経済成長などが最終目標ではないのです。

　経済成長は、言ってみれば、人びとの幸せを増進・増大させるための手段です。もっといえば、SDGs の発想は、〈国際競争に打ち勝ち、国家を発展させる〉といったものとはもっとも遠いところにある発想なのです。不平等な社会経済発展を、トランスナショナルな「連携」、つまり国境を越えた協力や連帯によって乗り越えて、万人が等しく共に幸せな生活を送れることが目標なのです。そうなると、Society 5.0 における次のような趣旨はとても気になります。すなわち、日本は「世界競争ランキング」や「国際的トップ論文数の順位や総論文数の世界シェア」において遅れているので、「イノベーション覇権争いの激化」や「最先端技術の競争」の激化のなかで、こうした争いに勝つことが「日本の発展」のために重要なことだといったニュアンスが読み取れるからです。

　先の「統合イノベーション戦略 2019」で述べられていた「国際連携の抜本的強化」についても、あるいは「最先端（重要）分野の重点的戦略の構築」も、それらが国際競争社会のなかでの日本の国家としての発展だけを念頭に置くとすれば、それは誤った国家主義であり、誤った資本主義である、と言わざるをえないのではないでしょうか。以上でとりあえず押さえておきたかったことは、平和・共生・格差・環境の問題に関する議論を欠く発展の議論は致命的な欠陥があること、そしてその欠陥を乗り越えていくためには、とくにトランスナショナルな連携の方向性を確実にとらえる必要性があること、この

2点です。

　この項目の最後に、本書の第2部でも取り上げますが、まとめの意味合いもかねて、国連のSDGsについても前もって少し触れておきましょう。今日では、よく知られるようになってきていますが、SDGsの17の目標がロゴ風にまとめられて広まっている一種のスローガンを、以下に掲げておきます。①貧困をなくそう、②飢餓をゼロに、③すべての人に健康と福祉を、④質の高い教育をみんなに、⑤ジェンダー平等を実現しよう、⑥安全な水とトイレを世界中に、⑦エネルギーをみんなに そしてクリーンに、⑧働きがいも経済成長も、⑨産業と技術革新の基盤を作ろう、⑩人や国の不平等をなくそう、⑪住み続けられるまちづくりを、⑫つくる責任 つかう責任、⑬気候変動に具体的な対策を、⑭海の豊かさを守ろう、⑮陸の豊かさも守ろう、⑯平和と公正をすべての人に、⑰パートナーシップで目標を達成しよう、以上です（たとえば、バウンド『60分でわかるSDGs超入門』などで確認できます）。2015年の国連総会で2030年に向けた「持続可能な発展の目標」とされたこうしたSDGsの17項目は、筆者からみれば主に、生命維持系（①や②など）、社会生活系（④や⑤など）、経済活動系（⑧や⑨など）、自然保護系（⑭や⑮など）、国家関係系（⑩や⑯など）、とまとめることができます（拙著『トランスナショナリズム論序説』の第10章、参照）。

　このうちの自然保護系はSGDsでかなり浸透しており、環境問題が各方面で大いに着目されています。では、格差の問題はどうでしょうか。日本では格差や貧困の問題は国内的な（相対的貧困も含めて）問題としてはメディアで取り上げられがちですが、絶対的貧困を含めた生命維持系（①の貧困問題、②の飢餓問題など）のグローバルな視野での世界格差問題は、国際的なNGOに任せきりといえるようなかたちで注目が十分ではないように思われます。また、このSDGsの第17番目の目標は「グローバル・パートナーシップの活性化」です。グローバルな格差問題が重要である以上、トランスナショナルな支援・協力・連携が重要なことは言うまでもないのですが、自国ファーストの思想潮流はこれを拒もうとしています。そこが当面の大問題ではないでしょうか。

それは、いいかえれば、問い直されるべきはナショナリズムの問題性であって、むしろ追求されるべきはトランスナショナリズムの可能性である、ということです。いうまでもなく、トランスナショナリズムが未来社会の最大のポイントだと筆者は考えているからです。この点は本書を通してじっくりと考えていきたいと思います。

　さて、以上のように本書は、格差問題や環境問題などを視野に入れながらも、世界的な規模での平和問題や共生問題に関心があり、そしてそのためには、これまでの自明視されてきている「常識」を問い直す視角が必要だ、という点に当面の最大の課題があると考えています。この課題の検討のために、筆者は、国際的な社会学と歴史的な社会学の融合としての社会哲学・社会思想的な社会学が必要だと感じています。グローカルな視野をもつ歴史学と哲学と社会学の融合型といってもよいかもしれません。狭い専門分野だけに閉じこもって歴史的視野を欠くような誤りを克服して、さらに自明視されているこれまでの社会のあり方を根本にまで立ち返って哲学的にも考えなおすこと、そしてそうしたいわば学問領域を「越境」するような検討も辞さずに未来を展望すること、こうしたことが本書の主眼です。ここで1つだけ検討の例を挙げるとすれば、あらためて「社会」とは何かと問うことです。そこで、以下で少しずつこの問題にアプローチしていきましょう。

⑶社会の変容と物象化

　まず「社会とは何か」と問われると、私たちは「社会は人びとが集まってできる」と答えがちです。それは基本的に・発生論的に、間違いではないのですが、いくつかの問題点もあります。社会といわれるとき、多くの場合、人びとの念頭にあるのは、自国内の社会ではないでしょうか。家族があり、市民社会があって、国家がその全体を統合するというような発想です。これはまさに19世紀の哲学者ヘーゲルに代表される発想で(ヘーゲル『法の哲学』)、その発想が現在も残っているのです。筆者はそうした社会の捉え方を、「国家内社会」概念と呼んで批判しています。なぜ批判するかといえば、今日で

は実際に人びとが国家を超えて交流を進めているからです。つまり、「社会」はナショナルな枠に閉じ込められずに、トランスナショナルに拡大しているのです。これが第一に考えるべき点です。とはいえ、まだまだ考えるべき点があります。

　たとえば、地域社会（ローカル・コミュニティ）や国家（ネーション・ステート）という集合体のことを考える際には、人びとの「一定の場所」への「定着」に基づいた集合体が「社会」と考えられやすいといえるでしょう。だが、この考えは、一面の真理しか表していません。他面では、農村部の地域社会を考えるとわかりやすいのですが、過疎化などで人びとは一定の場所から離散し、「社会」が解体することもあるからです。つまり、社会は人びとが一定の場所に「定着」していくことと思われがちですが、裏面では、社会は人びとが一定の場所から（集団移住などで）「移動」「離散」していくこともあるのです。

　そのように考えるのには、いくつかの理由がありますが、本書で着目したいもっとも重要なことは次の点です。すなわち、私たちは、出来上がっている「社会」を不変のものと考えて固定化する傾向があるという点です。哲学的には、そうした発想は広い意味で「物象化」と呼ばれます。物象化とは、ある「こと（事態）」を、固定的な「もの（物体）」であるかのように見なすことです。ただし、単にそう見なすだけではありません。ある「こと（事態）」が、ある「もの（物体）」であるかのように、共同で幻想的に想像していくこと、つまりあることを一定範囲の人びとが共同主観的に、固定的・物象化的に見て、それに対応して実践すること、この点が要諦です（本書では、この点が間主観的なものだとして後に論じられます）。

　もちろん、保守主義者も伝統を「創造」（創作）します。実際には、多様な理由から社会が現在あるようになったはずですが、そのうちのいくつかを取り出して伝説化して歴史を創作する。神武天皇以来、一つの家系の男性天皇によって統治されてきた「世界に誇るべき」単一民族国家の日本（2019 年の麻生副総理（当時）の表現の要旨）といった言説はその一例です。保守主義者は「過去」を物象化するのです。「万世一系」や「単一民族」などは神話に過ぎないの

ですが、保守主義者はそう考えがちです (小熊英二『単一民族神話の起源』参照)。他方、変革主義者は「未来」を物象化します。かつてのマルクス主義的な社会主義者は、社会主義になれば社会は必ず良くなると信じて行動してきました。しかも社会主義になるのは、歴史の「法則」であり、科学的な「鉄の必然性」だとさえ考えられ語られていました (エンゲルス『空想より科学へ』)。少なくとも現時点では、そうした社会主義観や共産主義観は「幻想」であると多くの人は考えるようになっています。私たちが先に見た Society 5.0 の未来像にも、これと同じような匂いを感じなかったでしょうか。

　このように考えてくると、社会の統治に関して、保守主義者は現状を保持すること (あるいはそれまでの伝統を守ろうとすること)、他方で変革主義者は現状を革新すること (あるいは新しい社会を構築しようとすること) だということができます。しかし、Society 5.0 を説く人びとは、そのどちらになるのでしょうか。あるいは、そのどちらでもない、第3の道なのでしょうか。このことは、もう少し時間をかけて検討してみましょう。少なくとも、ものごとを物象化せずに、的確に見ていき適切に行動するには、どうすればよいのでしょうか。本書で問いたいのは、この点なのです。

　この問いへの端的な答えは、まず物象化されない行動と思考とを心掛けることです。もう少し丁寧にいうと、まずは少なくともこれまでの「常識」＝きわめて当然だと思われていること＝「自明性」を問い直すことから始めることです。とはいえ、そうした行動と思考も容易に物象化します。物象化は、ある意味で行動と思考に必然的に伴うことでもあるのです。しかし、固定的な物象化を回避するためには、他者との相互行為において、つねに「自明性」を問い直し、物象化に陥らないように互いに行動し思考し続ける以外にありません。「社会学は自明性を問うことだ」といった趣旨の記述は、現象学的社会学者アルフレッド・シュッツの著作 (『社会的世界の意味構成』) に見られるものです。筆者自身は、そうした「脱物象化」的な相互行為のあり方について、物象化されて「共同主観」化された事態を、現在生成中の「相互主観」化という生成の現場に立ち戻って問い直し作り変えること、と表現してきました。

それが筆者の「間主観性」論です（拙著『間主観性の社会学理論』参照）。社会は日々生成されて発生します。その生成・発生の現場に常に立ち戻って行動し思考すること、これが肝心な点です。しかし、こうした言い方はかなり哲学的で抽象的にみえるでしょう。それゆえ、もう少し言葉を費やすとすれば、出来事の発生の現場に立ち戻って、その生成のプロセスを捉え直し、さらにその出来事の変容の過程をも歴史社会学的に検討すること、そうしたいわば歴史の現場にいったん立ち戻ってから考える「発生論」的思考が重要だといえます。

　ただし、さらに重要なことは――と急いで付け加えたいのですが――単にそうした過去から現在に至るプロセスを検討することだけが重要なのではなく、そこから現在の行動と思考を再検討して、さらに未来の社会を柔軟に構想すること、この点もきわめて重要なことなのです。もちろん、そのようにする「行動と思考」も時空間的な物象化を伴うことはすでに触れました。だから、その未来構想も相互批判を含めた常に生成の現場で「柔軟に」再検討する相互行為のなかでなされること、このことを再確認しておかなければなりません。筆者にとって、本を書くことは、そうした相互批判の場に公に素材を提供することだと言っておきたいと思います。

　さて、抽象的な議論はここまでとしましょう。以下は本論です。本書では、縦糸として国際社会学的な視点を中心に置いて、横糸として西洋の近現代思想と日本の近現代思想を2つの柱とする歴史社会学的な検討とを織り交ぜながら、社会哲学的・社会思想的な社会学を進めていくつもりです。さっそく、本論の中身に入っていきましょう。

第1部
グローバル化する世界社会と社会意識の変容

第1章　ホモ・サピエンス誕生

──古代と中世における移動と集住

1.　グレートマザー以後──ホモ・モビリタスの集住としての都市と他者の生成

⑴移動と定着

　これまでの社会概念は、コミュニティ概念に見られるように「定住」を無意識のうちに前提にしてきたように思われます。しかし、定住は移動の1つの帰結だともいえます。そこで、まず移動ありき、という思考も重要です。人は、空間的、時間的、社会的に、移動する生き物なのです。まず、空間的移動を考えましょう。現代人の出発点はホモ・サピエンスの誕生にまで辿れるということになりますが、かれらはグローバルな移動を行ったことが知られていますので、知恵をもったヒト（ホモ・サピエンス）ともいわれる現生人類は、移動するヒト（ホモ・モビリタス）でもあるのです（拙著『トランスナショナリズムと社会のイノベーション』）。

　本書は、これまで常識と思われている考え方の歴史的由来を尋ねつつ、その常識を疑って新たな地平を切り拓くことも大きな狙いです。その際のポイントは、2つあります。1つ目は、社会（や国家）という概念の再検討です。この点は、現代においては資本主義と深く関係する論点ですので、この資本主義の再検討も問われるでしょう。2つ目は、現代人の意識や行動に関する再検討です。そしてそれらは、「近代」という概念と密接につながっていますので、その「近代」の問い直しも本書のテーマとなります。「近代」という言葉は、主観や主体、理性や科学といった言葉とも密接にかかわりますので、このような言葉の検討を、西洋近代と日本近代の歴史的展開を念頭に置きな

がら、主として哲学・思想の領域に焦点化しつつ歴史社会学的に検討していきたいと思います。そうした検討から、社会と意識のイノベーションを本書は考えていこうとしているのです。

　さて、現代のわれわれは──細かくいうと諸説はありますが──一般的には約 20 万年前に登場したホモ・サピエンス（新人ないしは現生人類）の子孫であると言われています。アフリカ中央東部に登場した「グレートマザー」（最初の世代のホモ・サピエンス）の子孫たちが、7 万年前ごろからアフリカの外へ大移動しはじめ（グレート・ジャーニーと表現されます）、中東、ヨーロッパ、アジア、オセアニア、北米、中南米へと拡散し、最終的には約 1 万 2 千年前ごろには南米の最南端に到達したとされているのです。

　7 万年前に何が起こったのか、それはまだ定かではないのですが、歴史学者ユヴァル・ノア・ハラリは、「七万年前から三万年前にかけてみられた、新しい思考と意思疎通の方法の登場」のことを、「認知革命」の登場と呼び、「遺伝子の突然変異」も含めて「知恵の木の突然変異」と呼べるような結果をもたらしたと論じています（ハラリ『サピエンス全史（上）』）。それは、ホモ・サピエンスが想像力を持つようになり、虚構・フィクションを生み出すことができるようになったのです。それを可能にしたのは、「異なる意味を持った文をいくらでも生み出せる」言語を得たからです。ハラリは、「およそ七万年前に獲得した新しい言語技能のおかげで、何時間も続けて噂話ができるようになった」と興味深く述べています。もちろん、比喩的な表現ですが、いまここには存在しない人や動物、モノ、出来事などを想像しながら語り合うことができるようになったことは、画期的なことだと言えます。「私たちの言語は、噂話のために発達したのだそうだ」ともハラリは述べています。なお、日本人も、その人類の大移動のプロセスで「生成」されてきたとされています（溝口優司『アフリカで誕生した人類が日本人になるまで』、海部陽介『日本人はどこから来たのか？』など参照）。「日本」の始まり（現在の日本の地域に人が住み着くようになった）の時期は、現在の知見では 5 万〜 4 万年前のようです。

　さてそこで、このように世界規模で人類の（人間社会の）歴史を考えていこ

うとすると、次のポイントは、人びとが集住して「都市」を形成し、さらに今日では「都市国家」と称される一定のまとまりが生成してくることだといえましょう。メソポタミアを例にとりますと、すでに楔形の文字をもっていたシュメール人においては、そうした都市国家の成立は前3千年紀にまで辿れるようです（前田徹『都市国家の誕生』参照）。また世界最初の帝国といわれている「アッカド帝国」もそのころに成立します。そして前2千年紀には法典（ハムラビ法典：その成立は紀元前1776年とされていて、紀元後の1776年に民主法典とされるアメリカ独立宣言が出されているのは、偶然の一致だとしても興味深いと言えます）も成立し、さらに前1千年紀には「都市国家」の複数が統合された「領域国家」へと拡大され、そしてさらに領域国家も統合した広範な「統一国家」である本格的な「古代帝国」の成立へと至ったということができるでしょう。ペルシャ帝国（アケメネス朝）やアレクサンドロス大王のマケドニア帝国などがすぐに思い浮かぶ人も多いと思われます。そしてその後の古代ローマ帝国の成立は、西洋にとっては圧倒的に大きな歴史的出来事です。

　しかしもう1つ、西洋の、そして今日の、世界の政治社会システムにとって大きな影響を与えたのは、いうまでもなく古代ギリシャとその都市国家的なあり方です。その都市国家の政治形態が、近代になって民主政治のお手本のように論じられて理想化されてきました。しかし、本当にアテネのアクロポリスに代表される「丘の上の民主政」は理想的だったのでしょうか。ここでは、ポリス＝都市国家やデモクラシー（民主政治）を考えていく上での問題点を指摘しておきましょう。

⑵ポリス（都市国家）と民主政

　古代ギリシャの民主制は、何といっても「市民」が理想化されて語られています。古典期アテネ（BC5世紀）の社会構成は、人口が15万人程度のときがわかりやすいのですが、そのうち、奴隷が3分の1程度（5万人）、市民（成人男性）の家族で市民権のない女性と子供が総人口の半分程度（7.5万人）、したがって市民は2.5万人程度となり、全人口の2割にも満たない数値という

ことになります。その他に、自由民ではあるが市民権はもっていないメトイコイと呼ばれた在留外国人（主にギリシア人で他のポリスの出身者）も少数いたとされます。かの哲学者アリストテレスもメトイコイであったと言われています。ここから言えるのはいずれにせよ、①奴隷が存在したこと、②女性には参政権がなかったこと（「男は外に、女は家に」という言葉はギリシャでも自明視されていたようです。ブリュレ『都市国家アテネ』、参照）、さらには③外国人には市民と同様の権利はなかったこと、こうしたことが見えてきます。今日の時点からみると、①奴隷や②女性を考えると、とても民主制とは言えないように思われます。③外国人も問題含みです。それゆえ、理想化せずに問題視する視点が必要でしょう。プラトンの『国家』でも、いわば身分制的な統治論が展開されています。「高徳」の知者が統治者、そして「勇気」の戦士と「節制」の平民、以上の3階級からなる国家論です。

　さらに民主制には、その内部での格差だけではないもう1つの問題点もあります。それは、市民という名の民衆（デモス）の問題です。塩野七生の言葉を引用してみましょう（『ギリシャ人の物語Ⅱ』）。

　　　「都市国家アテネの主権者は、「市民」という名の民衆である。……最
　　　高決定権は「民」にあるという点では、民主政治も衆愚政治もまったく
　　　かわらない。……「デモクラシー」が銀貨の表面ならば、「デマゴギー」
　　　は裏面なのだ。……「民主政」も「衆愚政」も……銀貨の裏表でしかない」。

デマゴギーとは、民衆を扇動する政治家デマゴスが発するデマのことです。民主政と衆愚制が表裏の関係にある、とここで適切に指摘されています。このように民主制の問題点を考えてみると、都市国家が決して理想な社会ではないことが見えてきます。まずアテネの民主政といわれる時期は、ペルシャ戦争以後のたかだか50年程度の短期間です。それ以前もそれ以後も、さまざまな理由があるにせよ、都市国家間の戦争、あるいは大帝国との戦争があったわけです。都市国家は、そして国家一般も、と付け加えたいのですが、や

はり戦争と深くつながっています。ポリスは国家の統治と管理を担当する警察＝ポリスと同じ語源であり、かつ政治学（ポリティックス）の語源でもあって、国家が対内的・対外的にどう統治・管理されてあるべきかに深くかかわる言葉でした。そしてそれが、内部を固めて外部との戦争に勝利するといった国家観と容易に結び付くものでした。国家がその成立当初から戦争と深く結びついていたことを忘れないようにしたいと思います。さらに、都市国家は、一部で民主政がみられたとはいえ、外国人という「他者」に対しても「差別的」でもあったのです。

⑶他者とコスモポリス

在留外国人メトイコイについてはすでに触れましたが、ギリシャ系の人びとは、他民族の人びとを――歓待（hospitality）するのではなく――「バルバロイ」（わけのわからぬ言葉を話す人）として「他者化」して敵意（hostility）をもち、争いの対象者としました。国家やその同盟国の人びとは身内（内集団）ですが、それ以外は他者（外集団）として扱い、警戒を怠らなかったこと、そして「敵対⇒戦争」としてストレートに想定されがちだったこと、このことの歴史に学ぶ必要があると思われます。

それゆえこの点は――筆者は他の著作でもしばしば触れてきましたが（たとえば西原・樽本編『現代人の国際社会学・入門』など）――マケドニアのアレクサンドロス大王が、樽の中で生活している哲学者ディオゲネスに対して、お前はどこの国の人かと質問したのに対して、ディオゲネスは、私はどこかの都市国家（＝ポリス）の者ではなく、いわば世界国家（＝コスモポリス）に住まう者（＝コスモポリタン）だと答えたこととかかわります（ラエルティオス『ギリシャ哲学者列伝(中)』）。今日でも、人が誰であるかということに関して、国籍にかかわるアイデンティティの発想が強くみられること、あるいは逆にコスモポリタンというと確固たるアイデンティティを欠いた、根無し草的な不安定な地位や、ときには誇大妄想的な理想主義者とすら結び付けられがちな点があります。そうした発想の一端がこのあたりからもうかがえることがで

きるでしょう。

　このように見てくると、西洋における古代ローマ帝国の問題や神聖ローマ
帝国の問題、あるいは中世の自治都市の問題などにも——国家論の展開が議
論の主眼であれば——触れておく必要があるでしょう。しかし、それらは必
要に応じて補足的に論じていくことにして、ここではとくに「他者」との文
脈で、イスラム世界の出現に触れるだけにして、そこから「西洋近代」を考
えるための橋渡しの役割を与えたいと思います。

2.　再び「人の移動」を問う——古典古代から西洋中世へ

⑴民族大移動とイスラム世界

　ローマ帝国においてキリスト教が国教化され、西洋全体がキリスト教に包
まれるようなかたちで中世という時代も進んでいくなかで、特筆されるべ
きなのは、7世紀にムハンマドによってイスラム教が成立したことでしょう。
もちろんそれ以前に、西洋の歴史にとっては、モンゴル付近の匈奴と関係が
あったアジアの北部の遊牧民「フン人」が、西に移動して中央アジアのステッ
プから現在のドイツあたりまで広がって、その影響で東西のゴート人が、そ
してさらにはフランク人やアングロサクソン人が、ヨーロッパの西方および
南方に移動したこと（いわゆるゲルマン民族の大移動）も大きな出来事です。た
だし、ここではアジアでの動きがヨーロッパでの動きと連動していることを
示す点こそ、たいへん興味深いものがあります。その意味で、玉木俊明が言
うように「フン人なくしてイギリスなし」というのは、「移動」が歴史を形作っ
てきている出来事をうまく表現した言葉だと思われます（『世界史を「移民」で
読み解く』）。

　そうです。ここでも移動がポイントです。イスラム教が拡大していく過程
で、じつは人もまた移動しているのです。アラビアのイスラム教徒は地中海
にも乗り出し、8世紀にはスペインのイベリア半島に進み、そこもイスラム
世界となります。つまり、イスラム教徒はそこまで足を延ばして、移動して

いるのです。だが、スペインにおいても、また中東においても、イスラム教が勢力をもつことに、キリスト教世界の人びとは看過できない事態だとみなしました。イベリア半島では（西洋側からみて）「国土回復」のレコンキスタ運動が起き、そして11世紀から13世紀末まで、ローマを中心にヨーロッパから十字軍がエルサレム奪回を誓いつつ（主なもので7回）組織されて、遠征（遠くに移動！）したことはよく知られています。

　こうした動きの歴史的な帰結はいくつかあります。それは、イスラム商人との交渉によって東西貿易を含めたトランスナショナルな「交流」が進んだことです。さらにより重要だったのは、古典期ギリシャの知的成果がイスラム世界で保持されていて、それがあらためて西欧に伝えられて少なからぬ影響を西欧に与えたことです。そしてもう1つ、未来に向けて大きな影響を与えたのは、インドや東アジアの物資や情報が入るようになって、西洋の人びとは東方の国々と自由に交流したいと考えるようになったことでしょう。ただし、中東はイスラム圏ですので、キリスト教徒の西洋の人びとは自由にそこを横切ることはできませんでした。そこで考えられたのは海路です。とくに15世紀末以後、新大陸発見、アフリカ南端経由でインド到達、世界一周といった大航海時代が到来します。このあたりから、ウォーラーステインが「長い16世紀」と名付けた大きな転換期がやってきます（『近代世界システム論』）。それは一言でいえば、前近代から近代への変容です。この変容の一端に関して、ここではさらに都市に焦点化してみていこうと思います。

⑵中世の自治都市

　古代ギリシャにおいても、古代ローマにおいても、特徴的なことは都市をベースとする国家が基盤となったことでした。ローマはイギリスのスコットランドの手前までを版図とする大きな帝国を形成していきます。その支配の基礎としてしばしば指摘されるのは、ローマに通じる道路の整備です。人びとが行きかう道路と都市は交易・交流のための「要（かなめ）」です。そしてその際、車輪をもつ移動手段はとても重要なものでした。車輪の発明は、移動

にとって画期的で、物の運搬にも便利です。そして、道がきわめて重要となったのです。なお、政治史的にいえば、ゲルマン諸民族の移動とキリスト教の浸透によって、（西）ローマ帝国は衰退していきます。その後の中世前半にはフランク帝国などが力を持ちますが、かつてのローマ帝国のような輝きはなかったと言えるでしょう。そこにイスラム世界が拡大する理由もあったわけですが、もう 1 つ重要なことは、西洋世界内部ではキリスト教的な神権と世俗的な王権とがせめぎあうなかで、自治都市が誕生していったことでしょう。

　キヴィタス（civitas）と呼ばれたローマ都市がもつ機能は、ローマの衰退とともにキリスト教会に継承されましたが、同時に力をもち始めた封建領主の荘園から都市へと逃れた農奴たちが「自由」を獲得する場としても、都市は機能し始めました。とくに中世の後半に入ると、北フランスやライン地方ではコミューン運動が起こり、住民同士で結ばれた誓約を通じてたくさんの共同体（それが「コミューン」などと呼ばれたのです）が形成されました。12 世紀の初めに、ケルンの大司教の支配に対抗して、ケルンにおける有力商人を中心に成立した、武力をも伴った宣誓共同体が代表的な例でしょう。そしてさらに特筆すべきは、そうした多様な諸都市は、都市間でネットワークを形成していた点です。それはもう 1 つの重要な団体であった同業者組合的な「ギルド」とも関係しながら、たとえば「ハンザ同盟」として知られている都市同盟にもつながっていくのです。ハンザ同盟は、近代国民国家の形態とは異なりますが、同盟独自の軍隊も持っていたユニークな国家の一種といえるものです。

　なお、中世の後期には、ソキエタス（societas）などと呼ばれた商会（商社）や、フラタニティ（fraternity）などとして知られている信仰や慈愛で結び付いたネットワーク団体である「兄弟団」や、また知識の蓄積と伝達を軸とする教師と学生との組合的な「大学」、そして慈善的社会施設としての「施療院」（ホスピタル）も成立します。このように主として 12 世紀〜 14 世紀にかけて、都市祝祭とともに中世の都市的世界は独自に花開いていたのです（川原温『中世ヨーロッパの都市世界』、阿部謹也『中世の窓から』、参照）。

⑶中世後期の利子とペスト

　こうした時期に生じた、次の時代への大きな変化として押さえておきたいのは、以下の 3 つです。1 つ目は、13 世紀のローマ教会による利子の公認、2 つ目は 13 〜 14 世紀のペストの流行とエンクロージャー、そして 3 つ目は 15 世紀のウィクリフやフスらの宗教改革への動きです。そしてそれらが、神中心のそれまでの中世文化 (スコラ哲学も含まれます) から人間中心の近代文化 (人文主義的文化) への転換としてのルネサンス (再生) と結び付いていったのです。

　この間の歴史的推移をここからは特に「社会と意識のイノベーション」に焦点化して簡潔に述べていきましょう。ただし、先にも触れ、またやがて問題にもしますが、「社会」に関しても、「意識」に関しても、とりわけ「近代」においては、検討を要する言葉です。しかも、社会の変化と意識の変化は相即的で、単純な一方向的な影響関係ではありません。イメージ的にいえば、社会と意識は相互影響関係にあります。そのことも頭の隅に置いて (詳しくは後述)、まずは「意識」のイノベーションからみていきましょう。

　西洋中世も紀元 1000 年代という新たなミレニアムに入ると貨幣経済が浸透し始めます。その背景もあって、「意識」上での大きなイノベーションは 13 世紀に入って生じました。それは、1215 年の第 4 回ラテラノ公会議で「利子」を取ることが教会によって公認されたことです。それまでは、「ベニスの商人」のようなあくどい高利貸しは、神の教えに背くものとして軽蔑され、否定されてきました。しかし 13 世紀には、一定の上限 (33%) が設けられたとはいえ (アタリ『所有の歴史』)、利子は教会公認となりました。かつて、日本でも有名な投資家が「お金を稼ぐことは悪いことですか」といって投資による利潤の獲得を正当化する言説が話題になったことがありましたが、13 世紀からは徐々に、こうした利子の取得のみならず、商業などによる (購入と売却の) 差異 (差額) を生かした「利潤」の獲得と同様、利益の追求が経済生活の基本的行動となっていくのです。そしてここに「資本主義」の起源を見る経済学者も存在

します（水野和夫『資本主義の終焉と歴史の危機』、榊原英資・水野和夫『資本主義の終焉、その先の世界』、参照）。

　こうした「意識」面の変化とともに、もう1つ重要な「社会」面の変化もこの時期に生じました。それが14世紀のペストの流行です。1347年以後、14世紀末までに、ペストは少なくとも3回の大流行があり、ヨーロッパでは全人口の3分の1以上の死者を出したとされています。そして着目したいのは、ペストの流行は、「人の移動や旅や戦争と結びついている」ことです（エルズリッシュほか『〈病人〉の誕生』）。2020年からしばらくは、日本を含めて新型コロナウィルス（COVID-19）が世界中を揺るがしましたが、同じような「病のグローカル化」は、国境を越える人の移動が引き金の1つになっていることは間違いありません。実際、この14世紀後半には、航海技術も少しずつ向上していたのです。そしてそれが、大航海時代に入る15世紀末の「新大陸」発見にも結び付いていったのです。

　ただし、大航海時代の話に入る前に、このペストの流行という出来事が引き起こした「社会」面の変化をもう少し見ておきたいと思います。それはまず、第1に、荘園を基礎にした封建領主の抱える農奴が、ペストによって急速に減少したこと、そして第2に、領主側は不足する労働力に対処すべく、集約型の農業から人手が不要の「放牧」のような畜産や酪農に急速に傾斜していったことなどが変化として現れます。それゆえ、領主・農業主たちは、15世紀末からは明確に、土地を囲い込み（第一次エンクロージャー）、その土地に不要な人びとを追い出したので、農村の人びとは都市へ移動することになり、やがて彼ら／彼女らは都市およびその周辺での潜在的な労働力の担い手となりました。つまり16世紀の中ごろには、イギリスで毛織物を中心に、一定程度まで集約的・分業的なマニュファクチュア（工場製手工業）が成立しはじめるのです。その背景には、国際的な貿易が始まって毛織物への需要がいっそう高まり、その原料調達と製品販売のルートの拡大も試みられるようになった点があります。そしてこの段階が、やがて産業革命および資本主義の本格化に連なっていく前段であったことは、比較的よく知られていることだ

と思われます。

3. 転換期としての「長い16世紀」——前近代から近代へ

⑴ルネサンスと人文主義

　こうしたなかで、あらためて「意識」面でのイノベーションに再度着目してみると、その大きな変革は、「長い16世紀」に、ルネサンス、宗教改革、科学革命として、まず登場する点が指摘できます（そしてその仕上げ段階は、デカルトとベーコンですが、それは近代という地平の新たな出発点でもあるので、節を改めて論じましょう）。さらにそれらの変化は、世俗の権力としての王権の成立である「絶対王政」の時代のなかで現れてくる点も重要です。どういうことでしょうか。以下では、それをしばらく追ってみましょう。

　ルネサンスの絵画や彫刻、あるいは建築や音楽などは比較的よく知られているので、ここでは文学を取り上げてみましょう。そこでも——神ではなく——「人間」が強調され始めるのがルネサンスの特徴です。具体例を2つ挙げてみましょう。14世紀初頭のダンテの『神曲』に対して、『人曲』ともよばれる14世紀半ばのボッカッチョによる『デカメロン』（ペストを逃れた人びとの恋愛話や失敗話などの全100話で、邦訳は「十日物語」である）あたりから「人間」が描かれ始め、14世紀末にはチョーサーの『カンタベリー物語』（イギリスのカンタベリー大聖堂への巡礼の途中で語られた、日常生活の人間模様を描くさまざまな物語）が刊行されます。後者はまだ神のシンボルである大聖堂と結び付いていた過渡期的なものといえるかもしれませんが、そうした動きは、1511年のオランダの宗教改革に影響を与えたエラスムス『痴愚神礼賛』に至ってはっきりと「人文主義」ないしは「ヒューマニズム」（humanism）の生成となっていくのです。

　そして、ここまでくると、いよいよマルティン・ルターに登場願うことになります。ただしここでは、社会学者マックス・ヴェーバーの所説を中心にして、ルター以後の宗教改革の意味を考えてみたいと思います。というの

も、ここでは宗教改革それ自体の歴史的検討ではなく、それが近代の社会形成に与えた宗教の影響に関する歴史社会学が焦点だからです。

⑵宗教改革と資本主義の起源

　ヴェーバーは1904-05年に『プロテスタンティズムの倫理と資本主義の《精神》』を書きました。その本の冒頭で統計を用いながら、彼は、なぜプロテスタントの人が営利学校（イメージ的には商業高校や大学の商学部を思い起こすとよいでしょう）に進む率が高いのかという問いを提示します。そしてこの問いに答えるかたちでヴェーバーは、そもそものプロテスタンティズムの《発生の現場》に舞い戻ろうとします。つまり、1517年のルターによるローマ教会へのプロテスト、すなわち協会の免罪符＝贖宥符の販売を批判する95か条の意見書に象徴されるプロテスト＝抗議の場面です。

　ルターは、このプロテストを踏まえて、ラテン語聖書の自国語訳（つまりドイツ語訳）を試みました。教会の聖職者だけが読めるラテン語の聖書ではなく、一般の人びとも読める言葉への翻訳をルターは試みたのです。修道院のような世俗外の場において禁欲的に信仰生活を営む（＝「世俗外禁欲」と呼ばれる）これまでの聖職者の理想を、日常生活という世俗のなかでの禁欲的な信仰生活（「世俗内禁欲」）を営む信仰者のあり方をルターは説いたのです。それゆえ、教会を媒介にするのではなく、聖書を媒介として、神と信仰者が直接に向き合う関係を作り出そうとしました。教会の権威を否定して聖書を手掛かりとするには、人びとが聖書を読めなくてはなりません。だから、聖書のドイツ語訳がルターにとっては必要不可欠な仕事だったのです。そしてその作業の過程で、たとえば神から召されて新たな使命を与えられる「呼び出し」の意味合いを持つ言葉「Beruf」＝「召命」を、キリスト者は信仰において神のお召しを受け、（世俗外の隠遁生活ではなく）世俗の内でのそれぞれの仕事＝職業を通して、そのお召しに応えていくという発想で、「職業」という言葉として用いたのでした（Berufは、rufenというドイツ語の動詞から来ています。そのrufenは英語でいうcall、つまり「呼ぶ」ないし「声をかける」という意味です。英語で

も職業は、calling として「天職」という意味を持っています）。Calling は、この文脈
での Beruf ＝職業と対応する言葉なのです。

　しかしながら、ルターは封建領主との関係もあって、領主に対する農民の
一揆的な運動には批判的で保守的な面もあり、キリスト者の運動の「実践的
機動力」を直接的に動かす地点までは行かなかった面もあります。しかしル
ターの後にジュネーブで宗教改革を始めたカルヴァンには、改革に関してあ
る種の徹底性があり、結果的に宗教改革を一歩進める役割を果たしました。
そのカルヴァンの改革のポイントは、「予定説」と呼ばれる考え方にありま
した。予定説とは、神は「全知全能」ですから、過去や現在のみならず未来
に関してもお見通しで、信仰者の今後のあり方もすでに神によって「予定」
されているとする教説です。ただし、人間は神ではないので、その未来を知
ることはできません。そこでカルヴァンは、信仰者自らの未来に関して、自
分がよい運命であって「救われる」側に属していることを確証する方法がた
だ 1 つあると説きました。それは「世俗内禁欲」を実践して日々の仕事・労
働に集中し、そして現世で事業に成功するというかたちで、自らが「救われ
ている」ことの「確証」を得ることができるというものでした。

　なお、このような発想は、他のプロテスタント諸派にもある程度共有され
て世界に広がっていきました。たとえば、イギリスにおけるピューリタン（清
教徒）の活躍はよく知られています。ピューリタニズムは、1620 年のメイフ
ラワー号によるイギリスからの移住以降、アメリカでも展開されることにな
り、その後のアメリカ資本主義の精神的支えとなっていったといえます。つ
まり、（キリスト教の説教師にしてのちに大統領にもなった）フランクリンの説教
にもみられることですが——とヴェーバーは示しているのですが——、アメ
リカの WASP（白人でアングロサクソン系のプロテスタント）の懐く勤勉・質素・
倹約・信用……などといった倫理的な徳目は、産業を興して成功していくた
めに求められていた道徳的徳目でした。まさに産業（industry）と勤勉（industry）
とは表裏一体であったのです。いいかえれば、勤勉であることが産業活動を
成功裏に導くことの条件で、そしてさらに成功のためには、他者から得る

信用以外にも、合理的な組織づくりや計画立案などが強く求められたのです。そして、その徳目の核心の1つに、合理的な時間管理もありました。それがまさに、フランクリンが述べたとされる、Time is money!（時は金なり）です。時間がお金である、時間がお金を生み出すといった発想は、まさに資本主義の利潤獲得（剰余価値の産出）のメカニズムの表現、つまり資本主義を背後で支える精神や資本主義を実践的に動かす活動形態をみごとなまでに適切に言い表したものだといってよいでしょう。

⑶ヴェーバーの資本主義批判

　さて、こうしたプロテスタントのいわば「職業召命観」は、歴史的で社会的な大きな意義をもつことになります。まず、もっとも大きい「意識のイノベーション」としては、プロテスタントのキリスト者が、教会という中間組織を重視せずに、聖書を唯一の媒介として、知らず知らずのうちに個人として神と向き合う点ではないでしょうか。信仰はまさに、聖書を手掛かりとしつつ個人の選択的な決意にゆだねられる傾向をもちます。もちろん、後にはプロテスタントでも教会をもつようになる系列も生じますが、原則的にプロテスタンティズムのスタンスは、「個人」を重視する「個人主義」的な傾向を帯びることになったのです。この点は、西洋近代的な意識を論じるうえで、無視できない点であると筆者は考えています（実存主義者のキルケゴールやハイデガーにさえ見られる「決断」の意識とも関係すると思われますが、ここでは深入りしません。少し古い本ですが、松浪信三郎『実存主義』が良くまとまっていますので、参照してください）。

　しかし宗教改革は、「意識のイノベーション」をもたらしただけではありません。そこからは「社会のイノベーション」も生じています。日常的な世俗の世界での職業生活に禁欲的に専念して成果を上げることが信仰生活の核心である、といったプロテスタント諸派の意識と行動が、まさに資本主義の形成の1つの内的動力となって、それを活性化させ拡大させる源となったのです。ヴェーバーの発想の前半の局面は、ひとまず以上のようにまとめてお

くことができます。ただし、この発想には後半の局面もあります。つまり、現代資本主義の初期の精神構造には、神に仕える倫理的な活動が中心にあり、そしてそれが富を求める営利的な活動に結び付いていたのですが、いつしか「営利」が自己目的化され、「神と倫理」の結び付きが「富と営利」の結び付きにとってかわられるようになった、とヴェーバーは見ています。そうした「価値の転倒」は、プロテスタント諸派の宗教的熱狂が冷めやんで、富の誘惑に負けたときに生じたのです。しばらく、ヴェーバーのいくつかの言葉（『プロテスタンティズムの倫理と資本主義の精神』）に耳を傾けてみましょう。

　　「ピューリタンは職業人たらんと欲した……われわれは職業人たらざるを得ない」……
　　「禁欲は想像から職業生活のただ中に移され、世俗内的道徳を支配しはじめるとともに、今度はあの強力な世界秩序（コスモス）を作り上げるのに力を添えることとなった」……
　　「運命は皮肉にもこの外衣を鉄の檻のように固い外枠と化せしめた」……

こうした言葉で象徴される歴史認識の下で、ヴェーバーは『プロテスタンティズムの倫理と資本主義の精神』の本論の末尾で、次のような警句を発するのです。

　　「こうした文化発展の『最後の人々』にとっては、次の言葉が真理となる……『精神のない専門人、心情のない享楽人』この無の者は、かつて達せられたことのない人間性の段階にまですでに登りつめた、と自惚れるのである」。

　ここではこれ以上、言葉を費やすのは控えることとしましょう。要点は、宗教改革の意識が、資本主義の精神と深いつながりがあるかたちで展開され

て、成立期の近代資本主義の精神の一端が的確に描写されるだけでなく、そこからさらに現代の資本主義の精神の問題にまで言及している点だと思われます。「意識のイノベーション」が「社会のイノベーション」につながってくる1つの例ともいえます。ヴェーバーが、こうした資本主義の精神論から、現代の職業人や専門人（あるいは享楽人）を批判するのはなぜか。ここではこの問いは提起するだけにしておいて、次に近代の出発点で生じたもう1つの「意識のイノベーション」に目を転じてから考えてみたいと思います。それは文字通り、天と地が逆転するようなもう1つの新発想というイノベーションだといえるでしょう。章を変えて検討してみましょう。

第2章　西洋近代における意識と社会のイノベーション
——個人と社会の発生

　近代は科学の発展によって特徴づけられる、としばしば語られてきました。科学による世界観の変革は非常に大きかったので、その変革は「科学革命」とさえ呼ばれることがあります。そしてそれは事実、それまでの世界観の180度の転換を示す場面もありました。

　1543年、コペルニクスは「天体の回転について」という論文を発表しました。そこで、これまでは地球を中心に世界＝宇宙が回っているという常識を、180度転換する画期的な発想が示されていたのです。のちに——カント哲学を指して使われたのですが——「コペルニクス的転回」という言葉が用いられるほど、これまでとは真逆の発想が登場したわけです。一般にそれは、天動説というパラダイム（＝ある時代の発想の基本的な型）が地動説というパラダイムに変化する「パラダイム・チェンジ」が生じたといわれています。その後、16世紀から17世紀にかけて、まずはガリレオ（「それでも地球は回っている」）、そしてケプラー（惑星運動の法則）の活躍から、最終的にはニュートン（万有引力）による古典力学の集大成に至るまで、科学革命と呼ばれる大きな転機が訪れて、新たなパラダイムが定着したのです。このパラダイムは、近代的思考の1つの典型となったわけです。

　後述しますが、「現象学」を打ち立てた哲学者フッサールは、近代においてガリレオが自然を「数学化」したこと（数学的な数式で自然を捉えること）を批判して、私たちの自然のままの「生きられる生活世界」の復権を説いて、「近代科学」の一面性を批判しました。そこでの議論の核心は、科学主義的に世

界を捉える近代的なパラダイムないし発想を批判的に乗り越えるということ
でした。

1.　意識のイノベーション——近代思想における主体の生成

⑴主客二元論の成立

　フランスのルネ・デカルトは、数学者としても知られていますが、彼は、もっ
とも確実な知＝疑いえない出発点である「第一原理」をもとめて、『方法序説』
(1637年) や『省察』(1941年) という書物を著した哲学者でもありました。デカ
ルトは、論理的・数学的思考を重視しながら、自らに「すべてを疑う」とい
う方法を課して思索しました (方法的懐疑と呼ばれています)。疑うことができ
るものは思索の確実な出発点とはなりえないし、神ですらその存在を疑うこ
とができると考えたのです。そして彼は、こうした思索を進めていくと、決
して疑いえない事実が厳然と存在することがわかると述べます。それは何か
というと、すべてを疑っている「自己の存在」それ自体です。それが疑われ
るものだとすると、思索自体の存在が成り立ちません。思索を遂行している
自己、いいかえれば、自我ないしは主観（＝思う我）は、この思索の疑いえな
い出発点だと判断しました。それゆえ、「我が思うこと」あるいは「思う我」が、
私の存在を含むあらゆる存在の確実な出発点 (第一原理) である、とデカルト
は考えました。それはラテン語で、Cogito, ergo sum. ＝「我思う、ゆえに我在
り」(フランス語では、Je pense, donc je suis.) という表現に集約されており、哲学・
思想界では一般に「コギト」と呼ばれています。

　こうした「我思う」という主観 (subject) の自覚は、「我」ではないもの、我が
向かう先のもの、つまり対象＝客観 (object) の自覚を論理的に伴います。あ
るいは、主体の認識 (私は主体である) は、主体ならざる客体 (他物あるいは他者)
ではないという認識と背中合わせだ、といってもよいでしょう。主観 (主体)
が客観 (客体) を認識することは、「主観・主体」が認識したものが「客観・客体」
であるわけですが、「客観・客体」でないものが「主観・主体」であるとい

うわけです。そこで、主観（主体）と客観（客体）とは「別物」であることをも意味・意識するようになります。こうして、「主」「客」の二元論（主客二元論）が成立していきます。

　さらに、この「思う我」（主観・主体としての自我）が、外的な対象としての「物体」ではなく、自分自身の「身体」を対象として見ていけば、そこに対象としての「自己の身体」（客体としての自己の身体）を見出すことになります。そして、ここに立ち現れるのが、見る「心」と見られる「身体」という二元論（＝心身二元論）です。自分の「心」が、自分の「身体」を対象とするわけです。精神と物質の二元論といってもよいでしょう。少し難しい論理でしょうか。しかし、見る自分と自分によって見られる身体を区別するのは、いまや日常的なことでもあります。心（精神）と物体である体（身体）を別々のものとする発想は、身体を医学的な治療の対象として捉える自然科学的な近代医学の方向性とも一致します。心身二元論的思考の場合は、身体をこのように治療対象である客体ないしは物質として認識し物象化します。と同時に、認識し物象化する側（心的ないしは精神的な存在）それ自体も、身体とは別物であるとして認識・物象化されます。いいかえれば、「心・精神」も二元論的に「体・物質」と切り離されて実体化されるかたちで物象化されるのです。それは、精神／物質という心身二元論の成立だけを意味するのではなく、主観／客観、主体／客体、自己／他者、といったような二元論的思考の成立を意味し、むしろ心身二元論が主客二元論の1つのケースとして成立していくことを意味します。そしてそうした二元論が、近代的自我観、あるいは近代的主体像、ようするに近代的人間の誕生に結び付いていくのです。

　以上の二元論はもちろん、これまで見たような宗教改革における個人の位置、ルネサンスの人間中心的な人文主義、さらには（次に見ていく）科学的発見を行う科学する理性などと共鳴しあう、新たな「意識のイノベーション」であるということができるのです。

⑵イドラと帰納法

　イギリスのフランシス・ベーコンは、「知は力なり」という言葉を用いたことで知られています。彼は、1620年に『ノヴム・オルガヌム』(＝新機関)という著作を出版し、より適切な知のためには、4つの「イドラ」を取り除くことが重要だと説きました。イドラとはしばしば「偶像」とも訳されますが、むしろその意味は「偏見」や「誤り」に近いと理解することができます。その方がわかりやすいでしょう。それは次の4つです。

　まず第1に、「種族のイドラ」です。それは、「人間という種族」、人類一般に共通している誤りで、人間の感覚における錯覚や人間の本性にもつづく偏見のことです。人間の視力や聴力において、可視光線や可聴領域以外のものは見たり聞いたりすることはできないといった事態を考えてみればよいでしょう。人間はすべてを見聞きしているわけではありません。第2に、「洞窟のイドラ」があります。これは、「各個人に固有の特殊な本性による」もので、あたかも狭い洞窟のなかから世界を見ているかのような、各人がもつ偏見のことです。それは、個人の性癖、習慣、それまでの教育や経験などによるものです。第3は、「市場のイドラ」です。これは市場に人が集まって言葉を交わすような場面を考えるとわかるように、「人類相互の接触と交際」から生じるもので、とくに言葉が思考に及ぼす影響から生じる偏見です。噂や流言・蜚語を考えるとわかりやすいと思います。そして最後の第4のイドラは、「劇場のイドラ」です。これは「思想・学説によって生じる誤り」、あるいは権威や伝統を無批判に信じることから生じる偏見です。劇場という言葉は少し理解しにくいですが、劇場つまりシアター theater は、理論を意味するセオリー theory と同系統の言葉です。どちらも見たり考えたりすることと関係しています。あるいは、理論・学説には一定の体系的なまとまりはありますが、それは現実からは一定の距離があって現実そのものではありません。劇場で演じられる社会も、現実の社会とは異なる物語からなります。こうした意味で、「劇」(物語)あるいは理論(学説)などは、そのまま現実のものとして無批判に信じてしまうのは、一種のイドラになってしまうと言えるでしょう。

　先にみたフランスのデカルトが、出発点である「コギト」という第一原理を定めて、そこからいわば数学の証明問題のように、「演繹法」的に合理的な推論を重ねていく（したがって彼は「大陸合理論者」と称されることがある）のに対して、「イギリス経験論者」として知られるベーコンは、このような偏見を排して物事を客観的に見ていく科学的な方法、とくに客観的にさまざまな事実を捉えて、それらから共通点を抽出し把握するような「帰納法」的に推論していく経験的方法を考えていった哲学者だとして知られています（ただし、帰納法が哲学的・論理的に正しい議論かどうかは問題です。無前提の（観点を欠いた）観察は成り立ちえないからです。また、共通要素を抽出する帰納の手続きも、無数ともいえるような数多くの共通性のうち、何を共通とみなすは、前提となる観点（＝概念）によって決まるからです。詳しくは、拙著『社会学的思考を読む』を参照してください。）

⑶閉鎖人間＝ホモ・クラウスス

　以上のような近代的意識の成立という「意識のイノベーション」の出発点に立つ2人の哲学者に触れた後で、こうした哲学議論は、歴史社会学的にはどう捉えることができるのかを考えてみましょう。ここで登場願うのは、ノルベルト・エリアスという社会学者です。エリアスは、とても息の長い社会学者で、1939年に『文明化の過程』という大変興味深い歴史社会学的著作を刊行し、評判となりました。その後も1969年に『宮廷社会』を、さらに1987年には『諸個人の社会』を世に問いました。これらの著作で彼が問題にしたのは、近代の文明化の過程で生じてきた人間のあり方の変容です。彼はそれを、閉鎖人間＝ホモ・クラウスス（homo clausus）の誕生というように表現しております。それは、近代における「閉鎖的な自己」＝「閉じられた自己」（closed self）の成立であり、「自己抑制する自我」の生成です。そうした自我はどのようにして生じてきたのでしょうか。

　エリアスはまず、1530年に刊行されたエラスムスの『小年礼儀作法論』を取り上げ、その中での食事風景が、いわば「大皿方式」で食卓の肉を手づか

みで食べていく様子がみられる点を描いています。「奥さまは魔女」という
かつて米日で流行ったホームドラマで、主人公の魔女サマンサが、時代をワー
プしてイギリスのヘンリー 8 世の前に出て歌を唄うシーンがありますが、そ
こでは 16 世紀のヘンリー 8 世は手づかみで大皿の肉を食べていました。し
かし、17 世紀の後半になると、食事風景は大きく変わり始めます。肉は厨
房で切り、食卓では個人用の皿とスプーンが出てきます。そして、個々人の
ナイフの使い方などのマナーが論じられるようになります。それは、一種の
「個人化」でもあります。

　こうした変化とともに、17 世紀には「感受性の変化」とエリアスが言うよ
うな新たな段階が訪れます。その際には、「文明化の過程」と「宮廷社会」が
キーワードとなります。時代背景としては、後述の「ウェストファリア体制」
に象徴されるように、近代になって西欧各国の国内が平穏になっていき、貴
族層のあり方が変化していった点が重要です。かつて現場での戦争遂行者で
ある戦士貴族は、戦争が減り、絶対主義の王政が成熟するにつれて、宮廷が
活躍する場になっていきます。戦士貴族から宮廷貴族への変化です。戦士貴
族は、戦場では敵意や闘志をむき出しにして敵と対峙し闘いました。しかし、
宮廷でそうした振る舞いをするのはご法度です。宮廷という社交の場では、
自らの感情を自己抑制し、暴力も制御しなければなりません。そうしなけれ
ば無礼者だとみなされます。

　つまり、自分の怒りや笑いといった感情は自らの内面に押しとどめて、社
交場のマナーに従う礼儀正しさがここでの要点になります。宮廷社会では、
身分・階級間の対立と、同一身分・階級間の相互行為が網の目のように絡まっ
て存在しています。そうしたなかで、他人に対しては、自分の「心」を隠し
て礼儀正しく振舞うことが求められます。他者に「心」を隠すことになると、
今度はその人は本当のところ何を考えているのかと、その人の心を読みたく
なります。他者の内面に隠された「心」を読む、ということが相互的に行わ
れながら、宮廷社会での社交が進んでいくのです。しかしそれは、宮廷社会
だけの問題ではなくなって、社会全体に一般化されていきます。あるいは、

近代の社会自体がマナーを守るかたちで宮廷社会化されていく、といっても
よいかもしれません。それが文明化の過程の要諦です。

　かつて日本の駅には痰壺（たんつぼ）と呼ばれる、痰や唾を吐き捨てる小さ
な壺が備えられていました。いまはもう見かけなくなりました。痰や唾を吐
き捨てるような行動は、文明化していない野蛮な振舞いに思われるのでしょ
う。10年以上前のことですが、中国の長距離電車のなかでも、文明乗車と
いう言葉とともに「痰や唾を吐き捨てないように」という車内テロップが流
れていました。文明人は、痰や唾を吐き捨てない。それとちょうど同じよう
に、自らのありのままの気持ちや感情を、直接に外に出すのではなく、自ら
の身体のうちに飲み込んでいくのがマナーだということになります。こうし
て、プロテスタントの倫理のような個人化、デカルト的な主観的な自我、そ
して次に論じる市民意識……、これらはまさに、人びとが近代的個人として
「自己抑制する自我」として「文明化」していくプロセスに生じてきた——あ
るいは逆にこうした思考が近代的個人を生み出していった——と表現できる
でしょう。

　ここからは、一方に隠すべきマナーを身につけた人、他方にその他者の外
面の表情の読み取り、そしてそこで他者の内面の「心」を読む人という関係
性が生じてきたのではないでしょうか。自分の気持ちはわかるが、他者の気
持ちや心はわからない。このように近現代人は考えがちですが、しかし本当
にそうでしょうか。それは近代の陥穽（落とし穴）かもしれません。というのも、
本当は、自分のことも自分はわかっていないのかもしれないのです。しかし、
自分のことは自分が一番よく知っているという、いっていみれば「自己意識
の特権性」を信じ込んでいるだけかもしれません。……ただ、この辺の議論
にはいまは立ち入らないことにしましょう。この点は、現象学を論じる後段
で触れることになります。

　そこで次に、今度は「社会」のイノベーションについて触れていきましょう。
それは、「社会」という近代的な概念が生まれ出てくる「発生の現場」に立ち
会うことでもあります。

2.　社会という概念の成立――絶対主義から市民社会へ

⑴長い 16 世紀後の国家変容

　さて、前節の (1) と (2) では、16 世紀前半に展開されてきた近代的思考を
デカルトとベーコンという 2 人の哲学者を通してみてきました。上述のよう
に、デカルト哲学を大陸合理論と呼び、ベーコン哲学を英国経験論とまとめ
る人もいますが、ここではその点を深くは立ち入りません。それ以上にここ
では、デカルトやベーコンの時代は、ドイツでは皇帝権の争いであると同
時に、カトリックとプロテスタントの争いでもあった三十年戦争が繰り広
げられた時期だ、ということを確認しておきましょう。そして三十年戦争
は 1648 年には終結して、ウェストファリア条約が成立しています。またイ
ギリスでは、1649 年に清教徒革命が起こっています。とくに前者のウェス
トファリア条約によって、スイスやオランダの独立や、皇帝権の衰退、宗教
対立などが生じましたが、何といってもこのウェストファリア条約によって、
現在の主要なヨーロッパの国々のかたちが出来上がったということができま
す。したがって、歴史家は 1648 年以後を「ウェストファリア体制」と呼んで
きたわけです。しかしながら、その体制が大きく変容しはじめるのが、その
後 350 年を経て、ヨーロッパ連合（EU）が成立するころだということができ
るでしょう。

　そこで、これまでの哲学的議論が、このウェストファリア体制の初期にお
いて、「社会」との関係でどのような広がりを持って、社会思想として生成
し定着し展開されてきたのかを追ってみたいと思います。なぜ、そうした歴
史社会学的な展開を追求するのでしょうか。じつはこの時代の思想が 20 世
紀の終わりまでの長い間、自明なものとして続いてきていたからです。もち
ろん、後述しますが、その土台の上で、フランス革命前後からの「第 2 近代」
とみなすことができる段階で、いまや終焉が語られ始めている資本主義や国
家主義が本格化しますが、その土壌はこの「第 1 近代」において生成されて
きたからです。それゆえ、この第 1 近代について、もう少し言葉を費やして

おきましょう。

　さて、中世から近代への「長い16世紀」における政治史的な移行を語るうえで、これまでの話題以外でも、話題に事欠きません。宗教改革の本格化の時期はまた、ローマを中心とする教皇権に対する抵抗でもありました。とくにイギリスにおいては、先述のヘンリー8世（在位 1509-47）とその後のイギリス国教会の成立、そしてエリザベス1世（女王：在位 1588-1603）の登場といった具合です。フランスでも、やや遅れて、ルイ14世が1643年に5歳で即位し、1715年まで在位期間70年を超える長期の王権（親政の期間は約55年間）を維持します。まさに16世紀から17世紀にかけては、神権ではなく王権が前面に出てくる過渡期でした。もちろん、王権神授説とか王の2つの身体など、世俗の王権を、神に近づけるようなイデオロギーも登場しますが、時代は確実に、地上の権力、あるいは神権から王権へ、そして「人権」へと移っていきます。その過程の「絶対王政」と呼ばれる時期には、「朕は国家なり」という発想が出てきます。かつては、神のおきてがすべてで、その下に「人定法」といった人間が定める法律が位置づけられていましたが、その神の力は王の一部となり、かつ王が国そのものとして、国土を支配していくのです。つまりここで「朕は国家なり」というのは、ある意味で、自分の統治する国家の重要性を強調するスタンスでもあるわけです。その絶対君主同士が18世紀半ばまで争ってきて、ようやく一定程度、平穏な時代がやってきたのです。それが第1近代という時代です。概略でいえば、17世紀前半から18世紀の末近くまでの、約200年程度続く近代前半期と見ることができます。

　しかしながら、絶対主義は重商主義政策をとっていたので、裕福な商人も力をつけてきます。またイギリスのようにマニュファクチャーで綿製品を製造して海外に売りさばくことによって富を蓄積する産業的中産者層と呼ばれる人びとも台頭してします。そのことも大いに関係して、17世紀から18世紀にかけては、絶対王権に対する抵抗・反抗、そして革命が生じてきます。その典型が、早い段階では1649年のピューリタン革命や1688年の名誉革命、そして最終的には、1776年のアメリカ独立革命や1789年のフランス大革命

へと進むいわゆる「市民革命」の動きでしょう。こうした点は、かなり一般に知られていますが、こうした動きを経て第 2 近代が見えてくるのです。ただし、ここでは先走りせずに、第 1 近代のなかで生じてきた「社会」のイノベーションに関する興味深い議論を見ておきましょう。それが、社会契約論に関する議論です。

⑵社会契約論の登場と「社会」の自覚

　この段階で、こうした市民革命を導き、そして市民革命自体からも学んで独自に議論を進展させてきた一群の人びと、社会契約論者と後に呼ばれる人びとが登場します。そしてそれらの人びとは 17 世紀の後半になって現れ、いわゆる 18 世紀の啓蒙主義時代を切り拓いていく先行者でもあったのです。

　まずは、イギリスのトマス・ホッブスです。彼は 1651 年に『リヴァイアサン』という本を書きます。そしてそこでは、次のような「社会契約」が論じられました。すなわち、人間は、「自然状態」では、あたかも狼の争いのように万人の万人に対する闘争が繰り広げられ、社会は無秩序状態に陥ってしまう。そこで、こうした闘争状態を回避するために人びとは国王と契約を結んで、秩序を維持してもらうことにした。そのためには、国王には権力が必要であり、人びとの権利が制限されてしまうのは秩序維持のためには仕方がない。つまり人びとは、国王に権利を譲渡したのだ。このようにホッブスは考えました。しかしながら、その後、ピューリタン革命や名誉革命などの市民革命を経験した後続世代のロックになると、同じ社会契約という発想を有していても、かなり内容は変化してきます。

　ジョン・ロックは、1689 年に『統治二論』を著します。そこでロックは、「自然状態」では所有権が不安定で安心した生活を送れないので、為政者＝統治者（国王・政府など）と契約を結んで、社会における所有の安定を確保するというように考えました。この発想では、いわゆる「私的所有権」という考え方が明確になります。王や貴族等は別として、一般の諸個人が私的に財産を所有する権利というのは、それまであまり明示的ではありませんでした。し

かも、ロックの場合は、有名な指摘なのですが、あらたな開拓地（「無主地」＝所有者のいないとされる植民地の土地など）を開墾して、囲いを設けて、ここは私の所有地だ、とすることができると考えました。所有権の成立を論じるための議論ですが、それがイギリス人を中心とするアメリカ開拓の際の（オーストラリアなどでもそうですが）、新たな「所有権」の主張の根拠とされたわけです。とはいえ、アメリカやオーストラリアの土地は、先住民が共同で生活を営む場所でもありました。しかも、先住民には個人の所有権などという概念は（さらにいえば法的概念も）存在しなかったので、ヨーロッパからの入植者が自分たちで「所有」概念を生み出し、かつ「所有権」を主張するとなると、先住民はそれに対応できないわけです。

　所有権という概念は、私的所有が生まれてきて、しかもそれが重要な権利だという発想が出てこなければ、十分には浸透しないでしょう。ただ、そうした権利意識が明確になってくると、それは、かけがえのない個人の権利として為政者＝統治者あるいは端的に国王によって侵されてはならない権利となり、もし為政者などがこの権利を侵すような無謀な振る舞いをするならば、その国の人びと（国民）は、その為政者に抵抗する権利＝抵抗権や、場合によっては為政者を交代させるような革命権すら持っていると考えるようになります。まさにロックの社会契約論は、そのような「革命」的な発想でもあったのです。そしてそれは、アメリカの市民中心の独立運動（独立革命）へとつながっていく発想だったのです。

　他方、この抵抗権・革命権の発想を受け継ぎながらも、異なった「自然状態」を想定しつつ、あらたな社会契約論を展開したのが、のちのマルクスにも影響を与えたとされるフランス人のルソーです。

　ジャン・ジャック・ルソーは、1755 年に『人間不平等起源論』、1762 年に『社会契約論』を出版しました。ホッブズやロックよりも 1 世紀ほど後の人ですが、彼らと同じようにルソーも人間の自然状態を考えました。ただし、その中身はいわば真逆です。人間は最初、平等で「幸福」な自然状態を送っていました。しかしその後、不平等な状態が拡大していきました。そこで、人び

との財産と安全を保護するために最初の約束として社会契約がなされましたが、その契約が維持されないような状況では、一般の人びとの側に為政者に対する革命権がある、とルソーは主張しました。このフランス人ルソーの発想は、1789年のフランス大革命の精神的支柱の1つになっていきます。ルソーの有名な「自然に帰れ」という言葉は、こうした文脈で捉える必要があります。そして、ある意味で、そうした平等で幸福な自然状態は、社会主義社会の夢でもあったのです。

　では、このような社会契約論は、どのような歴史的意味をもっていたのでしょうか。社会の秩序を「契約」という約束に還元してみていこうとする、ある意味ではキリスト教的な神との契約を彷彿とさせるような発想がその最大の特徴ではあります。しかしそれ以上に、基本的な点として、次の3つのことが指摘できます。まず第1に、王権に対する一定の歯止めが生じたこと、第2に、その歯止めをかけるのは後に「市民」と呼ばれ始める主に新興の産業的中産者たち（商工業者や工場経営者など）であること、そして第3に、そうした人びとによる「市民革命」によって国家形成が強く意識されるようになり、市民は国民として自覚的に・制度的に国政に関与するようになっていく、民主的な政治システムが確立されていった点です。つまり、絶対王政の下では「朕は国家なり」でよかったのですが、18世紀の啓蒙期までくると、国家は国民という主体が形成し・運営していくものだと認識され始めていた点で新たな発想だといえます。もちろん、その前提には、ベネディクト・アンダーソンがすでに指摘していることですが、印刷術の発達による標準化された国家語（「国語」）を普及させる出版資本主義といえるような、文化技術の進展が前提となっています（アンダーソン『想像の共同体』）。それは、19世紀に入って明確に近代国民国家として結晶化されていくことになります。

　以上を図式風に簡潔にまとめておきましょう。宗教改革⇒個人や「資本主義」の精神の形成、科学革命⇒法則や理性・合理主義の重視（科学と「理性主義」）、近代哲学⇒自我や主客二元論の形成：個人と主観＝「主体主義」の生成、そして社会契約論⇒国家とその内部の社会の自覚、こうしたことが第一近代

において徐々に立ち現れてきたのです。

3. 市民社会と資本主義──技術変容と社会編成の新たな原理

　さて「第2近代」では、市民社会が明確になりますが、実態としては資本主義（商品化社会）と国家主義（国民化社会）が舞台の上に登場します。それらを媒介する契機としての「帝国主義的な植民地主義」は後述しますが、「近代国民国家」の成立がここでのポイントの1つとなります。このあたりのことを、以下で述べたいと思います。

⑴分業論

　よく知られていますが、18世紀後半にスコットランドのジェームズ・ワットは、新方式の蒸気機関を開発します（1769年）。それは、復水器で蒸気を冷やすことで、高温のシリンダーが維持されることとなり、仕事効率が増したとされています。この蒸気機関の技術革新はのちに産業革命と一部で呼ばれるような工業化社会への推進力になるとともに、その燃料である石炭を時代の主役に押し上げます。馬から石炭へ、馬力から火力へ、です。1776年には最初の業務用動力機関が完成したとされますが、蒸気機関の誕生以前には馬が動力として利用されていました。しかし、炭鉱経営者が馬に代わる動力として安価に入手できる石炭を利用した蒸気機関に着目し、それが蒸気機関の普及促進の理由だったのです。とりわけ、技術と生産方式のイノベーションが重なり合って、一種の革命的な産業編成の転換が生じたわけです。では、その生産方式のイノベーションとは具体的にはどういった発想なのでしょうか。

　それが「分業」論と称されている議論です。この時期にこの議論をもっとも明確に示したのは、同じくスコットランド出身のアダム・スミスです。彼は1776年（ということは、アメリカの独立や本格蒸気機関の誕生と同じ年です。ちなみに、紀元前ではハムラビ法典の成立年でした）に、日本語では『国富論』として知られている本を刊行します（原題はAn Inquiry into the Nature and Causes of the

Wealth of Nations で、訳すと「諸国家の富の性格と原因の探究」ということになります）。この本は、それまでの重商主義政策（他国を犠牲にして経済力を増大し、植民地保有を頂点とする国家政策により貿易などで経済発展を進めるという商業重視の政策）に対抗し、当時のイギリスの経済政策に対する処方箋としてスミスが提示したものです。彼の主要な考え方としては、ここではまず「分業」論と「商業社会」論を挙げることができます。

　彼のわかりやすい説明を示すと、もし職人が 1 人だけでピンを作ると、1 日に 1 本のピンをつくるのも大変ですが、しかし 10 人の労働者が作業を分担すれば、1 人当り 1 日に 4800 本のピンが製造可能だと彼は記しました。それだけではありません。分業は、①労働者の熟練や技能が不要となるし、②仕事間の移動時間を節約することができ、さらに③労働を単純化し機械の発明を容易にする、と彼は論じました。たしかに、分業は、「交換に媒介される分業」であって、いわばそれは孤立労働を社会的労働へと変化させるものです。そして、労働生産力を向上させ、文明社会の生産力全体を高めるものとなります。

　そしてそこからスミスは、「商業社会」論も展開していきます。商業社会とは、「貨幣を媒介とした交換」という社会的行為の一般化です。社会的分業が確立すると、各人は自らの労働による生産物のうち自己消費分を超えた部分を、他人の労働生産物と交換して欲望を充足させるようになり、そうして商業社会が成長するのです。

　ただし、ここでいう商業社会とは、農業も工業も含めた広い意味であることに留意が必要です。したがって、ここでいう商業とは商人による商売だけを指すのではありません。いわばそれは、「市民社会」の経済的側面を表現したものだといえます。とくに、商業社会では交換を仲立ちする貨幣が重要です。さらに、パン屋と肉屋の交換が成立するためには、パン屋と肉屋との欲望の一致も必要です。物々交換の不便を避けるため貨幣と交換し、次にその貨幣をパンや肉などの自分が必要とするものと交換するならば、不便は解消することになると彼は考えたわけです。

　なお、倫理学者であったアダム・スミスは、別の本で（『道徳情操論』）で、

人間性における「同情」(sympathy) の重要性を指摘しています。Sympathy は今日ならばさしずめ「共感」と訳されるべきだと思われますが、他者の心情に共感し、同じ思いを共有してこそ、交換という行為が成立する点を鋭く指摘したものだ、と捉えることができます。

　さて、こうした「商業社会」的な発想は、産業革命的な変化がヨーロッパの大陸部にも浸透していくようになる 1800 年代に入ると、より一層「市民社会」的な発想となってきます。その例を、今度はドイツの哲学者ヘーゲルを取り上げて見てみましょう。

⑵ヘーゲル・市民社会・国家

　一般に、市民社会という用語は今日の日本ではかなり定着していて、多くの著作のタイトルにもなっています。確かに、『広辞苑』(第七版) を引くと、対応する英語が civil society だと示されて、解説されています。しかし、英和辞典を調べると civil society という単語は見つけにくく、和英辞典には「市民社会」があって、civil society と訳されています。どうやら civil society を市民社会と訳して (逆もそうですが) 理解しているのは「日本的」な捉え方のようです。翻訳でも「NPO などの市民社会」などと訳されていると、違和感があります。その場合はむしろ、「市民団体」と訳すべきではないでしょうか (植村邦彦『市民社会とは何か』参照)。

　おそらく、古代ギリシャ語ではポリティケ・コイノニア (πολιτική κοινωνία) として示されていた (都市) 国家共同体が、ラテン語では、societas civilis と表記され、それが社会契約論者やアダム・スミスなどでも踏襲されて、新興の産業者層や広義の商業従事者層の拡大に伴って、一般の人びとの日常生活の社会空間と国家との間に、「市民社会」的な政治経済的・かつ社会文化的な位層が意識されるようになったと思われます。そしてそれを、もっとも適切に示したのが、ヘーゲルの考え方なのです。

　ヘーゲルは 1821 年には刊行されていた『法の哲学』という著作で、「家族－市民社会―国家」の 3 項からなる「弁証法」の議論を展開しました。すなわ

ち、現代社会は「直接的ないしは自然的な人倫的精神」である「家族」が分裂
し、「すべての人の個人的な私的利害の、全ての人に対する闘争の場」であり、
富の少数者への集中や「浮浪者」が出現する「欲望の体系」である「市民社会」
(Bürgerliche Gesellschaft：封建貴族でない「ブルジョワ」の社会) が出現し、それらが
「国家 (Staat)」という「人倫的共同体」で (弁証法的に) 統合されるとしたのです
(なお、Bürgerlich という言葉は、都市 (Burg) の人びとを連想させると同時に、「ブルジョ
ワの」――ここでは資本家というよりも、産業的中産者層全体を指すと考えるべきで
しょう――という意味で捉えるべきだと思われます。この点で、スミスのいう「商業
社会」と、このブルジョワの社会とは非常に近い関係なのです)。

　つまり、ヘーゲルの場合、市民社会は――成員が融合する家族とは異なり
――私的利害が対立し、ときには闘争にさえなるような、欲望が渦巻き、と
きには無秩序にさえなりかねない場です。そうした対立・闘争・混乱などの
ネガティブな面を抑制し、より高い段階の統合を実現するのが国家だという
わけです。

　これは、きわめて図式的に言えば、正－反－合の弁証法に対応しています。
つまり、正 [家族]・反 [市民社会]・合 [国家] の 3 つからなる動きです。こ
こから、少し敷衍すれば、ヘーゲルは、これまでの歴史はそうした国家内対
立とその克服の歴史であり、しかも国家間対立の闘争が歴史を動かし、そし
ていまある現実の強い国家がその国家統合のさらなる高みにあるものとして
肯定的に捉えられているように思われます。彼が同時代のナポレオン国家を
高く評価していたエピソードはよく知られています。この意味で、ヘーゲル
の発想は、後述する少なくとも 19 ／ 20 世紀的な市民社会や国家に関する見
方を代表しているといえるでしょう。事実、ヘーゲル以後、歴史を国家間闘
争の進化論的過程 (自然淘汰) だとするような一種の「社会ダーヴィニズム」的
な見方も登場してきました。「今までの歴史は階級闘争の歴史である」とした
マルクスとエンゲルスの『共産党宣言』の本文の冒頭の言葉も、こうした流れ
で理解することができるでしょう。しかしながら、そこには古いヘーゲル流
の国家観が残存しているという大きな論点が内包されています (こうした古い

国家観について日本の社会学者・高田保馬が戦後すぐに『世界社会論』で批判しています。世界全体が論じられるべきなのに、ヘーゲルの社会哲学は、国家および国家間闘争しか見ていないという批判です(池岡・西原編『戦後日本社会学のリアリティ』の拙論参照))。

　なおここで、「近代国民国家」の筆者なりの規定をまとめておきます。それは、「支配層による組織された暴力と、国民という名の一定範囲の人びとから(通常は税の形で)収奪・蓄積した富という財力を背景に、内部に向けては武装解除を推し進めて人びとを管理・支配しつつ、国家的・国民的アイデンティティ(ナショナリズム)を持たせて支配の正当性を確保し、外部に向けては国家主権の承認を他国から調達し、他国との境界を定めて領土(国土)を確定し、さらに他国への対外戦争をも可能にする近代以降の社会的構築物である」(西原・油井編『現代人の社会学・入門』の拙論参照)。……そこで国家の次は、資本主義についてです。

⑶資本主義：価値・搾取・階級

　ここからは、資本主義について再度考えてみましょう。「再度」と記したのは、すでにマックス・ヴェーバーの資本主義の精神に関する議論を見てきたからです。しかし、教科書風に言うと、資本主義論はマルクス主義の議論が大きな影響力をもってきました。それは、ヴェーバーのような倫理や理念といった精神論、つまり心が中心の「唯心論」ではなく、物中心の「唯物論」的な歴史観にもとづくもので、しかも歴史発展の段階論的な議論で、かつ社会主義思想を展望する議論だと言われています。端的にいうと、経済的な事物が社会を動かしていく原動力だという経済中心の発想だといってもよいでしょう。そしてその発想は、今日ではかなり一般的な見方にもなっています。たとえば、前出の『広辞苑』では、資本主義とは、「封建制下に現れ、産業革命によって確立した生産様式。商品生産が支配的な生産形態となっており、生産手段を所有する資本家階級が、自己の労働力以外に売るものをもたない労働者階級から労働力を商品として買い、それを使用して生産した剰余価値

を利潤として手に入れる経済体制」であると説明されています。この説明は、用語（生産様式、階級、労働力商品、剰余価値など）も――以下に見るように――原則的にマルクス主義の用法を踏襲しています。したがって、その分、わかりにくい点もあります。そこで、もう少し立ち入って説明してみましょう。

　次のようなマルクス自身の言葉があります。マルクスの『経済学批判』（1859年）の「序言」からの引用です。

> 「人間は、彼らの生活の社会的生産において、一定の、必然的な、彼らの意思からは独立した諸関係に、すなわち、彼らの物質的生産諸力の一定の発展段階に対応する生産諸関係に入る。これらの生産諸関係の総体は、社会の経済的構造を形成する。これが実在的な土台であり、その上に一つの法律的および政治的な上部構造がそびえ立ち、そしてそれに一定の社会的諸意識形態が対応する。」

そして、次のような文章も続きます。

> 「物質的生活の生産様式が、社会的、政治的および精神的生活過程一般を制約する。」
> 「人間の意識が彼らの存在を規定するのではなく、彼らの社会的存在が彼らの意識を規定するのである。」

　ここでは、生産諸力と生産諸関係が着目され、かつ生産諸力の総体が社会の下部構造＝土台（物質的生活の生産様式）となり、その上に上部構造＝諸意識形態（精神的生活過程一般）があって、前者が後者を制約ないし規定するとあります。この文脈でのマルクスに着目する人びとは、ようするにマルクス主義の発想は、上部構造の意識に重きを置くというよりも、唯物論的にはその存在の基盤となる下部構造の生産様式のあり方が問題なのだと捉えます。すなわち、繰り返せば、「人間の意識が彼らの存在を規定するのではなく、

彼らの社会的存在が彼らの意識を規定する」のです。唯心論ではなく、唯物論だというのはそういう意味です。そして、生産力の発展に照応する生産段階として、原始共産制、古代奴隷制（上述の「序言」では「古典古代的生産様式」）、中世封建制、近代資本制（同じく上述の「序言」では「近代ブルジョワ的生産様式」）、さらに社会主義、共産主義が展望されたと捉えられました。のちにエンゲルスは『空想より科学へ』のなかで、この考え方（唯物史観ないしは史的唯物論と呼ばれます）は「鉄の必然性」をもった「法則性」なのだ、というように表現しますが、もちろん、今日の科学哲学的な知見を踏まえても、この辺は十分に再検討の余地があると思われます。

　しかし、こうした議論以上にここで確認しておきたい点は、じつは資本主義それ自体の捉え方です。わかりやすくするために、筆者なりに、簡単な数字を示しつつ資本主義「経済」の仕組みを、きわめて単純化して例示してみましょう。

　仮に、資本家（起業者・企業者）1人が1000万円の資本金で、300万円の設備と100万円の原材料を計400万円で購入し、労働者も月20万円の約束で30人雇用して（600万円）働かせて、一定数の商品を生産し、それを流通させ、販売して、1か月で2500万円の売り上げを得たと仮定してみましょう。ただしこれは売り上げですので、流通費の100万、販売費も100万が必要だとし、かつ次期への繰り越しとしての1300万（次回資本金1000万円＋今後の減価償却費300万円）の合計経費1500万円を引いて計算すると、1000万円の利益となります。このことを、きわめて単純に図式化すると下図のようになります。

```
　　　　　600万：労働力という商品の購入＝支払い労働分　　［＋不払い労働⇒剰余価値⇓］
資本金1000万－｜－（生産）－（流通・販売）⇒売上2500万－経費1500万＝1000万
　　　　　400万：設備・原材料等の商品の購入　　　　　　　　　　［利益＝搾取分⇑］
```

　しかし問題なのは、この利益、1000万円はどこから出てきたのかという点です。マルクス主義経済学の基本的な考え方では、この1000万円は、労働者が「ただ働き」させられたものだと考えます。つまり、雇用段階では、

労働者は1人月20万円の給料で30人分、計600万円だったのですが、実際には、1000万円を稼ぎ出したのです。ですので、本当は1000万円÷20人で、1人月50万円の給料を得ることが可能な計算になります。にもかかわらず、実際には20万円しか貰っていないのです。30万円は不払いです。

　つまり労働者は、給料として貰った20万円の価値以外に、さらに30万円の剰余価値を生み出しているのに、その分は「不払い労働」で、労働者が生み出した「価値」を「剰余価値」として、資本家が「搾取」していることになります。仮に1日10時間労働だとすれば、4時間分は給料が支払われているのですが（必要労働時間）、あとの6時間分は給料が貰えていない「不払い労働」で（剰余労働時間）、ただ働きさせられていることになります。以上が、資本主義の「価値増殖過程」の秘密と「不払い労働」に基づく「剰余価値」の「搾取」の仕組みというわけです。このように、労働力商品―剰余価値―不払い労働―搾取といった一連の用語が、資本主義の展開の秘密だったということになります。それゆえ、搾取のない社会、つまり資本家の不当な利潤を労働者に適切に分配すれば、労働者の暮らしはもっと良くなるはずだというのが、社会主義の発想につながっていくのです。

　ただ、少し補足が必要だと思われます。まず、商品が売れるという点についてですが、これは資本主義が円滑に機能している状態での「搾取」をめぐる議論の前提です。経済恐慌では、資本主義はうまく機能しません。次に、マルクス主義では、生産手段を所有しているかいないかで、所有している資本家、（自らの労働力以外には）所有していない労働者という考え方があり、そうした人びとが階級をなして、資本家階級（ブルジョワジー）と労働者階級（プロレタリアート）として対立しているという認識があります。「これまでの歴史は階級闘争の歴史であった」という前述の指摘は、この認識に基づきます。さらに、この資本家と労働者の間には、農具や若干の土地などのわずかな生産手段を所有する農民を中心とする中間階級があるのですが、マルクス主義では資本主義が進展するにしたがって、この中間階級は没落して多くが労働者化して、労使の二大階級化が進むと考えられていました。しかもその際に

労働者階級の窮乏化も進んで、革命の条件、社会主義への移行の条件が生じ
てくるとも考えられていました。

　そこで、事実上は労働者が生産を担っているのに搾取されて窮乏化するよ
うな事態は問題なので、この点を乗り越えて、労働者階級が中心の社会経済
システムを作り上げようとするのです。そのためには、生産手段の所有／非
所有が階級の分かれ目であるような生産様式は廃棄されて、生産手段は私的
所有ではなく社会的所有とすべきだと考えました。それが社会主義の基本の
発想です。労働者が政府を作って社会経済をコントロールして、自由主義的
な生産の「無政府性」ではなく、生産の実質的な社会性に基づいた計画経済
によって、生産過剰による恐慌状態を克服して、持続的な発展を実現するこ
とができる、というわけです。

　もちろん、こうした発想は、20 世紀に入って成立した社会主義国家・(旧)
ソ連(ソヴィエト社会主義共和国連邦)においては、労働者階級中心が共産党の
一党独裁となり(さらにそれに伴う言論統制や政敵の粛清、指導者の個人崇拝など
の問題があり)、しかも社会的所有は国家所有(国有)というかたちで、計画経
済も一部のエリート党官僚による 5 か年計画の立案などによって、国家(党)
による支配・管理体制の強化となり、国民の不満も高まって 20 世紀の終わ
り近くに、東欧の社会主義諸国とともに、崩壊せざるをえなくなりました。

　では、マルクスの社会主義観は誤っていたのでしょうか。「その通り」と、
今日では全否定的なネガティブな反応が返ってきそうですが、この点は少し
考えておくべき点があるように思われます。話はすでに 20 世紀の社会に足
を踏み入れていますので、そして詳細はその後にあらためて語りたいと思い
ますので、さっそく 19 ／ 20 世紀の社会の変容＝「社会のイノベーション」
をみていくことにしましょう。

第3章　第2近代における資本主義と国家主義
——グローカル化する帝国と植民地主義

1. 資本主義の本格化と帝国主義化——19世紀から20世紀前半

　さて、産業革命に基づく「工場制機械工業」に象徴される第2次産業を中心とする産業のあり方が、資本主義として19世紀にはヨーロッパ大陸でも一般的な形態になっていきます。その段階で、ヘーゲルの影響を強く受けたマルクスやエンゲルスが19世紀の中頃に登場して活躍し、やがて資本主義を批判し社会主義を目指すマルクス主義として一般に流布されていきます。この体系化は、マルクスの著作をエンゲルスが一般向けに解説する過程で進み（『空想より科学へ』の出版）、さらに20世紀に入ってレーニンが『帝国主義論』（1916年）や『国家と革命』（1917年）などで、時代に即した実践的な手引きのようなかたちでも進められていきました。この章では、資本主義の進展についてみていきます。

⑴帝国主義とは何か

　そこで本章では、20世紀の冒頭近くで、かつロシア革命の成立過程であらわになってきた、レーニンの帝国主義論に照準を合わせることから話を進めていきましょう。なお、こうした議論は、時代的にも社会的にも、あるいは政策的にも、近代日本も密接にかかわるような事柄ですので、ここからは日本のことも視野に入れつつみていこうと思います（なお、日本に関してはあらためて第2部で立ち入って触れますので、ここでは一種のイントロ的な位置づけです）。

　ウラジミール・レーニンは1870年生まれで1924年に亡くなります。もち

ろん、1818 年生まれで 1883 年に亡くなったカール・マルクスよりも半世紀
ほど若く、マックス・ヴェーバーとはほぼ同時代の人です。そうしたレーニ
ンが、さほど資本主義が進んではいなかったロシアで、マルクス主義に基づ
く社会主義革命を遂行しようとしたのです。というのも、資本主義はイギリ
スからヨーロッパ大陸やアメリカ新大陸、そして日本などにも拡大していく、
一種の国境を越えたトランスナショナルな時代に入りかけていた時期だった
のです。

　つまり、レーニンが活躍する 19 世紀の終盤近くから 20 世紀の初頭にかけ
ては、資本主義が発展して、商品の販売は国内市場だけでは飽和状態となり、
海外に進出してさらに市場を広げて一層の利潤を追求する仕組みを作り上げ
つつあったのです。しかし、資本主義諸国が海外に進出するとなると、そ
うした国家間で市場をめぐる争いが生じてきます。そこで、(国際)政治的に
も、同盟関係や敵対関係が生じるようになります。よく知られているように、
19 世紀から 20 世紀にかけてイギリスを中心に英仏露が三国協商としてまと
まって 3C (ケープタウン、カイロ、カルカッタ) 政策をとります。それに対して、
同じころドイツは独奥伊の三国同盟を結び 3B (ベルリン、ビザンチウム、バグ
ダード) 政策をとります。これに関連していえば、近代日本は 1902 年に日英
同盟を締結しましたので、とりあえずは三国協商側に立ちました。

　いうまでもなく、こうした政策は帝国主義的なものとして歴史的にもよく
知られています。この意味合いでの帝国主義に関しては『大辞林』(第三版) が
的確に表現しているので、引用しておきましょう。帝国主義とは、「広義には、
国家が領土や勢力範囲拡大を目指し他民族や他国家を侵略・抑圧する活動・
政策。狭義には、資本主義が高度に発達し生産の集積と独占体がつくり出さ
れ、資本輸出が盛んになった段階。一九世紀末からこの段階に達した列強は
植民地獲得競争に乗り出し、国内では反動政治・軍国主義を、国外では植民
地支配と他民族の抑圧を強化させた」動きである。広義には以上のような点
を把握したうえで、以下では「狭義」の「帝国主義」に関して述べましょう。

　レーニンは、自らの『帝国主義論』の本のタイトルに、「資本主義の最高の

段階としての帝国主義」と記しました。「最高の」というのは、そこをピーク
にそれ以後は下り坂で終焉に向かうというニュアンスがあります。つまり「最
高の段階」とは「最後の段階」でもあるという含意があるわけです。そこでレー
ニンは、以下の5つの事柄を帝国主義の特性として描きます。すなわち、

①まず国内から、生産と資本の集中と独占が進む
②そして国内から、金融の寡頭制支配が強まる
③国外への資本の輸出がますます進んでいく
④国際的な独占による経済的な世界分割も進む
⑤そして最終的に、世界の領土的分割が進む

　少し強調して書きましたが、状況が①から⑤へと進んでいくなかで、国際
間競争も進んでいきます。そして戦略的に国家群がグループ化されるように
なり、そして国際間対立が一層顕在化してきます。とくに国家間調整を行う
国際機関がいまだ十分に発達していない時代には、まさに3B政策や3C政
策が登場し、そうして第1次世界大戦へと進んだのです。とくにヨーロッパ
では、第1次世界大戦の主要な戦場となって大きな人的被害も出たことは皆
さんがよく知っている通りです。じつは、こうした流れは、資本主義の競争
原理に基づく本質的な流れというべきでしょう。もちろん、列強（帝国主義勢
力）が植民地争奪でしのぎを削っていた東アジア・太平洋でも、日本がドイ
ツ領を攻撃して日本の事実上の統治下に置いていくような動きもありました。
ヨーロッパだけでなく、たしかにアジアなどを含めた世界大戦であったわけ
です。そしてこの世界大戦においては、航空機（爆撃機や戦闘機の始まり）や戦
車のような戦争技術も大きく進展しました。ある意味で、資本主義の生産力
は戦争によって高まる面があるのです。そこで次に、20世紀前半を中心と
する資本主義と科学技術の進展に目を向けてみましょう。

⑵「交通形態」と「市民社会」

　マルクスは19世紀の半ば前に『ドイツ・イデオロギー』という本の中で興味深いことを述べています。それは、「従来のどの歴史的諸段階にも常に現前した生産諸力によって条件づけられ、……また同時に生産諸力を条件づける交通形態、それが市民社会である」という一文です。ここでいう「交通」とは、自動車や電車といった人の移動にかかわるものだけでなく、対話という「精神の交通」（いわば心の交通・交流）といったものも含むと考えるべきでしょう。つまり、ここでいう交通とは、英語（あるいは日本語）でいう communication（コミュニケーション）に近い意味合いです。原語のドイツ語の Verkehr には、交通、交易、交際、通信、文通などといった意味合いがあります。

　それを踏まえれば、マルクスが述べる次の文章はなかなか刺激的です。すなわち「個々の国民性の原初的な閉鎖性が――より成長した生産様式や交通形態によって、またこれらによって自然発生的にもたらされる諸国民間の分業によって――廃棄されればされるほど、それだけますます歴史は世界史になっていく」。つまり、「交通形態」の進展やその結果もたらされる諸国民間の「分業」によって、「国民性」といった「閉鎖性」が廃棄され、ますます歴史が「世界史」的な広がりをもつという指摘です。これは、移動による一種の「グローカル化の上向」の予測であるともいえましょう。そうした広がりのなかでは、「全面的な依存性、諸個人の世界史的な協働」がみられるようになるとともに、「理念、表象、意識、の生産は、……人間たちの物質的活動や物質的交通、現実的な生活の言語に編み込まれている」とも述べられていました。

　こうした広い意味での交通、いわば移動・運動・越境としての世界のありようは、社会学者・富永健一の『近代化の理論』に依拠して、「交通革命」と「通信革命」に区別しておくことができます。すでに述べたように18世紀には動力革命が生じ、その後の19世紀以後には、「交通革命」が蒸気船→鉄道→自動車→航空機（さらには→ロケット）と進展し、「通信革命」は、活字メディア、電信メディア、電波メディア、電子メディアと進展してきました。

　「交通革命」に関していえば、蒸気船は、一般にはロバート・フルトンが

1807 年にハドソン川で乗客を乗せて外輪式蒸気船「クラーモント号」を動か
したのが初めだと言われ、鉄道は、1825 年にアメリカのジョン・スティー
ブンスによって開発され、同年にはイギリスで実際に鉄道が開業し、さらに
1863 年にはロンドンの地下鉄が開業しています。自動車に関しては、1886
年にドイツのカール・ベンツらがガソリン・エンジンの自動車を作り、飛行
機は、1903 年にライト兄弟が飛行に成功しました（ちなみに、ロケット開発に
ついては諸説ありますが、V2 ロケットを代表格とすると、第2次世界大戦以降とな
ります）。

　他方、「通信革命」は、活字メディアがルネサンス期の活版印刷から 16 世
紀以後の聖書の大量印刷、17 世紀以後の日刊新聞の発行となって進展し、
それらが市民革命にも影響を与え、さらに 19 世紀には大衆紙と称される一
般新聞が出され、20 世紀には「戦時報道」でも重要な役割を果たすようにな
りました。なお、郵便も 1874 年には国際郵便条約によって世界中に届くよ
うになっていました。そして電信メディアにおいては、19 世紀前半にはモー
ルス符号による通信が可能となり、早くも 1858 年には海底ケーブルである
大西洋横断ケーブルが敷かれ、1964 年には太平洋横断ケーブルも敷設され
ています。さらに 1876 年にはアメリカのベルが電話を発明し、1895 年には
イタリアのマルコーニが無線通信を発明しました。そして、1920 年代には
アメリカで最初のラジオの公共放送が始まり、1935 年にはドイツでテレビ
の放送も始まっていました。最後に、電子メディアに関して、ノイマン型コ
ンピュータがイギリスで開発されたのは 1949 年です。それ以後の展開に関
してはまた後に見ましょう。そのような社会背景のもとでの 20 世紀の資本
主義の展開がここでの焦点です。

(3)資本主義と社会主義

　さて、以上で「交通形態」の具体例を見てきましたが、マルクスの言うよ
うに、交通形態の進展と分業は、ある意味で手を携えて、進んできたのです。
その具体例として、まずフォーディズムの誕生について述べておきます。

　フォーディズムとは、端的に言えば、アメリカの自動車メーカーである
フォード・モーターが1908年から1927年までモデルチェンジのないまま1,500
万台以上を生産・発売したいわゆる「T型フォード」の生産方式に由来して
います。それは、大量生産大量消費を可能にした生産システムモデルであり、
中心となるのはベルトコンベアで、そのコンベアの速度が生産能率を決め、
製品の単純化、部品の標準化などを特徴とする分業のシステムが本格的に確
立されていきました。先述したアダム・スミスの分業論からチャップリン
の映画「モダン・タイムス」(1936年の米国映画)までを想起してみてください。
しかも、フォードは生産・経営の「科学的管理法」を応用して人的配置の効率・
能率を高め、さらに生産高に比例して賃金も上昇する生産性賃金も取り入れ、
賃金上昇に労働者の士気も上がり、その結果その購買力も上昇するなど、生
産意識もうまく利用した生産システムを確立しました。このフォーディズム
(Fordism) は、20世紀資本主義の象徴として、イタリアの思想家、アントニオ・
グラムシが命名したとされていますが、そのフォーディズムが資本主義の高
度経済成長のために不可欠なモデルとなったのです。

　とはいえ、資本主義国家だけに限って話をしても、このT型フォードが
生産を終了するころに、米国発の世界大恐慌が生じたことも象徴的でしょう。
恐慌自体はマルクスやエンゲルスが活躍した19世紀中ごろでもほぼ10年ご
とに繰り返されてきたのですが、1929年の大恐慌は世界規模で生じたもっ
とも大きな恐慌でした。日本もまた昭和の初期にこの大恐慌の波に襲われ、
大きな政治社会的な変化の時代に入り込んでいくこととなります。もちろん、
日本だけでなく、当時の新興の資本主義国であるイタリアやドイツなどもま
たこの大きな波に飲み込まれるかたちでファシズムが登場してきました。と
くに第1次世界大戦の敗戦国ドイツは、その戦後はワイマール共和国の政治
体制となって男女平等の選挙権も与えられ、皇帝を抱く帝政から一気に民主
化された共和制になりましたが、第1次世界大戦の賠償金の負担に苦しむだ
けでなく、この大恐慌のなかで急激なインフレに見舞われことにより、国民
の不満と不安が高まりました。そこで、国民の窮状を救うとしたヒトラーが

登場します。1933年にはヒトラー率いるナチスが「民主的」な選挙で第1党となって、すかさず独裁的な政権運営をして、第2次世界大戦へとなだれ込んでいったのです。資本主義と植民地主義的帝国主義の結びつきに似て、ここでは資本主義と民主主義の不幸な関係の歴史があったのです。

　ただし、資本主義の進展を語るには、もう1つ重要な論点が20世紀初期に生じました。それが1917年のロシア革命であり、その後のソヴィエト社会主義共和国連邦（ソ連）の成立でした。先にも記しましたが、『帝国主義論』を書いたレーニンを指導者として、1917年にロシア革命が起こり、その後にこの（旧）ソ連が成立したのです。しかし、レーニンは1924年の1月に亡くなり、その後継者争いに勝ったスターリンが、1925年の第14回党大会で「一国社会主義」政策をとり、さらに1926年は政敵レオン・トロツキーを政治局から解任して追放し、1928年には第一次五か年計画開始し、1929年には農業集団化を開始しました。そうしながら、スターリンは独裁制を敷いて、言論統制、政敵への血の粛清、個人崇拝などを強めていったのです。そのスターリンのとった経済政策は、ノルマ制を基にした国力増強のための生産力主義で、いわば統制された経済的国家主義とさえ言うこともできます。1953年にスターリンが死去し、そして1956年の第20回党大会でスターリン批判がなされるまで、旧ソ連という形式上では15の共和国からなる連邦国家がその中心となる「一国主義的」発想が続けられてきたのです。それゆえ、第2次世界大戦後に東欧諸国が次々と、そして中国も北朝鮮もキューバも、（ソ連の援助で）社会主義化していきましたが、それらの国は、ソ連の衛星国として従属的な位置に甘んじるよりほかなく、不満を蓄積させながらもソ連中心の国家主義が際立っていたのです。なお、スターリン後も続いたそうしたソ連国家中心主義に、中国の毛沢東は反発したことも付け加えておきましょう。

　いずれにせよ、このように資本主義が大恐慌を経ながらも経済発展を続け、社会主義国家も誕生しますが、それらもまた生産力主義の立場から経済発展を最重要課題として、世界全体が資本主義と社会主義とに分かれながら経済発展競争を繰り返していたのです。それが、20世紀前半の国際社会でした。

　そして、大日本帝国の台頭にともなう中国大陸への進出以後、満州事変から日中戦争を経て太平洋戦争（以上をアジア太平洋戦争という15年戦争として捉えるべきでしょうが、その点も後に触れます）へと進んでいったのです。それもまた、第1次世界大戦と同じように、帝国化した資本主義系諸国に、社会主義的かつ帝国主義的な志向をもった旧ソ連系諸国も巻き込んで、形態上では〈資本主義＋社会主義からなる民主主義国（連合国）〉と〈ナチズムというファシズムを含むいわゆる全体主義国（枢軸国）〉の対立とみなされますが、事実上は、資本主義的な植民地や市場の獲得のための経済を基調とする「帝国的諸国」間の衝突でした。そして第2次世界大戦で国際的な覇権（権力）関係の再調整がなされて、第2次世界大戦後の政治経済体制が成立していったのです。この点に関しては、後にさらに触れることになります。

2.　科学技術とメディアの発達、そして冷戦へ──20世紀前半から後半へ

　このように、20世紀前半には、資本主義と社会主義が併存するようになり、それが産業発展に拍車をかけ、「交通形態」も進展して、日常の人びとの生活世界に変容をもたらしているようにも見えます。この点に関して、車の大量生産に象徴される生産力の向上を見ると同時に、その時代の政治経済の進展も見てきました。そこでこの節では、日常生活それ自体への変容にかかわる科学技術とマス・メディアの進展に関して述べていきたいと思います。

⑴科学と技術の進展

　20世紀前半の「社会」の科学技術のイノベーションのもつ衝撃力としては、やや意外に思われるかもしれませんが、アインシュタインの相対性理論の登場があります。それは、ある意味で、近代的世界観の終焉を予感させるものでもあったのです。ただ一般には、1905年の特殊相対性理論（光速度の問題）や1915年の一般相対性理論（絶対空間／絶対時間の否定）は、日常生活者に直接的には影響がなかったといえるでしょう。たとえ、相対性理論や量子力学

の研究が、事実として古典力学を相対化する視点をもっていたとしてもです。

　たとえば、観察者問題という議論があります。そこでは科学において観察ないしは観察者自体が決定的に重要だとして、観察という行為のもつ意味が問い直されます。じつは電子顕微鏡で対象を見ることそれ自体が、対象に影響を与えて「客観的な観察」が不可能であること（不確定性原理とかかわります）といった視点は、まだ常識的な科学観を覆すほどの衝撃力はなかったと思われます。また量子力学それ自体の進展において、世界が最小の粒からできているという素朴な単子論的な発想は、極小領域においては通用しないこと、つまり分子—原子—素粒子より小さな世界では、粒といった実体概念では捉えられず、むしろ関係概念（実体として捉えられるのは、点滅移動するネオンサインのような「関係」という事態の物象化された一側面に過ぎず、最初に存在するのは関係しあう何ものか、つまり関係それ自体である）であるといった発想は一般には理解しにくい点であったと思われます（廣松渉『哲学入門・一歩前』参照）。

　しかしながら、そうした量子物理学などの研究の進展は、1940年前後になって「原子力利用」というかたちでは実社会にも強い影響力をもつことになりました。いうまでもなく、原子爆弾や原子力発電といった原子力の活用です。20世紀中盤前後、すなわち、1945年の広島・長崎への原爆投下、さらに1954年のビキニ環礁におけるアメリカ核実験での日本人漁船員が被曝死したことなど、この科学技術が短期間のうちに私たちの生き死にかかわることとなったのです。

　もう1つ、20世紀の中盤には、原子力と同様に社会に大きな影響を与える発見がありました。それは、1953年にジェームズ・ワトソンとフランシス・クリックが提唱したDNAの二重螺旋モデルの発見です。これ以後、遺伝子・ヒトゲノムの研究が飛躍的に進み、人間の遺伝子情報も解読されるようになって、遺伝病の治療から遺伝子組み換え作物、さらにはクローン人間に至るまでの可能性が開けただけでなく、犯人の特定につながるDNA鑑定からホモ・サピエンスの移動と拡散の人類史を書き換えるようなDNAの追跡など、この発見が大きな可能性を引き出すようになるのです。

　このような20世紀のイノベーション、とりわけまずは「技術のイノベーション」の分野で広い意味での交通形態（交通系＋通信系）が発展し、コンピュータの登場から核エネルギーの利用と遺伝子研究などの応用面で、人間社会は大きな影響を受け始めているわけです。さらに、「経済のイノベーション」においては、フォーディズムに基づく大量生産・大量消費の時代の浸透と同時に、人びとの自由よりも平等を求める社会主義という政治経済体制の拡大も、20世紀中盤の大きな出来事でした。

　では、「社会のイノベーション」や「意識のイノベーション」はどうだったのでしょうか。まずは意識のイノベーションについて、とくに通信技術との発展のなかで一般への影響力の大きかったいわゆる「マス・メディア」についてみておきましょう。それは、一種の「知の変容」なのですが、専門的・科学的な知の変容というよりは、一般的・日常的な世界認識の変容にかかわる出来事なのです。

⑵マス・メディアの時代

　まず、20世紀前半のマス・メディアについて考えてみましょう。ウォルター・リップマンの著書『世論』（1922年）の指摘がとても刺激的です。この時期ですから、メディアの中心はまだ新聞です。しかし、彼の議論は他のメディアを含めたマス・メディアの本質を突いています。筆者なりに嚙み砕いて説明してみましょう。話は大西洋の孤島の人びとの様子です。1914年の初夏には英仏独の人びとからなる島の人たちは前回の新聞で伝えられた殺人事件の犯人探しなどで盛り上がっていました。その島では60日に1回、つまり2か月ごとに船で新聞が届けられます。そこで、島人たちは新聞の続報を楽しみにしていましたが、新しい新聞が届いてびっくりです。なんとヨーロッパでは、その年の7月にイギリスとフランスがドイツと戦うといった構図の第1次世界大戦が始まっていたのです。そこで、それまで仲良く共存してきた英仏独の島人たちに気まずい思いが生じたのは、容易に想像できるでしょう。

　さて、以上は筆者なりの脚色も加わっていますが、この逸話が教えてくれる第1の側面は、マス・メディアにおいては情報が時間的に遅れて入ってくる点です。それは、ラジオやテレビ、さらにはインターネットにおいても、メディアという媒体を通す以上は、たとえばゼロ・コンマ1秒という短時間ではあれ、必ずズレが生じることです。そしてもう1つは重要なのは——これが社会的に見てより重要だと思われますが——、戦争の情報が入ってくるまでは、島の人びとはいわば国籍を問わず仲良く「共生」していたのです。しかし実際には、故郷のヨーロッパ大陸では国家間の戦争が始まっていたのです。その情報は、人びとの生活世界の外部から入ってくるいわば上位の政治社会システムの情報だったのです。家族といった人びとのパーソナルな生活様態が、ここでは島の生活というローカルな位層の日常世界のうえに、これらを包み込む国家というナショナルな位層のシステムによって、国家間というリージョナルな場での争いが、しかもこの場合は先述したようにアジアでの戦いなども巻き込むかたちでグローバルに生じていたのです。つまり私たちの生活世界は、地理的空間のように広がっているだけでなく、いわば権力関係を1つの柱として、上下の層をなす位階秩序＝「位層」として、重層的な「社会空間」によって構成されているのです。マス・メディアは、そうした外から、上からの情報（情報の「グローカル化の下向」）として私たちに伝えられます。以上がこの『世論』の逸話から見て取ることができる重要点です。

　しかし、マス・メディアに関しては、その「送り手」から情報を受け取る「受け手」個人の視点からも考えなければなりません。そのことを考えるためには、これまた20世紀前半の格好の事例があります。それは、1940年にハドリー・キャントリルが出版した『火星からの侵入』という著作です。この内容に関しても、筆者なりの脚色も加えて描いてみましょう。時は1938年10月30日、アメリカでの実話です。原作 The War of the Worlds（＝『世界戦争』）はイギリスの作家H・G・ウェルズが1898年に発表したSF小説ですが、それをアメリカのCBSが「マーキュリー劇場」のなかでラジオ・ドラマ化して放送したのです。プロデューサーはオーソン・ウェルズで、その大筋の内容

は以下のような状況です。

　ドラマの番組が始まってほどなくして、その番組を中断する「臨時ニュース」(ニュース速報) が入ります。その内容は、宇宙人が地球に攻めてきたというものです。現場からの報告、識者の見解、州兵が出動したなどといった「架空の」事実が、このニュースの中で次々に報じられていったのです。軍隊が出動、死傷者が出た、そして死傷者数は 100 人を超えるなどといった情報は、受け手にとっては衝撃的なはずです。しかもこの放送も、「リスナーの皆さん、家を出ないように」などという警告も発せられれば、それはますますリアリティある情報として受け取られがちです。つまり、受け手はこの「フェイク」なニュースを「事実」として受け取り始めます。そして、受け手自らも情報検索を行い (窓から家の外の様子を見てみる、知人に電話してみる、など)、それが芳しい結果が得られない場合 (家の外はまったく車が通っていなかったとか、知人が電話に出なかった、など) には、おそらく事態が悪化しているからだと恐怖心を伴って疑念を強めることになるでしょう。さらに、ラジオでの権威者の発言 (「これまで経験したことがない大変な事態だ」) や政府関係者の発言 (「国民全体が十分に警戒すべき段階に入った」など) が続いてくると、もはや、そもそもこれが「ドラマ」だったということを忘れて、危機感がリアルに差し迫ってきたという認識に至るわけです。

　もちろん、放送局も、一部でリスナーに混乱が生じていることを認知し、これはドラマであることを強調したり、最後には放送中断にまで至ったりしたようですが、こうした情報がラジオというマス・メディアを通じて文字通りに家庭に入り込むことで、一連のメディア情報は、同時に複数の人びとに一定の影響を与える力のあることを認識させた事例となったのです。それは、ラジオというマス・メディアの放送内容が、現実環境とは異なるドラマではあるとはいえ、受け手個人の視点からみるとまさにリアリティあふれる「本物の環境」を思わせる仕掛けのなかで、メディアが作る「疑似環境」(フェイク環境といってもよいでしょう) が形成され、それを人びとがリアルな「現実環境」とみなしたのです。つまり、客観的にはフェイクな「疑似環境」なのですが、

当事者にとっては主観的にはリアルな「現実環境」なのです。それは「疑似環境の環境化」と呼ぶこともできるでしょう。のちにダニエル・ブーアスティンが『幻影の時代－マスコミが創造する事実』（1962年）で警告を発するような事態です。

　以上の受け手のメカニズムを、後のアメリカの社会学者ロバート・K・マートンも「トマスの公理」などと称して、かつての社会学者 W. I. トマスが次のように「状況の定義」を論じた点を取り上げて説明しています。すなわち、「もし人びとが状況をリアルだと定義づければ、その状況は結果においてリアルとなる (If men define situations as real, they are real in their consequences.)」です。上述の宇宙戦争の事例は、まさに宇宙人が地球に攻めてきたという内容を、現場からの報告などを交えて、実際のニュース番組のようなかたちで放送されため、多くの市民がそれを現実の出来事と判断し、パニックを引き起こしたとされていたのです。

　しかしながら、こうした情報統制／世論操作／疑似環境の環境化は、たとえば戦前の日本における「大本営発表」（「帝国海軍は敵戦艦を壊滅させた」式の誇張・歪曲・捏造・虚偽……の報道）で経験してきたことです。その他にも銀行倒産のフェイクな噂によって取り付け騒ぎが起きるなど、疑似環境の環境化はしばしば生じており、決して特殊なものではないでしょう。つまり、今日においても、テレビ・ネット等のフェイクな情報流布で「リアルな疑似環境」が成立しやすいと言えるでしょう。リップマンは先ほどの著作『世論』で、「人びとが頭のなかで描いている環境についての像（イメージ）」が疑似環境であると定義していました。ネット社会では、SNSなどでフェイクなニュースが拡散されて、私たちが疑似環境の環境化から逃れることがいっそう難しくなっているとも言えるでしょう。

　ただし、急いで次の2つのことも付け加えておきましょう。それらは、①現場の事実⇒②送り手⇒③メディア⇒④受け手という連関のなかで、①と④にかかわることです。わかりやすいので、④から話しましょう。「④受け手」といえども、送り手から受け手にストレートに情報が流れるというわけでは

ないという議論が出てきます。いわゆる「コミュニケーションの二段の流れ」論です（1955年にカッツとラザースフェルドが出版した『パーソナル・インフルエンス』で展開されています）。少なくともそこには、たとえばオピニオン・リーダーといった存在（親であったり、学校の先生であったり、あるいは影響力のある友人であったりする）を媒介して、情報およびその評価が個人に流れることが常態であるという議論です。そこに、受け手個人が判断の基準として準拠している集団（準拠集団reference group）、たとえば政治集団（右派のそれであれ、左派のそれであれ）のようなグループがあれば、その集団の解釈を受け手がすすんで受け入れる傾向があること、さらには受け手個人においても情報接触に対する「先有傾向」があって、情報接触の時点で、すでに選択的接触・情報の取捨選択が行われているという問題があります。

　ネット時代でも、たとえばネトウヨの情報には興味をもって接触するが、サヨク的な情報は毛嫌いして接触しないなどといった「先有傾向」は否定できない面があります。加えてSNSが一般化した現代では、これまでのデータから利用者の傾向が勝手に判断されて、その傾向に沿った情報しか流れない場合さえあります。そこで、一般的には、マス・メディアには、「態度変容」よりもむしろ「態度の補強効果」があると主張する人の見方は（クラッパー『マス・コミュニケーションの効果』1960年）、ネット時代でも妥当する面があります。いずれにせよ、メディアに関しては、メディアの一方的な影響力だけを強調するのも、あるいはその影響力を過小評価するのも問題があるといえましょう。冷静に時代の変化を読み解く目こそが必要なのだ、とここでは付け加えておきましょう。というのも、こうしたメディアが一定程度進んだ段階で、社会変革という点では大きな節目の時代がやってくるからです。それが1960年代です。

(3)冷戦構造の成立

　社会の歴史の節目という意味では、第2次世界大戦が大きな節目であることは間違いありません。この大戦によって、ナチズムなどの全体主義国家

が崩壊したことは重要なことです。しかし、20 世紀前半に 2 度の大戦を経験した世界はそこから教訓を得なければならなかったはずです。その 1 つが、第 1 次世界大戦後に十分に機能しなかった国際連盟に代わって、国連＝国際連合 (The United Nations) の成立であったはずでした。しかしながら、この組織は明らかに第 2 次世界大戦の連合国 (United Nations) 中心の偏った組織でした。国連では、敗戦国のイタリア、ドイツ、日本は、拒否権をもつ常任理事国に現在もなれません。しかも、戦後は連合国側でも、旧ソ連と中国が社会主義陣営として、資本主義陣営と対立するようになります。それは東西冷戦として知られている直接の hot な闘いを伴わない、cold war ＝冷戦の開始です。

とはいえ、この冷戦の展開は、第 2 次世界大戦後に東欧諸国が旧ソ連の支援の下で社会主義化したことのみならず、1949 年には国民党が国共内戦で敗れて台湾に移動を余儀なくされて、大陸では共産党指導の中華人民共和国が成立し、翌年には朝鮮半島における南北分断の闘い (朝鮮戦争) が勃発して 1953 年まで続き、さらに 1950 年代の終わりには、アメリカのすぐ近くのキューバで社会主義国家が誕生し、一種の「世界大戦」状態となったのです。

ようするに、東欧と中国やキューバなどの社会主義化によって、世界においては大規模な冷戦構造が 1950 年代に出現することとなったのです。とくに核兵器をもつことになった米ソが背後で支援する朝鮮戦争時にも囁かれましたが、1962 年の米ソ対立の象徴となった「キューバ危機」においても、あわや「第 3 次世界大戦」が起こるのではないかと、危惧されたのです。なんとか、キューバ危機による大戦は回避されたものの、1960 年代には宇宙開発競争に象徴される米ソ対立も際立ちます。そしてこの 60 年代の後半には、もう 1 つの米ソ対立の象徴であるベトナム戦争が本格化します。1964 年のトンキン湾事件、1965 年のアメリカによる北爆 (社会主義化していた北ベトナムへの本格的な爆撃) 以後、世界大戦にはならずとも米ソの東西冷戦の代理戦争としてのベトナム戦争が最終的には 70 年代半ばまで続くのです。

他方、冷戦の一方の担い手の中心アメリカにおいては、国内的にも問題を抱えており、すでに 1950 年代半ばから黒人への人種差別反対運動が広がり

始め、1960 年代に入っていわゆる公民権運動として高揚していました（公民権法は一応 1964 年に成立しますが、人種差別はまだまだ続いています）。そしてさらにアメリカ国内でも、いやフランスでも、ドイツでも、イギリスでも、ベトナム反戦運動が世界規模で高揚します。とくに 1968 年 5 月にはパリ 5 月革命と称される反戦運動＋大学改革運動＋労働運動などが混ざり合って大きな動きとなりました。また、アジアでも中国で 1965 年あたりから文化大革命が始まり、日本でも 1950 年代中ごろから顕著になる米軍基地反対運動（沖縄や砂川など）から 1960 年の日米安保条約反対運動、そして 1965 年の日韓条約反対運動、そして 1970 年安保に向けた学生運動が際立つようになります（日本の場合については第 2 部で後述します）。

　そこで、ここでは、冷戦、社会主義、マルクス主義といったキーワードとの関係に照準を合わせて、1960 年代の社会変容、つまり社会と意識のイノベーションの様子を見ていきたいと思います。

3.　近代批判への胎動——地殻変動の始まりとしての 1960 年代

⑴新しいマルクス解釈

　とくに若い世代の世界的「叛乱」として知られている 1960 年代の学生運動を中心とする若者の動きは、第 2 次世界大戦後に冷戦構造として世界の枠組みが固定化しつつ、それぞれの国の内部においても経済中心に安定的な社会構造が作り上げられていく段階で生じたものです。おそらく、その時代の若者にとっては、一種の「閉塞状態」が到来していたのだろうと思われます。

　冷戦体制の固定的秩序形成とその冷戦下での代理戦争の勃発、そして社会主義においても自由が抑圧される閉塞性、さらに資本主義国においては社会主義に打ち勝つ「経済発展」が至上命題とされて若者の間に一定の疎外感が醸成されていました（社会主義国においても同様の意識が形成されていました）。

　そうしたなかで、旧ソ連内部での 1956 年のスターリン批判や反ソ連的な傾向をもったハンガリーの動乱、さらに中ソの路線対立、そして 1960 年代

のチェコをはじめとする人間の顔をした社会主義の追求など、ソ連型社会主義への疑問も1つの大きな端緒として、マルクス主義への内在的な問い直しも始まりました。もちろんこれには、スターリンの政敵であったトロツキーの反スターリニズム（独裁的な一国社会主義批判を伴うスターリン批判）の言論活動も影響を与えていました。そこでは何が問われたのでしょうか。マルクスおよびマルクス主義に焦点化して、その様子を見てみましょう

　1950年代の終わりごろから、これまでの既成の左翼、あるいはロシア型の社会主義観およびマルクス主義観とは異なる新たな動きが起こります。マルクスの主著『資本論』（第1巻）が刊行されたのは、1867年です。日本でいえば、江戸時代の最後の時期で、近代日本の直前です。しかし、その影響力は、前述のようにソヴィエト共産党に導かれて1917年のロシア革命の成立、そして旧ソ連の建国、さらに第2次大戦後は、東欧の社会主義化、中国、朝鮮、ベトナム、キューバなどで、社会主義化が進められました。日本も大正時代にマルクス主義が着目されます。そしてさらに、2度の世界大戦後を経た20世紀後半は（自由主義を基調とする）資本主義陣営と（共産主義を目指す）社会主義陣営の対立を背景とする「東西冷戦」の時代だったと述べました。戦後の日本も、資本主義の陣営の一員として、この冷戦の一翼を担うことになります。そこでまず、20世紀の中ごろまでを中心に、マルクス主義と社会主義の動きを追っておきたいと思います。そうして、前節との関係で、マルクスの発想もここで再点検しておきたいと思います。ここでは、マルクス主義として旧ソ連などで体系化されたものではなく、マルクス本人の論述を中心に見ていきます。

　そうしたなかで注目されたのは、まず初期のマルクスの仕事でした。エーリッヒ・フロムなどの西洋のマルクス主義者も着目しましたが（フロム『マルクスの人間観』）、それは、1930年代以降の明確になるスターリン主義のもとでの閉鎖的な社会主義の現実、そして1953年のスターリンの死やその後のハンガリー動乱などを経験して、社会主義への懐疑あるいはより正確には、ロシア型の教条的マルクス主義への疑問が生じてきたことです。そこで、ロ

シア革命時には十分に知られていなかった初期マルクスの著作、たとえば『経済学哲学草稿』や『ドイツ・イデオロギー』などが着目されたのです。そこにはいわば、言論統制や一党独裁のイメージとは異なる、「人間主義」的な若き時代のマルクス像を読み取ることもできたのです。とくに、『経済学哲学草稿』における「疎外された労働」の項目は、刺激的でした。それは、4重（ないしは3重）の疎外論として知られるようになったもので、ここでも筆者なりに簡潔に示せば、次のような論理です。

　労働者である大部分の人間は、資本主義においては、①自らが生産した物が自分のものとはならないように「生産物」から疎外され、②自らは労働力商品として賃金のためだけに働くというかたちで「生産活動」からも疎外され、さらに③いわば人間性の柱である社会的存在ともいうべき人類としての「類的存在」からも疎外されて、結果的に、④人間が他の「人間からの疎外」（人間疎外）の状態に陥るというものです。そうです、ここに示されたのは、若きマルクスにおける「人間的つながりの喪失」という問題意識だったのかもしれません。少なくとも出発点である若きマルクスはそのように考えていたのかもしれません。

　そして実際、1960年代には、こうした疎外論が先進国で流行しました。その流行の2つの主な理由こそ、第1に、既存の独裁者スターリンとは重ならない「新しいマルクス像」の探究であり、かつ第2に、第2次世界大戦後の高度安定・経済成長期の経済基盤の確立のなかで若者が味わった疎外感・閉塞感の打破という問題意識でした。進展する資本主義社会における若者の「疎外」や「孤立」への不安や不満は、逆に「連帯」を求める社会変革の可能性の追求、それまでの自分を自己否定するような「自己変革」と既存の資本主義対社会主義の枠組みには囚われない根底からの（ラディカルな）「社会変革」志向につながっていったのです。とはいえ、こうした疎外論が現在の私たちが読み取るべきマルクス思想の適切な解釈かどうかは、当時もすでに議論がありました。失われた人間性の回復、本来の自分を取り戻す、疎外からの解放、といったような言い方は、どこかに「本来」の人間性が（かつて）存在

して、それが失われてしまった、だから回復させようといった本質主義的な発想ではないかという批判です。

　このような若きマルクスの発想はまた、彼の他の発想とも矛盾するという点も指摘されました。若きマルクスは「フォイエルバッハに関するテーゼ」（廣松編訳『ドイツ・イデオロギー』所収）という小さなメモに大変興味深いことを書き残しています。「人間の本質とは、個々の個人の内部に宿る抽象物なのではない。それは、その現実の在り方においては、社会的諸関係の総体（アンサンブル）なのである」。人間は社会的諸関係のアンサンブルであるという視点がじつはマルクスの出発点だったのではないかという捉え方です。そこで今度は、この議論を踏まえるかたちで、マルクスの主著『資本論』を読み解くことができます。

⑵資本論の行為論と物象化論

　すでにマルクス主義における「搾取」の論理については触れてきました。ここでは、同じ資本論から別回路の論理について述べてみましょう。『資本論』の本論の冒頭は、「資本主義的生産様式が支配的に行なわれている社会の富は、一つの『巨大な商品の集まり』として現われ、一つ一つの商品はその富の基本形態として現れる。それゆえ、われわれの研究は商品の分析から始まる」と書かれています。資本論が商品から始まるというのは少し奇異な感じがしますが、その意図は少し読み進むとすぐに明らかになります。「商品は、一見、自明な平凡なものに見える。[だが]商品の分析は、商品とは非常にへんてなもので形而上学的な小理屈や神学的な小言でいっぱいなものだということを示す」。だからまず、商品から分析してみようというわけです。では、商品と何でしょうか。

　マルクスは次のように性格づけます。「……机が商品として現われるやいなや、それは一つの感覚的であると同時に超感覚的なものにな」り、「……自分の足で床の上に立っているだけでなく、他のすべての商品に対して頭で立って」いる、と。ようするに、商品とは単につくられた「物」（感覚的なもの）

ではありません。商品は同時に、言うまでもなく、売り物ですから、売り手
と買い手の関係のなかにあり、しかもある商品は、他社の類似の商品との関
係のなかなどで、選択されて購入されていきます。そのとき値段やメーカー
や色・形といった外見などが判断材料として購入されます。一般に、商品は
単に使用価値だけを考えて購入されるわけではありません。ブランド名や外
観なども重要な判断材料です。しかも値段は、他の商品と比較して購入判断
とされます。その意味で、商品は単に感覚的ではなくて「超感覚的」なもの
であり、物としての机は足で立っていますが、他の商品との関係のなかで選
択肢を構成するような場合は——交換価値を考えて——「頭」で選ぶ対象と
なります。このようなことを考えてみると、商品とは確かに奥深いものです。

　しかし、それ以上にこの文脈で興味深いのは、マルクスの次のような指摘
です。「人間の頭の産物が、それ自身の生命を与えられて、それら自身の間
で関係を結ぶ独立した姿に見える。同様に、商品世界では人間の手の生産
物がそう見える。これを私は物神崇拝（＝フェティシズム）と呼ぶのであるが、
それは労働生産物が商品として生産されるやいなやこれに付随するもの…
（中略）…である」。わかりやすく表現すると、「商品世界」では人間の手の生
産物が、つまり労働生産物が、「商品として生産されるやいなや」、「それら
自身の間で関係を結ぶ独立した姿に見える」。A商品は、B商品より安い。C
商品はD商品より見栄えが良い、などといったように。このように、商品
たちは、「それら自身の間で関係を結ぶ独立した姿に見える」。このことをマ
ルクスはフェティシズムと名付けています。翻訳では呪物崇拝とか物神崇拝
とか物神性（物神化）とか訳されていますが、現代日本語では「フェチ」とい
う略語で、ある事柄に異常に執着することを表現する語として使われていま
す。

　その意味でも、商品が物それ自体としてよりも、他の商品との比較のうち
で、あるいはその売却によってどれだけの価値が生じるのか、どれだけの交
換価値があるのか、といった価格や価値などの面だけで評価しこだわるのは、
一種の「フェチ」だといえるでしょう。

　しかしそれは、物としての商品そのものではなく、その商品に対する像（イメージ）であって、一種の幻影です。では、その「幻」の関係性は、どのようにして生じるのでしょうか。マルクスは言います。「人間にとっての諸物の関係という幻影的な形態をとるものは、ただ人間自身の特定の社会関係でしかない」、と。端的に言って、人に売るための商品は、人が売り手と買い手という社会関係のなかで、たとえば（他と比較して）安値か高値かなどといったように「人間にとっての諸物の関係という幻影的な形態をとる」のです。片方に商品を生産・販売する人がいて、もう片方にそれを購入・消費する人がいるという「売り買い」の場面における人と人との関係が、まさに「物と物との関係」として立ち現れる。つまり、そこでは生産者や消費者という人間関係＝社会関係は消去されるなかでの、「物の関係」としてのあり方を、マルクスは「物象化」だと捉えたのです。

　例を挙げてみましょう。手元の 1000 円の A 商品 4 つと、他の 2000 円の B 商品 2 つとを物々交換してもよいのですが、現代ではお金（たとえば 4000 円）を支払って商品を購入することが普通でしょう。その場合、B は 1 つ 2000 円、A は 1 つ 1000 円ということでしたが、そのようにして手に入れるということは、価格の点で 4A ＝ 2B（2A ＝ B）という等価の交換をしたことになります。もちろん、いま説明のために、価格のある商品を例示しましたが、物々交換をはじめとする交換の場面では、売り手と買い手の相互行為（交渉）がなされるのが常で、その結果、X 商品が Y 商品と実際に交換されたとすれば、X と Y とは「等価」だということになります。マルクスは、人は「等価だから交換するのではない。交換するから等価なのだ」と言います。ここがポイントです。

　まず初めに「社会関係」（相互行為＝コミュニケーション）があり、そしてその中から約束・秩序・規則・決まりといったものが生じてくるのです。少なくとも発生論的にみればそうです。『資本論』を商品から論じ始めた理由の 1 つはじつはここにあります。資本主義という今日では巨大なメカニズム（グローバル資本主義）の根本にあるのは、こうした相互行為を行う人間同士の社会関係です。そこにマルクスは着目し、そこから物象化という事態が進行す

る世界を描こうとしたのです。マルクスの資本論は「経済学批判」という副題があり、ようするに今までの経済学が問うことなく前提としていた諸概念、たとえば、商品、価値、価格、資本、地代、利潤、労働力、その他を、既存のものとして固定的に無批判に受け入れてしまっていた「物象化された学問」を批判する、という意味が込められていたのです。

　ここで少し話がわき道に入りますが、以上の論理を踏まえて筆者自身は、相互主観的に相互行為がなされる現場から出発し、そこから生じた一定の成果（生産物のみならず、約束や規則といった取り決めなど）が、他の行為者とともに物象化されて捉えられるようになる事態を、共同主観的なものと表現して論じ、筆者自身の「間主観性論」を展開したのですが、その点に関しては、拙著を参照していただくことにします（拙著『間主観性の社会学理論』）

　さて、ここまでは資本論と物象化の論理に関して述べてきました。物象化論は初期マルクスの失われた人間性の回復といったような人間主義的解釈という以上に、人間の行為と認識のメカニズムを説明する社会理論として大変興味深いものとなりました。その典型例が廣松渉の『物象化論の構図』ですが、ここでは深くは立ち入りません。ただ、社会思想の分野において、廣松渉が『共同主観性の存在構造』で、また真木悠介が『現代社会の存立構造』で示してきたのは、こうした物象化論をベースとした現代社会的な展開の諸相だったのです。こうした点は、第2部の近代批判の文脈で再度取り上げるつもりです。

⑶もう1つのコミュニズム

　しかしながら、もう1つ、たいへん興味深いマルクス解釈の転換点があります。それは、初期マルクスでもなく、前期あるいは後期マルクスでもなく、1867年の『資本論』第1巻以後の、いわば晩期マルクスに生じた転換点です。つまり、マルクスの最終到達点といえるのかもしれません。それはたとえば、1872年のフランス語版『資本論』（マルクスが直接手を加えることができた最後の資本論）で、マルクスは、共産主義社会は「自由人の連合体（アソシアシオン）」であるとか、そこでは私有財産の否定どころではなく、むしろ「個体的所有

の再建」である点などが強調されました。どういうことなのでしょうか。

　そもそも、ドイツ語の Kommunismus を「共産主義」と訳すのは適切なのでしょうか。共産主義に対応する西洋語、たとえば英語でも communism です。この英語は、commune と ism から成り立っています。「-ism」は一般的には「〇〇主義」などと訳される言葉です。commune とは、かつてのフランスなどでは地域の共同体を指す言葉だと本書でも示してきました。現在もフランスでは、地方自治体のことを commune と呼ぶことがあります。1960 年代には、若者たちが都会を離れて「コミューン」と呼ばれる小共同体の理想郷を作ろうとした運動もありました。commune と community（共同体）は「commun」が共通です。ようするに「コミュニズム」とは、「コミューン主義」あるいは（小）共同体主義と訳す方が妥当だったのではないでしょうか。

　しかしながら、生産手段の「（社会的）共有」を「国有＝国家所有」と読み替えて、国家主義の下で経済重視政策を推し進めた旧ソ連以後の社会主義の歴史的過程で、「共」に「産業」を興し、「共」に物を「生産」するという側面が強い「共産」という言葉が選ばれ、「共産党」「共産革命」などとともに「共産主義」という訳語が日本で、そして中国で、つまり漢字圏で、定着したようです。しかし、そのようなスターリン主義的な国家中心の共産主義とは異なる、もう1つのコミュニズム（コミューン主義）も成り立つのではないでしょうか。

　事実、マルクスは晩年、ロシアの女性革命家から手紙をもらい、それに対して短い手紙を書き残しています。1881 年の「ザスーリチへの手紙」と称されるものです。ここでも筆者なりにポイントを記してみましょう。彼女ザスーリチの質問の核心は、マルクス主義の公式的な唯物史観は、社会は歴史的な法則性をもって奴隷制社会から封建制社会へ、そして資本制（主義）社会を経て、やがて社会主義社会がやってくると論じていますが、ロシアには「ミール」と呼ばれる——封建的ですが一面では平等で協働的な——共同体があるので、それを資本主義に向けていったん解体し、その後に社会主義に移行するなどという遠回りをせずに、封建社会から直接的に社会主義社会へと移行できないのですか、というものでした。それに対してマルクスは熟考した挙

句に（マルクスは3回も原稿を書き直して）、最終的に4回目に出した手紙の「書き出し」では、私の（歴史の発展段階論を伴う）唯物史観は西ヨーロッパに限定して歴史を振り返っただけで、つまり世界のどこの国でも同じように普遍的に適用可能な「公式」などではないという趣旨を記しています。そして手紙の最後に、ザスーリチの質問に対して、条件付きとはいえ、賛意を示しているのです。すなわち、その条件とは、西ヨーロッパの資本主義によって高まった生産力・生活水準と連動するならば、ロシアにおいて封建社会から社会主義社会へと直接的に移行することは可能だ、という返答でした。これは、マルクス主義の唯物史観の公式を、マルクス自身がかなり限定的かつ否定的に論じているもので、マルクス主義として公式化された歴史的発展段階を、普遍法則的に示すような史的唯物論な教条的学説とは大いにズレがあることを示す例ともなります。

　このことからも、マルクス「主義」は、マルクス本人の思想とは別のところで「マルクス主義」としていわば「国定教科書化」されてきたのではないかと考えられます。それゆえ、ソ連版のマルクス主義もあったし、中国版のマルクス主義が、あるいは北朝鮮版のマルクス主義があったし、現在もあるのです。筆者としては、晩期マルクスを含めた、マルクス自身の優れた社会理論や興味深い社会思想を、いかにして救い出し、かつ現代から未来へと活用していけるか、を考えたいのです。社会を変えようとするマルクスの思いとその晩年の成果には、既存のマルクス主義解釈とは距離を置いて、今後も着目すべきだと筆者は考えています。

　それは、コミューンの内実をもう一度問い直すことでもあります。『ドイツ・イデオロギー』で描かれた、「朝に釣を、昼に畑仕事を、そして夜には議論をする」というような脱分業的な自然な生活、あるいは〈各人は能力に応じて働き、必要に応じて受け取る〉（晩期のマルクスの文献「ゴータ綱領批判」参照）生活からなる「自由人の連合体」としてのコミューン主義を、今後も問い続けたいと思います。なお、この点は本書の最後の方でもう一度立ち返るつもりです。1850年代にはマルクスは「資本の文明化作用」があるとしてイ

ギリスのインド支配を肯定さえしているように読み取れる時期から、『資本論』以後の晩期マルクスはむしろ小共同体からなるコミューン主義の下での「自由人」のヨコの連合を構想していたようにも捉えることができるのです。

　こうした、これまでの定説（公式）に囚われない、自由な思索を可能にしたのは、1960年代の若者の叛乱という出来事に伴う新しいマルクス解釈に負う点が多いのです。既成の権威に寄りかからずに、自らが物事をあらためて問い直していく姿勢は、この時代以後、一層明確になっていくように思われます。そうした思潮の変化の1つの典型例を、次章でさらに追っておきましょう。

第4章　20世紀の社会状況と人間学的探究
──社会と意識のイノベーション

　さて、前章では20世紀の前半から中盤にかけての技術、経済、社会、意識のイノベーションを概観してきました。そしてとくにマルクス主義系の社会思想にも焦点を合わせてきました。そこで、この章では議論の範囲を拡大して、とくに意識のイノベーションに焦点を当てながら、しかも光を1930年代、1960年代、1990年代と20世紀全体に当てながら、21世紀社会の未来につながる社会理論の話をしていきたいと思います。

1. 20世紀の大衆社会化状況

(1)階級社会から大衆社会へ

　まず、社会学などでかつて大衆社会論と呼ばれてきた1930年代から1960年代まで語られることが多かった思潮に目を向けてみましょう。ここでは現代社会を捉えるのに、大衆社会論がもっとも基本のものであるというつもりはありません。19-20世紀の近現代社会を基本的に特徴づけているのは、資本主義であることは言うまでもありません。また、マルクス主義に限定しなくても、経済的社会構造の観点から見て、日本を含む先進資本主義国家は基本的に資本制に基づく「階級社会」です。階級とは、社会科学用語としては、生産手段の所有と非所有によって区別されます。しかしながらこの階級関係は、「所有と経営の分離」、あるいはかなり上層の管理職に就くようになる「労働者」の存在、さらに（農民層である旧中間層とは異なる）いわゆる新中間層（ホ

ワイトカラー層) の拡大によって、今日では実際の所有関係においても (自社の株式所有を含む)、さらに人びとの意識においても、見えにくくなっています。

　いや、単に見えにくくなっているだけではありません。人びとの意識のレベルでは、今は労使対立の時代ではなく労使協調の時代、あるいは労働者の経営参加の時代であるといった認識もあって、階級概念はもう古い、あるいは階級概念は概念としての意義を失い始めていると見なされています。とはいえ、豊かな経営者＝資本家と、生活が苦しくて生きていくのがやっという貧しい労働者という対比は、格差社会が指摘されるようになっている現代社会では、意味のない概念とは言えないでしょう。とくにグローバルな資本主義の展開のなかで、グローバルに格差が拡大するときに、一方でのますます富めるグローカルな資本家階級 (および資本家的な「北」の国々) と、それとの対比のなかでますます貧しい状況に置かれるようになるグローカルな労働者階級 (および労働者的な「南」の国々) という対比は、一定の意義をもつように思われます。この場合、南北とは単純な地理的概念ではありません。北半球にも南的な貧しい国・地域がありますし、南半球にも豊かな国・地域があります。ですから、南北と言っているのは、グローカルに見て象徴的に語っているので、今日では、南的な貧しい国・地域を「グローバル・サウス」という言い方で表現するようになっています。

　しかしながら、先進国のなかでは、階級のリアリティが減少していることは間違いないでしょう。そこで、こうした社会構造上の論点と社会意識的な論点との乖離を埋めるためにも、むしろ〈階級の 20 世紀的展開が大衆である〉といったような大衆社会論の視点も一定程度注目に値すると思われます。さらにいえば、大衆社会論的状況というのは、じつは資本主義社会だけでなく、社会主義社会においても見られる点であったという指摘も、20 世紀以後の社会にとっては重要な指摘だと思われるからです。そこで「大衆」の内実を見ていきましょう。

⑵大衆とは誰のことか

　さて、大衆（mass）とは誰のことで、どういった特徴をもっているのか。このことについて必ずしも一致した見解があるわけではありません。その意味で大衆という概念は必ずしも明確ではないといえます。しかし、おおよその位置づけは可能です。一般的にいえば、かつての理念として存在した古典的民主主義の担い手としての「教養と財産」をもった 19 世紀的な公衆（public）が堕落したかのような、いわばマイナス・イメージを負わされた人間像が、大衆社会論でいう大衆像です。そしてそうした大衆像が社会の前面かつ全面に出現するようになった「20 世紀」的な社会状況が大衆社会と呼ばれたのです。

　こうした大衆社会の主な社会的背景としては、まず基調としての技術のイノベーション（テクノロジーの発達）の進展のなかで、前世紀からの資本主義の発展に伴う産業化＝工業化が進んだこと、そしてさらに普通選挙法に代表される大衆デモクラシーの進展と（インターネットはまだ普及していませんが）マス・メディアの著しい発展が挙げられるでしょう。こうした論点は、大衆社会論の先駆けといわれる哲学思想家オルテガ、y. G. が 1930 年前後に、社会のなかに「大衆の充満」をみて、「この新しい世界の可能にした 3 つの原理」として、①科学的実験、②産業主義、③（自由主義的）民主主義を指摘した点（オルテガ『大衆の反逆』）に対応します。そのオルテガは、必ずしもマス・メディアを中心に考えていたわけではありませんが、大衆化とは「平均化」だと捉え、「高貴な生」に代わって「凡俗な生」が出現し、「平均人」が現れた、と警句を発しています。このような大衆社会化状況は、その萌芽状態がフランス人外交官トクヴィルが示唆したように 19 世紀中葉にアメリカで早くも見られていたものでした（『アメリカのデモクラシーについて』）。しかし典型的なかたちは、まず 20 世紀に入っての 20 年代から 30 年代、とりわけ第 2 次世界大戦に至るまでのドイツでみられた「危機における大衆社会」に顕著でした。そしてその大戦後に、アメリカ社会に典型的な「常態としての大衆社会」も指摘されてきたのです。

　そこでまず、「危機における大衆社会」に関してみておきましょう。エーリッ

ヒ・フロムという社会心理学者がナチズムとの関連でこの点を論じています（『自由からの逃走』）。フロムがナチズムの分析で着目したのは、1920-30年代のドイツの下層中産階層の人びととその子どもたちでした。第1次世界大戦でのドイツの敗北、それに伴う帝政の廃止などの伝統の崩壊、さらにインフレと恐慌、そして労働者階級の台頭などによって、下層の中産階層においては新たな社会的性格、つまり一定の階層や集団に共有されているパーソナリティ特性が醸成されたと考えました。それが「権威主義的性格」です。自らの不安や不安定な心理状態を、強大な力をもつ者に身を寄せることで安心・安定を得ようとするメンタリティです。「長いものに巻かれろ」「みんなで渡れば怖くない」といった心理に通じるものです。いずれにせよ、ヒトラーがそうした強い「力への意思」を示し、人びとが民主的な選挙でナチスを第1党に選んだわけです。ようするにフロムは、人びとの意識のレベルで、家族や地域の紐帯という「第一次的な絆の喪失」を背景にして、積極的に自由を生きる道ではなく、民主社会での自由と裏腹の、強力な権力者に身をゆだねる「自由からの逃走」の状態に陥ってしまったと分析したのです。

　このフロムの分析が、ナチズム分析として妥当かどうかはここでは問わないことにしましょう。フロムはこの「危機における大衆社会」が、特殊ドイツ的な危機状態に限られない、通常の日常生活世界でもその緩和された形態としてみられるという点が、ここでは重要なのです。自ら好んで皆と同じように「画一化」され、つねに市場の株価の変動のような景気の動向に一喜一憂して、周囲をつねに見回して自分をそれに合わせるような「市場的志向」をもった、いわば「自動人形」のような人間像が、現代人全般に見られるとフロムは述べたのです。これと同様な視点は、1950年までのアメリカの人びとを中心に、その大衆社会的な「常態」を「孤独な群衆」として描き出したデービット・リースマンにも見られます（『孤独な群衆』）。彼は、大量生産、大量消費の成熟期の社会では、他人の期待や好みにたえず敏感に反応する「他人指向型」——伝統志向型や内部指向型ではない——の社会的性格ないし人間像が見て取れると指摘したのです。

⑶大衆社会論再考

　こうして大衆社会状況を描き出す諸視点は、1960-70年代頃には、たとえそれらの表現が多様であっても、前述のマルクスの「疎外論」の視点とも重なり合いながら、一定の類似性をもった社会像と人間像を取り結んでいると受け取られました。その論点は2つにまとめられるでしょう。つまり、社会の変化によって、一方では家族の機能縮小や都市化による地域社会の衰退など既存の伝統的な「中間集団」の無力化がみられ、他方で企業組織や国家組織などといった組織の巨大化や官僚制化がみられるようになった点です。

　こうしたなかにあって、前者では個人の孤立、原子化、無連帯といった事態、後者では個人の集団や組織への埋没、過剰同調、主体性の喪失といった事態がみられるとされるのです。そして、今日では、資本主義のもとでの「商品化社会」で、技術革新による大量生産・大量消費に支えられる「豊かな社会」が出現し、それをさらに加速させるマス・メディアの進展、そして20世紀の第4の四半世紀ごろからは情報化社会の著しい進展がみられるようになったのです。こうした情報化社会の進展のなかで、ますます個人が情報操作されやすい、欲望も肥大化した、砂粒のようなバラバラの疎外された存在と化す土壌が形成されてきているというわけです。

　とはいえ、こうした見方に対して批判もあります。その代表的な立場は、大衆社会論的言説は、社会のいわば暗い面ばかりを強調しすぎて、その反対のむしろ望ましい社会の出現に向けての歩みの側面を描いていないという批判でしょう。たしかに、大衆社会論的視点は、社会理論というよりは、自分たちがいま生きている社会と、そこに住まう自分たちの自己反省の精神の現れとみていくことができるとしても、それが社会科学的な分析を深めずに、単なる「ロマンティックな抗議のイデオロギー」のみに終始するならば、今後の社会の展望も適切に描けないことになるでしょう。20世紀後半以後は、「知識社会」（ドラッカー）とか「脱工業社会」（ベル）などといった論点が提出されており、さらに現代人はもはや「大衆」というよりも、少数の仲間

からなる「少衆」やグループに分かれて親しく集う「分衆」が際立つといった
見方も提起されてきました（博報堂生活総合研究所『分衆の誕生』）。分衆論や少
衆論です。21世紀のインターネット社会化が進んだ状態では、SNSとくに
FacebookやLINEなどの情報ツールの進展さえみられるようになった時代に
は、もはや「大衆」概念は古すぎる、さらには分衆論や少衆論でさえ、古す
ぎると考えることができます。ただし、バラバラな個人が、メディアに晒さ
れ、砂粒のような疎外された状況は皆無だとはいえないでしょう。こうした
大衆社会論などからまだ学ぶべき点も少なからずあるように思われます。

　21世紀の現在の社会が、20世紀までの社会の延長線上で存在し、しかも
その社会自体が歴史的存在であって、そこに生きる人間自身とともに、社会
や人間の現状に対する批判的眼差しを欠いた、現状肯定論とバラ色の未来像
が取り結ばれるならば、現代の抱える問題の多くは見過ごされ、問われない
ままの問題も少なくないと言わざるをえないでしょう。そこで、次に、まず
こうした大衆社会化状況も含めた20世紀社会における「人間状況」を、私た
ちの主観に寄り添いながら、「意識のイノベーション」に焦点を当てるかた
ちで、考えてみたいと思います。そこで、これまでの議論も踏まえながら、
現象学という思潮に着目することにします。

2.　現象学的思潮の問題意識とフッサール

⑴実存主義

　現代の現象学は、エドムント・フッサールの思索に基づいて展開されてい
るものです。哲学の専門家たちには、早い段階からフッサールの名前は知ら
れていましたが、日本の哲学界ではむしろ、1930年代はハイデガーが、そ
して1960年代にはサルトルがしばしば紹介されていました。とくに前章と
の関係で、戦後日本で着目されたこの2人に関して、まず言及しておきましょ
う。最初はサルトルです。

　フランスの哲学者ジャン＝ポール・サルトルは、ナチス・ドイツに占領

されたパリで知識人として抵抗運動（対独レジスタンス運動）に加わり、パリ解放後の戦後に「実存主義」を本格的に提唱して注目されました。「実存主義はヒューマニズムである」というのが彼のスローガンでした。ここでいう「実存」とは何でしょうか。1946年に刊行された邦語訳『実存主義とは何か』でサルトルが強調したのは、「実存は本質に先立つ」という点です。すなわち、人間はペーパーナイフのように本質や目的があらかじめ決められているわけではありません。その意味で、人間は自由、なのです。だから「人間はそうなろうとするところの者」で、そうした存在のあり方が「実存的」なのです。サルトルはこのように「実存」を主張しました。それゆえ、彼の主張は、人間の日常性や主観性や主体性を重視し、大戦後に戻ってきた日常生活の世界のなかで、あらためて新たな世界を立ち上げようとする心性にフィットしたのでしょう。自らの主観的思いを重視して、主体的に世界を作り上げていることを呼びかける思想として、実存主義は、フランスのみならず、日本を含む世界中の若い人びとに受け入れられていったのだと思われます。

　ただし、注意しておきたい点もあります。というのも、サルトル自身は、人間における「自由」をただ単に一方的に強調したのではなく、自由な人間はむしろ「自由の重荷」を背負っており、いわば「自由の刑に処せられている」と述べていました。そうした自由の重荷のなかで、いかに人間は自らの実存的生を生き抜き、世界を創造・変革していくのか、それがサルトルの目指そうとしたものだったと思われます。そうした思潮は、実存主義文学と呼ばれる文学にも大きな影響を与えました。「太陽がまぶしかったから」人を殺したかのように表現する、カミュの描く異邦人ムルソー。いつでも城に入ることができると言われながら、「ただし今はダメ」と言われて城の入り口で長い間待たされて、城のなかには結局入れずに息絶えてしまう、カフカの描く不条理。過負荷的世界などとも理解されて、「重苦しい」カフカ的世界をどう突破するのか。実存主義は、そうした不条理からの突破口としての雰囲気を醸し出していたのです。そしてその際に、実存主義は疎外された人間の解放という初期マルクスの視点と結び付きやすく、そこで両者を結び付けて「実

存主義的マルクス主義」などとも称されて、1960-70年代当時の若い世代に注目されたのです。

さて、もう1人、こうした文脈で着目された哲学者がいました。それが、マルティン・ハイデガーです。サルトルは、先の著作でも、実存思想の先駆者としてハイデガーを挙げていました（ただし、ハイデガー自らはこうした捉え方に否定的だったと言われています）。ハイデガーは、戦前の著作『存在と時間』（1927年）において、存在と存在者を区別します。存在とは「〜である」の「ある」（Sein, being）の部分、つまり「存在する」の動名詞的な意味ですが、存在する生命のなかで、人間は「存在」それ自身を問題にすることができる「存在者」です。人間個人は、過去に生を受け、今まさにここで生きている現存在（Da-sein）であり、しかも自らが参与する世界のただ中で生を営む「世界内存在」であり、未来へと開かれた存在でもあります。ただし、その人間個人にとっては、確実に未来には「死」が待っています。これは不可避です。それゆえ、「死」という問題は、人間にとって存在論的（＝存在についての）「不安」を掻き立てます。だから通常、人は「死」を考えないようにして遠ざけて、自らが「存在者」であることを忘却しようとします。だがそれは、本来的な人間のあり方からの「逸脱」（より正確には「頽落」）であり、「自己喪失」であり、わかりやすく言えば「平均化された『ひと』（Das Man）」となることです。この「ひと」は「世人」とも訳されていますが、ひと本来の故郷を喪失したドイツ語でいう「ハイマートロス」、つまり英語でいう「ロスト・ホーム」の状態です……。そこで、それではいけない、人は、死と向き合い、未来を先駆的に生きるべく、本来の故郷を求めて、存在を賭した「決断」をなさなければならない、とハイデガーは考えたのです。

こうした捉え方は、サルトルからみれば——ハイデガー自身は否定しているのですが——明らかに「実存主義」的な発想に見えます。また、ハイデガーの故郷喪失論は、失われた本来の故郷が何かを考えさせてくれる可能性もあります。だが同時に、この議論は、指導者ヒトラーの考えへのハイデガーの一時的傾斜という面が指摘されているように、ドイツの失地回復をめざした

ナチズムの発想と近いところもあります。ただし、ここでは——専門的になりすぎるので——こうした受け取られ方それ自体の妥当性に関しては、論評しないでおきましょう。とはいえ、とくにナチズムと近しかったという受け取られ方に関して、ハイデガー自身が戦後まったく言及しなかった点は問題だといっておきましょう。しかし、ハイデガーの実存哲学も、サルトルの実存主義と同様に、さらにはマルクスの疎外論とともに、1960-70年代の若い人びとに一定の影響を与えたという点だけは確認しておきたいと思います。

⑵出発点としての意識研究

　さて、疎外論や大衆社会論に見られる人間性の喪失論とともに、以上で、サルトルの実存主義、そしてハイデガーの存在論などを見てきましたが、彼らの議論のベースにあるのが、じつはドイツのフッサールの現象学なのです。ですから、ここからは、疎外論的かつ大衆社会論的な問題構成ではなく、認識論的・存在論的・実践論的な問題構成という哲学的視点から述べていこうと思います。そして、現象学の適切な理解は、学説展開に合わせるかたちで議論内在的になされるべきなので、以下もこの方向で論じていきます。

　1859年生まれのフッサールは、はじめ数学者を志していました。しかし、「数」とは何かと考えるようになり（このあたりが哲学者の片鱗です）、それは「数える」という心的作用に理由があるとか、いや「数」は論理であって心的なものに還元できないなどと考えが揺れていました。しかし、思索を行うときには「事象それ自体に」(Zu den Sachen selbst)をモットーに、心という主観現象に内在して、その体験・経験をそのまま記述することを目指しました。この段階ではまだ「現象学」という言葉を本格的には使っていなかったのですが、たとえば手書きした（歪んだ）具体的な円の図と、数学的に適切な円の「図」（中心から等距離の点の集合）とは厳密には異なっていますが、「円」という理念・本質があるので、私たちは具体的な（歪んだ）円をも「円」として把握できる、という論理主義の立場にその当時は最終的に立つようになります。

　そして、次の段階が本格的な現象学の展開の時期になるのですが、ここで

注意しておきたいのは、「現象学」の「現象」の意味です。現象学の出発点を理解しやすくするために、枝葉を切り落として話しますと、現象学の現象とは、いわば心（あるいは意識、あるいは主観）に立ち現れる形象、つまり心に「現」れる「象」（かたち）を記述する学問です。では、その現象に関して、何を明らかにするのかというと、それは意識（あるいは経験、認識など）の「仕組み」（構造）と「働き」（機能）です。こうした意識経験の解明の仕事が、フッサール現象学の本格的な出発点です。「意識はつねに何ものかについての意識である」と考えたフッサールは、時間の経過を念頭に置きながら、対象に向かう意識の「志向性」を考えて、そこには「志向作用」（＝ノエシス）と「志向対象」（＝ノエマ）があるなどと考えたのでした。この意識の構造と機能の「本質」は、私たちの日常の意識の働き（自然的態度）をいわば「虚心坦懐」に振り返ってみればわかることで、こうした本質を直視する見方を――評判の悪いネーミングだったと考えられていますが――「本質直観」と彼は名づけました。

　ようするに、自然的態度にある日常的な（世俗の）主観性をいったん括弧に入れて（＝還元して）いわば哲学的に（＝現象学的に）検討していくこと、そうすると、そこにその日常的主観性を成り立たせる「超越論的」な主観性が見えてくるというわけです（なお、超越的 transcendent とは神の超越性のように何ものかを超えていることを示すのに対して、超越論的 transcendental とは物事の背後にあって物事を成り立たせている原理のことを指します）。このように、意識経験の研究の流れを、筆者はフッサール現象学における「意識経験の文脈」を名づけて、フッサール現象学の第1の文脈と位置づけました（たとえば、拙著『意味の社会学』参照）。そして、この第1の文脈を受け継いだのが、「情緒」や「嘔吐」感などを論じたサルトル（の実存主義）だったのです。

⑶危機認識論と発生論

　しかしながら、こうした検討のさなかに、フッサールはもう1つの大きな問題に直面します。それはドイツにおける全体主義、ヒトラーのナチズムの台頭です。ナチスによって研究それ自体も制限されるようになったユダヤ系

のフッサールは、そうした時代風潮に強い危機感をもちます。文明や学問が発達したこの時代に、ユダヤ人虐殺にまで至るような非文明的で野蛮なことがなぜ起こるのか。この「野蛮の出現」という全体主義的危機は何に由来するのか。この問題の探究を、筆者はフッサール現象学における第2の文脈として「危機認識の文脈」と呼んできました。そしてフッサールが見出した答えは、科学や学問に対する批判と生活世界論という見方でした。

　フッサールは、第1近代初頭の科学者ガリレオ・ガリレイを、「発見の天才」であると同時に「隠蔽の天才」であると言います。どういうことでしょうか。ガリレオは、自然には数学の言語が書き込まれているといった趣旨のことを述べて、その数学言語を読み解くことで自然の法則性を発見しようとしました。しかし、そのように自然を数学的物理学のまなざしで見ていく「自然の数学化」によって、数学化しえない私たちの「生活世界」が非科学的として隠蔽されてしまったと考えたのです。

　それだけではありません。私たちが生きている世界である生活世界は、科学的世界を含むすべての世界の意味基底であるはずですが、数学的物理学をモデルとする科学的世界観は、その意味基底である生活世界の存在を曖昧なものとして棄却し、忘却させてしまったのです。科学的研究の問題意識の形成から、科学的研究の対象の一部でもあり、さらに科学的研究の妥当性の検証基盤であり、かつ未来にその成果が反映される場としての基底の生活世界が、科学によって忘却されている。「忘れられた意味基底としての生活世界」という言葉は、フッサールの著作に示されているものです。それは、1930年代中頃に書かれた『ヨーロッパ諸学の危機と超越論的現象学』(刊行は1954年)にある言葉です。この著作で、フッサールは、初期の発想(自然的態度の括弧入れ)とは逆に、「自然主義的態度」を批判して、私たちの自然な「生きられる経験」＝「自然的態度」の復権を提唱します。その「生きられる体験」全体がまさに「生活世界」(lifeworld ＝生世界)なのです。この発想は、一部はハイデガーの実存的思索につながっていますが、ここでは、こうした発想の背後にあったもう1つ進んだフッサールの思索をとくに取り上げておきましょ

う。それが「発生論」と呼ばれる思考です。

　フッサールの 1930 年代の思索は、ナチズムのために公表できずにいました。『ヨーロッパ諸学の危機と超越論的現象学』という著作も、最初の刊行が戦後でした。それ以外の草稿文献は、ナチス政権下で弟子がこっそり持ち出してベルギーのルーヴァン大学に保管されていました。それがドイツ語で著作化されるのは 1973 年です（'草稿' ですが、今では日本語の翻訳『間主観性の現象学』があります）。膨大な量の草稿のうち、筆者が着目したのは、「意味生成の文脈」と筆者自身が名づけた、フッサール現象学のこの第 3 の文脈です。それは、フッサール自身によって示唆された〈発生的現象学〉に関して、筆者なりに着目した点なのですが、フッサールはこの著書の中で、間主観性の発生・生成に関しては、「母子関係」が基底的で重要だと述べていました。そしてそれを、「受動的な間主観性」とも述べていましたが、ようするに言語以前の乳幼児段階以後、衝動志向性などをもって、母子に代表される間主観的関係のなかから、「主観性」が生じてくるプロセスを問うてもいました。つまり、他者と相互行為をどう取り結ぶかという問題（他者問題）に関して、言語取得以前の乳幼児段階から、いわば身体と身体とのコーポレアルな関係性、つまり間身体性が重要だという点を示唆する議論を展開していました。そしてこの文脈の議論は、とくにモーリス・メルロ＝ポンティの現象学に引き継がれていきました。そこで、節を変えてメルロ＝ポンティの考えをみていきましょう。

3.　メルロ＝ポンティとシュッツの現象学的展開

(1)身体の現象学

　メルロ＝ポンティは、第 2 次世界大戦終了年の 1945 年に『知覚の現象学』を刊行します。そしてそこでは、「沈黙のコギト」について語られています。すでにみたように、デカルトにおいてコギトとは「我思う」の自覚的意識の働きでした。しかし、いわば無意識のうちに働いている（＝沈黙の）思惟（思考）

作用としての身体という領域があることに、現象学は自覚的でなければならないとメルロ＝ポンティは強調します。その際に問題にしているのは、「語られる身体」（たとえば医科学の対象となるような身体）とは別に、私たちにおいていわば無意識のうちに「生きられる身体」があるということです。前者は客観身体、後者は主観身体といえるでしょう。たとえば、腕を事故で亡くした人が、無くなったはずの腕に痛みを感じることがあるようです。それは幻影肢と呼ばれますが、そこには私たちの身体図式が働いていると思われます。

　あるいは、身体の延長ということもしばしば語られます。その例が視覚障害者にとっての杖、です。杖を使って路上を歩く視覚障害者にとって、杖の先端は自らの身体の延長のように思われます。その杖の先で、階段の始まりや道の段差を感じ取ります。その場合、自らの身体は杖の先まで伸びている、というのが主観身体の感覚です。あるいは新生児室で一人の赤ちゃんが泣きだすと「泣きの感染」として知られるように、他の赤ちゃんも泣きだす現象があります。さらに、眼前の赤ちゃんに対して、母親あるいは養育者が「舌出し」を繰り返すと、赤ちゃんも模倣して「舌出し」行動をすることもあります。発達心理学で、共鳴動作 (co-action) などとして知られている相互行為です。それらは、赤ちゃんにとって無意識の行動ですが、ちょうど車が天井の低いガード下を通り抜けようとするとき、十分に通り抜けられる高さがあるのに、思わず運転手が頭を下げてしまうような、無意識のうちに身体が他者や他物にまで拡張して反応してしまう、そうした「身体の伸張」と同様な、身体論のわかりやすい例です。身体は、「無記名」の生だといってもよいでしょう。

　哲学や社会学で、他者（理解）の問題として知られているテーマがあります。自分のことはよくわかるのに、他者のことはわからない。他者をどう理解するのか。すでに触れていますが、こうした問いの立て方が、日常的にもしばしばなされます。「他者の存在は、客観的思考にとっては難題であり憤懣の種なのである」とメルロ＝ポンティも述べています（『知覚の現象学』）。しかしながら、自分のことはよくわかるというのも、大いに問題でしょう。自己は実際、どこまで本当の自分を知っているのでしょうか。他者の方が、よほど

適切に私(他者の他者＝自分)のことを「客観的に」見ているかもしれません。「他人の背中は見えるけど、自分の背中は見えない」のです。自己だけが自分のことを知っているというのは、いわば近代の自己中心意識のもつ誤謬かもしれません。先にエリアスの閉鎖的自己でも同様なことを指摘しました。少なくとも、自己と他者の認識問題において、自己意識だけが透明であるという特権は論理的に成り立ちません。自己の認識も他者の認識も、どちらも透明・正確ではないという点で、認識としては同格なのです。理解できるところもあれば理解できないところもあるのです。ようするに、身体の現象学は、「自己理解の特権性」を剥奪したといえるでしょう。

(2)間身体性論

　このように考えてくると、まず身体と身体との独自のコーポレアルな関係性、つまり「間身体性」(intercorporéité / intercorporeality) が問われることになります。メルロ＝ポンティは発達心理学の知見を検討しながら、人と人との関係性つまり「社会性」の問題を解き明かします。すなわち、「幼児の対人関係」(彼の論文のタイトルでもあります)においては、二つ以上の意識がいわば渦のように絡み合いながら、「癒合的な社会性」を形成しており、それは言語的コミュニケーション以前の「前交通」と訳されている前コミュニケーション(pre-communication)状態にあると述べます(メルロ＝ポンティの中期以降の論文集である『意識と言語の獲得』および『眼と精神』を参照)。こうした論点は、発達心理学での対立・論争、すなわち、一方で幼児は初め「自己中心性」の状態にあるが、社会化の過程で「脱中心化」されて「社会性」を獲得するとしたジャン・ピアジェと、他方で幼児は「社会性」(他者志向性)をもって生まれてくるが、発達の過程で「社会性」を喪失するとしたアンリ・ワロンとの対立において、メルロ＝ポンティはワロンの立場(『身体・自我・社会』)に近いといえば理解しやすくなるでしょう(詳しくは、加藤義信ほか『ピアジェ×ワロン論争』などを参照してください)。

　さて、このように考えてきたメルロ＝ポンティは、晩年にはさらに思索

を深め、『シーニュ』という著作に収められた「哲学者とその影」や遺稿となった 1964 年の『見えるものと見えないもの』などにおいて、間身体性の議論を、身体的間主観性などといいかえながら、しかも彼自身の「肉的存在論」(身体＝肉体における「肉」とは、単に物質なものではない) と称する表現にも着目しながら、「間動物性」inter-animality という言葉さえ使っています。さらに人間は「音響的存在」、アコースティックな存在であるといった言い方もしています。かなり難解な表現なのですが、ただし、この点を理解するには、アルフレッド・シュッツの現象学的社会学として知られている議論を踏まえると、少し理解しやすくなると筆者は考えています。

　現象学的社会学者アルフレッド・シュッツについては、筆者自身いろいろな機会に論じていますので、ここでは多くを語るつもりはありません。関心があれば、拙著の『意味の社会学——現象学的社会学の冒険』や『自己と社会——現象学の社会理論と〈発生社会学〉』などを参照してください。以下では、シュッツが展開した「多元的現実論」と共振関係論ともいえる「間主観性論」の 2 つに関してだけ触れておきます。

⑶シュッツの多元的現実論と間主観性論

　フッサールから助手になるように求められたこともある 1899 年ウイーン生まれのシュッツは、ナチズムの台頭とともにドイツ語圏から脱出して 1939 年にアメリカに亡命しました。ウイーン時代に、行為の意味を理解するとしたヴェーバー理解社会学の行為論を、フッサールの意識経験の現象学で補完しようとした著作(『社会的世界の意味構成』)を刊行していたシュッツですが、1939 年のアメリカ亡命後のアカデミズムのなかで(とくに 1960 年代の著作集(原著は全 3 巻)の出版前後には)、その「現象学的社会学」は主観的意味ないしは主体的意味を重視する潮流という文脈で捉えられていました(それゆえ、意味学派の中心論者の 1 人とも言われました)。それは、いまからみれば、一種の疎外論的ないしは実存的な了解であっただろうと思われます。しかし、シュッツの多元的現実論などを検討すると、こうした了解とは異なる側面も

見て取れます。

　シュッツは、現実（reality）は1つではないと言います（『シュッツ著作集 第2巻 社会的現実の問題 [II]』）。人は、一日のうちでも、学校で科学的世界の見方を学び、午後は芸術的世界を堪能し、夜は宗教的世界に親しむ場合があります。そして睡眠中も夢の世界を生きます。もちろん、食生活を中心に「生」の現実である日常世界が生きるために不可欠ですが、「ひとはパンのみに生きるにあらず」と言わんばかりに、私たちは日常的現実だけでなく、多様な意味世界＝意味領域を日々生きています。数学的な公式は、芸術や宗教の世界には通用しない場合が多いでしょう。まして、夢のなかの世界は、日常生活からみれば「非現実」的な世界でもあります。死んだ人がよみがえってきたり、絶対に会えない有名人に夢のなかで会ったりします。夢のなかでは、大空さえ飛べます。フッサールは科学的世界観だけが「正しい」というのは近代の誤りで、自然的態度の生活世界の重要性を訴えました。しかし、その自然的態度の世界も、じつは多様な意味領域の世界からなっているのです。遊びの世界、狂人の世界、あるいは子どもの世界などの世界＝世の中の界＝意味領域を、人は日々生き抜いているのです。この「生」の厚みや重層性は、人間社会を理解する際に重要です。この点は、繰り返すまでもないかもしれません。

　しかしながら、「生」にとっては、私たち個々人が「生きる」という大前提があります。生きるとは、まず生命体である身体を維持することです。いいかえれば、身体なくしては、「生」の現実もあり得ません。しかも、今度は、「人は1人で生きるにあらず」という面も重要となります。人は母親から生まれます。もちろん、その出生には父親が関与しています。そして親自身も、先祖からのつながりのなかで存在しています。また食料や知識や文化なども、他者の存在なしには十分ではありません。自己は「他者との関係」のなかで生きているのです。そうした関係は、過去、現在、未来の直接、間接の「自己と他者」との相互行為によって生じているものです。こうした連綿とした時間的、空間的なつながりは、ほとんど無限と思える社会的な相互行為の連

鎖から成り立っているわけです。

　じつは、人間社会は——生命体としても、時間的にも、空間的にも——こうした自己と他者の社会的な相互行為が出発点なのです。しかし、人びとの相互行為は、いかにして可能なのでしょうか。新生児や幼児も含めて、人が他の人と関係をもつ基本のところには、何があるのでしょうか。おそらくそこには他の種の動物とも相通じるようなさまざまな感情＝情動を伴った認知能力に基づいて、自他関係を維持ないしは破棄する相互行為が継続的になされているわけです（拙著『自己と社会』参照）。そこで、人びとが相互行為を持続させる際のもっとも基本に何があるのかと考えたときに、まずは共振関係、共感関係などのコーポレアルな間身体的関係が指摘されます。ちょうど2つの音叉が共鳴しあうように、人と人とは一定の情動を伴いながら共振、共感しあう存在ではないでしょうか。

　人は、まさにメルロ＝ポンティが言うような「音響的な存在」なのです。日常的にも、「波長が合う」とか「馬が合う」といった言い方があります。なぜかは説明しにくいのですが、あの人とはなぜか共感しあえる関係にあるといえる場合があります。もちろん、逆もあるのですが、ここでは相互行為の持続が焦点ですので、そのことを考えるとき、人と人との良好な関係の最も基本には人と人とが「シンクロナイズ」しあう関係、ないしは共振関係あるいは「リズムの共有」といったメカニズムがあるのではないでしょうか。テニスでラリーをするときも、交互に打ち合いを繰り返しながらリズミカルに進みます。対話というのも、うまく進むときは、交互に発話のやり取りをします。そのような時間の経過とともに行為のやり取りをする様子も、広い意味で「シンクロナイズ」ないしは「リズムの共有」ということができるでしょう。その基本に身体的な（コーポレアルな）共振や共鳴があるというのは、説明しづらいことではありますが、不可解なことではありません。

　シュッツは、そうした相互に波長を合わせる関係を、「相互同調関係」（mutual tuning-in relationship）と名づけて重視しました。その際とくに彼は、音楽を例に取り上げます（『シュッツ著作集 第3巻 社会理論の研究』）。音楽は単に音だけで

はなく、一定の情感を伴い、かつ複数の人が同じ音楽を演奏したり聞いたり再生したりして、人と人とを共振的に、相互に波長を合わせるように (tuning-in)して結び付けます。そうしたリズミカルな音のつながりが、じつは子どもが言葉を獲得する際には不可欠なものです。養育者とリズミカルにシンプルな言葉をやり取りするなかで、子どもは言葉を覚えていきます。そして1つのポイントは、私たちの自覚的な意識＝主観性が、そのような他者との相互行為の関係のなかで発生＝生成してくるという点です。とくに養育者という大人の主観性と、子どもの未熟な主観性が、「我々」と言えるような相互行為における関係性のなかで、比喩的に言えば、渦のような絡み合いのなかから1つの渦の目のようなかたちで、ひとまとまりの主観性が発生してくるのです。

　そのような関係性を現象学では「間主観性」と名づけてきたのです。主観と主観との間で取り結ばれる「我々」の相互行為関係のことです。ですので、間主観性という相互行為的関係、あるいは（言語的・前言語的・非言語的な）コミュニケーションといってもよいですが、そのような「我々」ということができる相互行為的な関係性（我々関係）のなかから、個々の自我も、主観性も、生じてくるのです。こうした事柄をシュッツは次のように言います。少し長いですが、ポイントを引用しておきましょう。

　　「間主観性は……生活世界の所与である……。それは生活世界内の人
　　間存在の存在論的カテゴリーである。およそ人間が女性から生まれる限
　　り、間主観性と我々関係 (we-relationship) は、人間存在の他のあらゆるカ
　　テゴリーのための基盤となる。自己についての反省の可能性、自我の発
　　見、……あらゆるコミュニケーションの可能性とコミュニケーション的
　　環境世界を確立する可能性は、我々関係の根源的な経験にもとづけられ
　　ている。」　　　　　　　　　『シュッツ著作集 第4巻 現象学的哲学の探究』

　かくして、筆者としては社会学の基礎理論のもっとも根底に、この間主観性論を置いて、そこから人間社会の諸問題にアプローチする道を切り拓いて

いくという研究を続けてきました（詳しくは、拙著の『自己と社会』や『間主観性の社会学理論』などの著作を参照いただきたいと思います）。

　そして、そこで問われてきたのは、近代の主観性の成立過程や、日常的な相互行為という出発点を忘却して物象化された「近代の危機」の生成、ようするに現代社会の存立の発生論的ないわば「人間学的基礎」であったのです。

第1部の結びに代えて

　いずれにせよ、最後に示したように、筆者は社会を考えるときに、社会（科）学の人間学的・発生論的な基礎理論的視点として、この間主観性論を基盤にしていることを明示しておいて、とりあえず、この第1部を終えることにしたいと思います。というのも、この間主観性論が、今度は世界のなかの日本の歴史的現実に対してどんなインプリケーションをもつのかをもう少し検討してみたいと思うからです。その際のポイントは、「近代」とは何か、という問題意識です。近代は、主体主義、科学主義、資本主義、国家主義の4つの特性をもっています。

　「グローバル化する世界社会と社会意識の変容」と題されたこの第1部では、移動の問題から語り始めて、さらに近代哲学と社会思想を中心にみてから、利潤追求の資本主義と、帝国主義的植民地主義につながる国家主義、そして主観重視の主体主義と合理性重視の科学主義への批判的言及へと進んできたつもりです。とはいえ、「近代批判」は、いわゆる「ポストモダン」論を経ることで、その位置づけが明確になってきます。その点を第2部では論じることになります。

　さらに、もう1つ重要なのは、この第1部で描かれた「社会と意識のイノベーション」が、植民地主義というネガティブな展開であるにせよ、グローカルに展開されていく歴史的過程でもあった点です。人類のグローバルな移動から論じ始めた第1部が、20世紀の（帝国主義的な）資本主義社会の展開にまで進んできました。それは、西洋のローカルな地から生まれた動きが、グローバルに展開される「グローバル化の上向」運動でもあったのです。第1部では、この点がメインに描かれました。しかし、グローバル化には「下向」する動きがあります。そこで、この「下向」の動きを、「上向」の動きと合わせつつ、日本を事例として、現代社会を検討するのが第2部の課題となります。その意味で、第2部はグローカルな視点からの「世界のなかの日本」が中心的論

点となります。

　その際に、つまり近現代日本を世界との関係のなかで捉え返すときには、世界との関係のなかでの日本の近代思想、および「近代批判」をめざす諸潮流、とりわけ言語論や構造主義的思潮およびポストモダン論などを検討することになります。そのうえで、戦後日本の社会意識とも摺り合わせながら、それらを批判的に検討し、そうして未来社会を展望していくつもりです。ですので、西洋近代批判の射程、グローカル化の問題、コスモポリタン的思考の再考、そしてリージョナリズムなども考察されます。

　ただし、この未来社会の展望に当たっては、第1部では十分に光が当てられなかった、「平和」「共生」「格差」「環境」といった問題に、さらに意図的に言及していこうと思います。したがって、世界史的な社会思想的な検討からは、いったんここで離れて、平和や共生などにかかわる具体的な社会意識の日本的な展開も追ってみようと思います、あらためて、日本を含む21世紀社会＝世界のなかの日本に着目しつつ、です。では、第2部に進みましょう。

第 2 部

世界の中の日本——平和と共生のための連携へ

第2部の序

　山口県には、吉田松陰の松下村塾(萩市)と金子みすゞの記念館(長門市)が
あります。吉田松陰の松下村塾からは伊藤博文をはじめ近代日本の国家形成
に大きな影響力をもった人びとが育ちました。しかし彼らは、いうまでもな
く大日本帝国という国家の基礎を作ってきた人びとです。帝国日本は、戦前
にアジア太平洋において、日本中心の植民地主義を徹底させ、多くの問題を
引き起こしてきました。長州は、薩摩とともに、近代日本以後の帝国的な展
開につながっています。しかも、アジア太平洋戦争後の戦後においても、岸
信介首相や佐藤栄作首相、そして安倍晋三首相といった山口県出身者は、戦
後の歴史の曲がり角で、大きな役割を果たしてきました。つまり彼らは、日
米安保体制の確立、基地問題を抱えたままでの沖縄返還、自衛隊の海外派遣
に道を開くいわゆる安保法制の制定、などで活躍しました。しかしそれらの
歴史的曲がり角には、今日、密約問題などを含むいろいろな問題点があった
ことも指摘されています。

　もちろん、「日本がこんなになったのは山口県(あるいは長州藩)の責任だ」
などと述べているのではありません。筆者が吉田松陰や伊藤博文、あるいは
安保関連で岸首相や安倍首相などといった山口県関係者を取り上げたのは、
その山口にはまったく逆の発想をもった素晴らしい詩人もいたからです。そ
れが金子みすゞです。彼女の詩は有名ですから、ここで全文を繰り返すこと
はしません。しかし、鰮の大漁だ、大漁だ、と浜でみんながお祝いのように
喜んで騒いでいるとき、海のなかで鰮たちは、失ったたくさんの仲間のお葬
式を挙げているだろうと指摘する彼女の感性、つまり彼女の弱者へのまなざ
しは、大いに注目すべきではないでしょうか。また、彼女のもう1つ有名な
詩は、多様性の重要さを謳いあげるものでした。私は小鳥のようには空を飛
べないが、鳥は私のように速く走れない、あるいは私は鈴のようにきれいな
音を出せないが、鈴と違って私は唄うことができる。鈴と小鳥とそれから私、

みんなちがってみんないい。あまりにも有名な詩ですが、こうした「弱者へのまなざし」や「多様性の尊重」は、じつは、近代社会化のなかで、あるいは資本主義の進展のなかで、そして近現代日本のなかで、あまりにも等閑視されてきたのではないでしょうか。

　そこから、筆者としては、平和、共生、格差、環境などといった現代社会の問題への批判的な感性を呼び起こしたいと考えているのです。本書の上巻の冒頭で、Society 5.0 のような IT や ICT に依拠する未来社会像（国際競争に打ち勝ち、高度な情報化社会が実現された日本の社会像）は、戦争のない平和な状態を前提として初めて成り立つと記しました。まさに、未来社会のこうした基本的前提は、現代社会では自然に与えられるものではなく、まさに私たちがこれから作り上げていく必要があるのです。そうした視点から、近現代日本を振り返りながら、未来社会を構想していくための基盤づくりを、この第 2 部で行いたいと思います。

　したがって、以下では、日本を素材にして未来社会を視野に入れつつ、近現代社会を検討していこうと思います。ただし、すでに上述の話から理解してもらえると信じていますが、念のため、あらかじめ述べておきたいことがあります。つまり、筆者自身は、「どうすれば日本を発展させることができるのか」といった発想は極力取らないということです。それは、そうした「日本を発展させる」という言説のなかに入り込むある種のナショナリズムには警戒が必要だからです。つまり、日本の発展を願うことが、Society 5.0 への批判的言及でみたような、日本が国際競争において外国に勝つという意味合いがあるとすれば、それは外国の発展は二の次、あるいは外国のことはどうでもいい、日本が重要だ、日本が競争に勝ち抜いて豊かになり、発展することだ、といった自国中心主義的な国家主義に陥ることになります。そうならないことが、平和な未来を考えていくときに重要だと考えているのです。「反日」ではありません。日本を含めた世界の人びとの未来を考えたいのです。ですから、第 1 部では、世界史的な規模で語ってきたつもりです。

　ようするに、日本は多くの日本人にとって身近ではありますが、あくまで

も本書の第2部では、議論の素材として日本を取り上げることとし、日本の発展だけを考えるのではなく、いかに他の国々と連携して、あるいは国家それ自体を超えて、人びとがトランスナショナルにつながっていけるのか、という点が焦点なのです。こうした視点から、以下、近現代日本を取り上げて検討していこうと思います。

第5章　近代日本の世界志向と帝国志向
——戦前日本の社会思想

1. 世界と日本との関係史

(1)近代以前の日本

　「日本は島国だから、日本人は必然的に内向きで視野が狭い」とか、「日本は単一民族だから、国民は同質的で同調しやすい国民性がある」といった言説は、日本人論を待つまでもなく、少なからぬ日本人自身によって語られがちな言説です。このような「イデオロギー」(偏った考え方) が生まれてくる歴史的背景に関しては、今日では優れた研究書も出始めており、関心のある方はそうした書籍を参照することができます (たとえば、杉本良夫ほか『日本人に関する12章』、小熊英二『単一民族神話の起源』など)。

　本書のここでは、むしろ、私たちの「常識」的知識を逆手にとって、既知のものから、1つの興味深い知見を引き出していってみたいと考えています。たとえば、多くの現代日本人は、日本人の祖先が大陸 (あるいは南方、あるいは北方) から来たこと、日本人の主食の米も大陸から伝来してきたこと、さらに漢字も、仏教も儒教も、あるいは都の形態や官吏の仕組みも、さらには時代が進んでからも、鉄砲やキリスト教が外からやってきたことも知っています。そして、ここから確実に言えることは、「島国」日本はかつても世界とつながっていたという単純な事実です。それは、私たちのこれまでの知識から容易に導き出せる知見なのですが、一部のナショナリストには、日本が万世一系の天皇によって単独で発展してきた神国であるかのように強調することで (百田尚樹『日本国紀』、およびその反論の書である2巻本、浮世博史『もう一

つ上の日本史』参照)、世界とのつながりの事実が見えにくくなっているようです。ですから、この単純な事実を、その周辺的な事柄と関係づけながら再確認して、世界のなかの日本の今後を考えていきたいというのが、ここでの狙いです。そのためにはまず、日本の歴史の「裏通り」も必要に応じて歩いてみたいと考えています。

　さて、日本の古い歴史時代へのアプローチを考える以上は、まず日本人のルーツから話さなければならないでしょう。今日では、これも常識に属しますが、20世紀後半から始まったDNAの研究が進展して、日本人の祖先は、アフリカ発のホモ・サピエンス(これについては第1部で見てきました)が、5～4万年ほど前に日本に到達して住み着いた人びとに1つの起源があるとされています。沖縄で発見された港川人は最も古い祖先だとされています。そしてその後、主に縄文人と呼ばれる人びとと、弥生人と呼ばれる人びとが、一部はミックスされて日本人の基礎が出来上がったようです。ただし、ここで重要な留意点があります。それは、どこまでが「日本人」なのかという問題です。現代でいう日本国籍者が日本人だとすれば、アイヌや沖縄の人びとのみならず、帰化した外国人も日本人だということになります。しかし逆に、港川人は、琉球が日本に強制的に編入させられるまでは、「日本人」ではありませんでした。あるいは、沖縄のみならず、日本が奈良時代、平安時代と進んでいくころでも、東北の多くの地域や北海道も「日本」の範囲に入っていませんでした。日本や日本人というとき、私たちは何を対象としているのかを本当はしっかりと考えなければいけません。やや脱線ぎみですが、「日本文化」というときも同様です。日本文化というときの日本とは何を指すのでしょうか。地域文化(たとえばアイヌ文化、沖縄文化)も含めるのか、階層文化(たとえば上流階層の文化だけでなく、中流あるいは下流の階層の文化)に対してはどうなるのか、少し考えただけでも、「日本」文化とはじつはきわめて多様なのです。難しくいえば、「日本」という概念の、内包(≒定義)と外延(≒適用範囲)をしっかりと押さえる必要があるわけです。

　そこで、日本の古い歴史を語ろうとするときは、まず「日本」を統治して

いた政権とその範囲を中心に、「大和」ないしは「本土」と呼ぶことができます。そう呼ぶ理由は明らかです。大和政権から武家政権に変じても、本州・本土の支配権は継続したからです。1609年に薩摩藩は、徳川家康の許可を得て、王国を形成していた琉球国を、武力を使って服属させました。さらに1872年には、琉球国それ自体を廃止させてまずは琉球藩に、そしてすかさず1879年にはその琉球藩を「沖縄県」にしてしまいました（廃琉置県）。その後の1895年には、台湾も日本の領土とし、さらに1910年には朝鮮半島も日本の領土としました（その間の1899年にはアイヌの人びとも法的に服属させています）。いま、日本の「領土」と記しましたが、正確には「植民地」です。とはいえ、日韓併合後は、朝鮮半島の人びとも「日本人」です。半島から日本にたくさんの人が、自発的あるいは強制的に働きにも来ていました。その時期に日本に定住している朝鮮半島出身者も「日本人」ですので、彼らは国政選挙の被選挙権さえ持っていました。そして実際に、選挙で当選して一期、国政の議員を務めた（在日）コリアン（いまでいう韓国・朝鮮人を総称して、これ以後もこのように表記します）もいます。日本の歴史にアプローチしようとすると、こうした点にも留意する必要があります。

⑵近代日本の夜明け前後へ

　学校の「日本史」で習う日本の歴史は、その内容が時代ともに大きく変化しています。戦前の国定教科書のようなものから、戦後の「墨塗り」教科書もありましたが、現在の検定教科書も、しばしば改訂されながら、内容・用語もかなり変化しています。大和朝廷とは言わずに大和政権や大和王権と称する、聖徳太子の呼称が厩戸皇子となったりして揺れている、大化の改新から乙巳の変へと変わりつつある、といった変化から、鎌倉時代の始まりの時期、江戸時代における鎖国の有無、慶安のお触書の存在、生類憐みの令の位置づけ……など、例を挙げれば変更された事項はかなりの数に上ります。さらに1990年代には、いわゆる「自虐史観」（左派系の「日本批判」の歴史観を、右派系の人たちがこう呼びました）を批判するという意図のもとで、右派系の歴

史教科書も登場してきており、近代日本の捉え方も一部で右派寄りに書き換えようという動きもあります。

　ただしここでは、こうした問題には深入りせずに、まず明治維新前後の近代日本の夜明け前後に話を絞って、既存の知識をベースにしながら、歴史記述の今日的変化も視野に入れて、「世界と日本」の問題、とくにここでは「近代日本の世界志向」から述べていこうと思います。

　「士農工商」という封建的身分制が江戸時代にはあった、と長くいわれてきました。だが、最近では、武士は別格であるが、農工商は序列ではなく、いわば庶民の仕事内容別の区分であったのではないかと言われています。しかし、明治政府は、上記の四民の平等を近代日本の改革の成果として強調するために、江戸時代は身分制だったと強調したようです。農民の行動倫理を定めたとされる18世紀の「慶安のお触書」も、じつは江戸幕府が出したものではなく、地方に存在したものを最終的には明治政府が統治のために強調したものだとされています（山本英二『慶安のお触書は出されたのか』参照）。この辺りは、新しい「常識」になりつつあります。

　以上のように考えてくると、江戸時代は鎖国、そして明治に開国、という図式も疑わしくなります。まず、「鎖国」という明確な政策提示は江戸時代になされていなかったという指摘もありますが、オランダ（長崎の出島）や中国（長崎の唐人屋敷）の人びと、さらに朝鮮（朝鮮通信使および対馬や壱岐との交流）や沖縄（謝恩使や慶賀使あるいは大阪の堺と沖縄との交易）の人びとに象徴されるように、たくさんの人びとが日本本土に来ていましたし、交易・交流も活発になされておりました。そして、そうした人びとを通して、世界の動向はかなり詳細に伝わっていたようです。また、18世紀の終わりごろから、日本に欧米の人びとが交易を求めて頻繁に船で来航するようになります。ロシア、ポルトガル、イギリス、フランス、アメリカなどです。決して、1853年に突如、黒船が到来して開国を迫ったわけではありません。それまでにも何度もこうした開国要求はあったのです。そして、そうしたことは、幕藩体制のもと、幕府や藩にもよく知られていたことだったのです。

　それでも日本の歴史に関しては、多くの人が4隻の蒸気船・「黒船」の来航以来の流れを認識しています。「泰平の眠りを覚ます上喜撰、たった四杯で夜も眠れず」。ただし、より重要なことは、次の点です。じつは日本に来る前に、ペリー一行は琉球国に来ていたのです。翌年の1954年に条約締結に来たときも琉球国経由です。そして、さらに驚くべきことは、アメリカは、琉球国と「琉米和親条約」を「日米和親条約」と同じ年に結んでいるのです。ちなみに、琉球とのこうした条約は「琉仏条約」「琉蘭条約」といったように、フランスやオランダも琉球国と条約締結していたのです。つまりこの場合、欧米は、琉球を1つの独立国として認めて、国家間の条約を締結していたのです。しかしながら、この事実に関しては、一般には、とくに本土の「ヤマト」の人びとにはほとんど認識されていません（この条約のアメリカ側の原文は、那覇市歴史博物館のサイトでも見ることができます。日本側の原文は、日本政府が「取り上げて」しまっていて、いまは沖縄にはありません。琉球新報社・新垣毅編『沖縄の自己決定権』を参照してください）。

　さて、このような状況のなかで、日本の各藩は世界を強く意識するようになり、外国との交流によってさまざまな知見や利得を得ようと必死になります。その最も効率の良い最初の方法は、留学生を外国に送り出して外国の知識を取り入れていくことです。もちろん、外国の学者や技術者などを組織的に日本に招聘するのも効率的ですが、それは大きな国家事業となるので、明治維新以前はそこまではやっていませんでした。そこで、いくつかの藩が留学生派遣事業に必死になったのです。幕末留学生の藩別人数は、薩摩藩が26人、長州藩が16人、そして筑前藩が8人などとして知られています（石附実『近代日本の海外留学史』）。さらに少数ではありますが、土佐藩や肥前藩なども留学生を送り出しています。薩摩の留学生も現在の鹿児島中央駅の前に、現在は19名の英国留学生をモチーフにした「若き薩摩の群像」という12m以上の高さの銅像があります（ただし今日では、薩摩藩以外の留学生も加えられています）。彼らは、薩摩藩を中心に活躍しました。しかし、それ以上に明治政府に影響を強く与えたという意味では、長州の留学生に注目しないわけにはいきません。

　明治維新前の徳川幕府による使節団は、合計7回、欧米に送られています。1860年には勝海舟や福沢諭吉らを乗せた遣米使節団が送り出され、1862年には遣欧使節団が送り出されて以後もほぼ毎年のように、1867年まで5回も使節団が送り出されました。1871年の明治新政府の岩倉具視らの遣欧使節団が有名ですが、維新前にもこれだけの使節団が送られていたのです。しかも、幕府以外にも各藩で留学生が送り出されていたのです。そしてその最も典型的な例が「長州ファイブ」と呼ばれている長州藩の留学生でした。彼ら5人は全員が20代でした。しかしこの話の前に、ぜひとも長州の萩について語る必要があるでしょう。

⑶維新前後の若者群像——松下村塾

　明治維新は革命（レボリューション）と呼べるような「社会のイノベーション」の大きな変革期でした。その変革の担い手の中心部分を薩長の出身者が占めていたことはよく知られています。とくに長州の萩出身者は際立っていました。なぜ萩から若者が改革に乗り出したのか。それは、この第2部の冒頭で触れたように、1830年生まれの吉田松陰が萩に松下村塾を開き、そこから有能な人材が輩出されたからです。この塾は1856年（安政3年）にできました。しかし塾それ自体の活動は1年半程度で、きわめて短い期間です。しかも、海外渡航を試みようとした松陰は、1859年には処刑されています。しかしながら、松陰の実行力に裏付けされた思想は、教え子に強烈な印象を与え続けたようです。代表的な人物をその生年とともに掲げておきましょう。伊藤博文（1841生）、久坂玄瑞（1840生）、高杉晋作（1839生）、山形有朋（1838生）、桂小五郎［木戸孝允］（1833生）。これを見てすぐにわかるように、桂小五郎以外は、松下村塾ができたときにはまだ10代だったのです。そして松陰が処刑されたときに、ようやく20前後となった若者でした（ちなみに、坂本竜馬は1835年、大久保利通は1830年、西郷隆盛は1827年、福沢諭吉は1834年の生まれでした）。

　とはいえ、吉田松陰の思想とはどんなものだったのでしょうか。20代で亡くなってしまったからでしょうか、それは意外に知られていません。明治

維新の精神的指導者や倒幕論者としては知られていますが、じつはかなり世界に目を向けた人で、かつ帝国的な思想の持ち主だったようです。1854 年(安政元年)の『幽囚録』には次のような文章がみられます。

　「……いま急いで軍備を固め、軍艦や大砲をほぼ整えたならば、蝦夷の地を開墾して諸大名を封じ、隙に乗じてはカムチャッカ、オホーツクを奪い取り、琉球をも諭して内地の諸侯同様に参勤させ、合同させなければならない。また、朝鮮をうながして昔同様に貢納させ、北は満州の地を割き取り、南は台湾・ルソンの諸島をわが手に収め、漸次進取の勢いを示すべきである。……」(『日本の名著 31 吉田松陰』)。蝦夷、琉球のみならず、朝鮮、台湾、満州などを「わが手に収め」よと鼓舞する帝国的野望をもっていたというべきでしょう。その教えを受けた人びとが明治維新および明治政府で活躍することになります。あまり語られないことですが、筆者は、これはすごいことだと思います。しかし長州出身の全員が、帝国日本を代表する帝国主義者となった、というつもりはありません。興味深い人もいました。その点に触れておきましょう。

　のちに日本の初代総理大臣となる伊藤博文をはじめとする「長州ファイブ」と呼ばれる人びとは、こうした時代の流れのなかで、1863 年(文久 3 年)に横浜港を出発して上海経由でロンドンへ向かいました(宮地ゆう『密航留学生「長州ファイブ」を追って』)。そのとき、伊藤俊輔(⇒伊藤博文)22 歳、萩の藩校明倫館に学んだ井上聞多(⇒井上馨:のちの外相、元老)28 歳でした。とくに井上聞多は、14 代長州藩主・毛利敬親に対し、攘夷のために相手を学ぶという名目の渡航計画を打ち明け、黙認というかたちで許可を得たようです。伊藤の他には、遠藤謹助 27 歳、野村弥吉(⇒のちの井上勝)20 歳、山尾庸三 26 歳でした。期間は 3 年間、主にロンドン(UCL:University College of London)で学びました。帰国後に、遠藤は造幣局の局長を務め、野村こと井上勝は鉄道頭となって鉄道の父と呼ばれるようになり、さらに山尾庸三は造船所や工学寮を設立しました。ちなみに、井上勝は鉄道建設で農場に迷惑をかけたので、鉄道関係者の「小野」と三菱の「岩崎」そして「井上」で、「小岩井」農場を作り

ました。さらにイギリス・グラスゴーの造船所で働く障害者に衝撃を受けた山尾庸三は、帰国後に盲唖学校創設建白書を提出して、1880年に盲聾学校・楽善会訓盲院を設立し、1915年には日本聾唖協会を設立して総裁になっています。

　このようにここでは、長州ファイブは、主にイギリスに学んで、明治維新後の表街道の政治家たちとは少し色合いを異にする活動をしていたことに着目してみました。聾唖協会設立などは、イギリスで学ばなければなかなか着想できるものではなかったでしょう。そのような知見を、維新前後の日本の若い人たちが体得したのは、海外留学という経験であったと思われます。意識のイノベーションの契機の1つが、異文化接触にあることは確かでしょう。そこで次に、当時、外国へのまなざしを強烈に持っていた2人の人物に焦点を当てることから始めて、明治の社会思想の一端を垣間見ておきましょう。

2. 明治の社会思想——知識人の世界志向

(1)横井小楠と福沢諭吉

　最初に取り上げるのは、1809年生まれの横井小楠（1869年没）です。佐久間象山と並ぶ維新前後の思想家・変革者（イノベーター）で、グローバルな目をもった儒学者・開国論者でした。幕末の熊本藩士や福井藩顧問、そして明治政府の参与を務めた人物です。彼は井上毅らとの対談集『沼山対話』を1864年に残しています。そこで横井は、「学問の眼目は『思』」なのですと述べています。「思」とは、いろいろな意味で捉えられますが、強い思い、思想、理想や理念、希望などを表していると思われます。そして、彼自身の強い世界志向に関しては、次のように述べられています。

　　「……外国とわが国といった差別などなく、みな同じ人類なのですから、おたがいに交通し、貿易して大きな利益を通じあうのが今日自然の道理だと思われます」

　「今日の情勢は世界中の国がみな交通しているのです……」

　「世界に乗り出すには、公共の天理をもって現在の国際紛争を解決し
てみせるとの意気込みがなくてはなりません」

こうした思いは、坂本龍馬や勝海舟にも影響を与えたと言われています。

　もう1人は、あまりにも有名な福沢諭吉です。明治期の社会思想を論じる
には、やはり素通りできないので、ここでも触れておきましょう。福沢諭吉
は、合計3回、幕府派遣で、外国に学んでいます。1860年（万延元年）にアメ
リカ、1862年（文久2年）にヨーロッパに、そして1867年（慶応3年）に再びア
メリカに行っています。そしてこの間に、全10冊となる『西洋事情』を刊行
します。内容は、政治、税制度、国債、紙幣、会社、外交、軍事、科学技術、
学校、新聞、文庫、病院、博物館、蒸気機関、電信機、ガス燈などに及び、
それぞれについて個別に紹介しています。この著作はベストセラーとなって、
多くの人びとに読まれたようです。ですから、明治の「近代化」に大いに貢
献したわけです。しかし福沢は、中国や韓国などのアジアの国々では必ずし
も評判がよくありません。というのも、福沢は、とくに明治の日本が帝国化
してアジアへ侵略するきっかけを作った人物として、ネガティブに評価され
ることがあるからです。

　彼は、1885年（明治18年）に「脱亜入欧」に関する論考「脱亞論」を発表し
ました（『福沢諭吉全集』第十巻）。福沢としては、まず日本の近代化とともに、
韓国や中国も近代化してアジア全体の近代化を目指そうとしていたのです
が、どうも韓国や中国は守旧派が強くて近代化が進まないと考えて、1885
年の時点でアジア全体の近代化をあきらめて、まずは日本が明確にヨーロッ
パ（欧州）と肩を並べるような近代国家にしていくことを宣言したつもりでし
た。しかしながら、当時のヨーロッパの近代国家とは、すでに本書第1部で
みてきたように、帝国主義への志向を本格化している帝国的国家だったので
す。伊藤博文も、1880年代の前半にドイツなどで長期に学んでいましたが、
そこではローレンツ・フォン・シュタインの国家学など、君主たる皇帝を抱

く帝国ドイツ（プロイセン）などの帝国主義の当時の現状とあり方を学んでいたのです。ですから、伊藤博文を中心として 1890 年（明治 23 年）に施行される「明治憲法」（帝国憲法や旧憲法とも称される）においては、明確に君主制が確立されるわけです。この辺の事情に関しては、国家像との兼ね合いを念頭において、次項で見ていきましょう。

⑵お雇い外国人と明治の国家像

　さて、維新前後に海外留学の機会に恵まれなくとも、明治に入ってからは、西洋の知識が西洋人の手によって日本にもたらされ、そこで学ぶ人も出てきます。それは、いわゆる「お雇い外国人」と呼ばれた明治政府による西洋からの教員および技術者の招聘事業に依ります（梅渓昇『お雇い外国人』）。1874 年、75 年には、その数は毎年 500 人を超えています。そして 1877 年には、東京に大学が設置され、86 年にはそれが帝国大学と称され、最終的には 7 つの帝国大学（本土での数ですが、それに京城（ソウル）と台湾（台北）を入れれば 9 帝大）が戦前に成立します。

　お雇い外国人で著名な人としては、ヘボン式ローマ字のヘボン（明治学院創設者）、大森貝塚発見のモース、ナウマン象で有名なナウマン、ニコライ堂のコンドル、温泉で有名な医学者ベルツ、哲学者ケーベルなどがいますが、何といっても、札幌農学校教頭で 1876-77 に滞在したウィリアム・クラーク博士と、哲学者にして東洋美術の研究者でもあるアーネスト・フェノロサが特筆に値するでしょう。クラークは、「少年よ、大志を抱け」という言葉だけでなく、内村鑑三や新渡戸稲造らに強い影響を与えました。またフェノロサは大学で、日本に初めて sociology つまり「社会学」を紹介しました。

　もちろん、その当時の日本では、「社会」ということは一般的ではなく、それゆえ society という言葉自身も定訳がありませんでした。日本で「社会」に対応する言葉は「世間」だったと思われます。また、国家とは別に、民主社会の担い手となるような「市民社会」という意味での「社会」は、「市民社会」自体が未成熟な日本では、実感を伴わない概念だったと思われます。したがっ

て、socio ＋ logy からなる sociology が「社会」「学」と訳されて定着するのは少し遅れます。Sociology は、最初は socio（ラテン語の socius に由来します）が社交や交際を意味することから、笑えない話ですが、社交学や交際学といった訳語もあったそうです。やがて、その研究内容から判断して、sociology を世態学と訳す人も出て、それはそれで——世の中の状態を示す学問としての世態学だとすれば——たいへん興味深い訳語だと思われます。最終的には、society 自体が「社会」という訳語が定着したので、それに対応して sociology も社会学という訳語に落ち着いたようです。

　少し話が脱線してしまいましたので、本筋に戻しましょう。このようにして西洋の知識が日本に入ってきて、日本は急速に近代化の道を歩み出します。その日本の国家のかたちを決めたのがヨーロッパの国家観だったことはすでに述べました。1890 年公布の大日本帝國憲法は、その第一章「天皇」の第一條では「大日本帝國ハ萬世一系ノ天皇之ヲ統治ス」と記した有名な帝国憲法でした。第三條も「天皇ハ神聖ニシテ侵スヘカラス」というものでした。しかしながら、ここに至るまでの人びとの国家像は、必ずしもこうした「帝国憲法」と同じものではありませんでした。

　明治維新の直前の 1867 年 6 月に、坂本龍馬は国家のかたちを求めて「船中八策」を記したとされています。もちろん、明治維新の時期ですので、その八策の最初は「一、天下ノ政権ヲ朝廷ニ奉還セシメ、政令宜シク朝廷ヨリ出ヅベキ事」とありますが、4 つ目は「一、外国ノ交際広ク公議ヲ採リ、新ニ至当ノ規約ヲ立ツベキ事」とあり、さらに最後の 8 つ目は「一、金銀物貨宜シク外国ト平均ノ法ヲ設クベキ事」とあり、外国を強く意識したものでした。そうした文脈で見ていくと、明治天皇による「五箇条の御誓文」（1868 年 4 月）も、よく知られているように、冒頭は「一　広ク会議ヲ興シ　万機公論ニ決スベシ」でありましたが、4 番目と 5 番目は「一　旧来ノ陋習ヲ破リ　天地ノ公道ニ基クベシ」と「一　智識ヲ世界ニ求メ　大ニ皇貴ヲ振起スベシ」です。このうち、公道というのは万国公法（当事の国際法の基準となっていました）を指すと考えられますし、「知識を世界に求め」るというくだりは、影響関係

は別として、横井小楠の思想と相通じるものがあったといえるでしょう。こうした国家のかたちをめぐる視点は、最終的には、伊藤博文らのリーダーシップの下で、ヨーロッパの列強から学んだ「帝国」的なものになったわけです。とはいえ、それまでにも紆余曲折はありました。その点をもう少し見てみましょう。

⑶社会有機体論と民権運動

　その紆余曲折で着目すべきが、「自由民権運動」と呼ばれる動きでした。それは、1880年代を中心に活性化し、いわば下からの国家のかたちが描かれる動きだったのです。その動きに至る興味深い学問上の展開を、まず示してみましょう。さきに、フェノロサが日本に初めて「社会学」という学問をもたらしたと記しました。1878年(明治11年)のことだとされています。しかしその社会学は、イギリスのハーバード・スペンサーの社会学でした。その当時の社会学は、社会学の名付け親のフランス人コントの場合も同じような傾向にありますが、「社会」を一種の生物有機体のように捉えて論じるものでした。しかも生物の進化論的な議論も盛んな時期でしたので、「社会」＝「社会有機体」は、自然淘汰や適者生存、さらには弱肉強食とさえもいえるような発想の「進化論」＝社会進化論に彩られて語られていました。それゆえ、たとえば貧者を救済するなどという救貧法的な発想は自然淘汰の進化法則に反することになり、適者生存にゆだねるべきだとする政策的な考え方と容易に結び付きました。

　したがって、こうした発想は、上からの改革を目指す明治政府には好都合で、スペンサーの考え方は政府には受け入れられていました。とはいえ、スペンサーの社会学には、確かに有機体論的な社会観が色濃く出ていますが、他方で、人間の社会は意識をもつ個人有機体からなっているので、個人も重視されるべきだという主張も見られました。その考え方は、ルソーの『社会契約論』が『民約論』として1874年に中江兆民によって訳されていたので、それとも触れ合うかたちで、自由民権運動にも取り入れられていったのです。外国人教

師フェノロサによるスペンサーの社会学の導入は、一方で明治政府に影響を
与え、他方で自由民権運動にも影響を与える二面性をもっていたのです（なお、
対照的に、1905 年に帝国大学に社会学の講座が設けられ、実質上の初代社会学教授・
建部遯吾は、コントの社会有機体論を「国家有機体」論へと読み替え、天皇を頂点とす
る国体＝国家有機体、といった発想をしていたことも指摘しておきましょう）。

　さてそこで、自由民権運動に関連する興味深い事例として、五日市憲法
と東洋大日本国国憲案をも取り上げておきましょう。五日市憲法とは、1881
年に学習結社「五日市学芸懇談会」の仲間たちと討論を重ね、小学校教員だっ
た千葉卓三郎が起草したものだと推定されています。それが、1968 年に歴
史学者・色川大吉教授のグループが土蔵で発見したものです。現在、JR 五
日市線の五日市駅近くの学校には記念碑も建っています。「日本国民は各自
の権利自由を達す可し、他より妨害す可らす、且国法之を保護す可し」の条
文をはじめ、人権規定が多いのが特徴で、地方自治や教育権も明記されてお
り、外国人に関しても言及されています。身体、生命、財産、名誉を保護
する権利や、思想、言論、出版、討論演説の自由、信書の秘密、信教の自
由、教授と学問の自由など、基本的人権の尊重という視点からいえば、現在
の日本国憲法にきわめて類似しており、いわゆる私擬憲法のなかでもとく
にすぐれたものと評価されています（出典：http://tamutamu2011.kuronowish.com/
itukaisikennpou.htm：2020 年 9 月 10 日閲覧）。

　もう 1 つも、同じ 1881 年に示されたものですが、植木枝盛の「東洋大日
本国国憲案」です（家永三郎『植木枝盛選集』）。この「国憲案」の第 1 編は「国家
大則及権限」で、その第 1 章は「国家ノ大則」と題されて、「第 1 条　日本国
ハ日本国憲法ニ循テ之ヲ立テ之ヲ持ス」とされ、そして第 2 条では、「日本
国ニ一立法院一行政府一司法庁ヲ置ク憲法其規則ヲ設ク」とされていました。
さらに、第 2 章は「国家ノ権限」で、そこでは次のような興味深い条文が示
されていました。すなわち、「第 4 条　日本国ハ外国ニ対シテ交際ヲ為シ条
約ヲ結フヲ得」、「第 5 条　日本国家ハ日本各人ノ自由権利ヲ殺減スル規則ヲ
作リテ之ヲ行フヲ得ス」、そして「第 6 条　日本国家ハ日本国民各自ノ私事

ニ干渉スルコトヲ施スヲ得ス」です。いかがでしょうか。2020年代からみると1世紀半ほど前の憲法案ですが、たいへん進んだ内容ではないでしょうか。植木は、世界政府（「万国共議政府」）をも提唱していました。

さらに植木は、国家の形態としては、日本を自治権のある独立して自由な州に分け、そしてその連邦制として日本という国があることを強調していました。すなわち、「国憲案」の「第29条　日本各州ハ日本聯邦ノ大ニ抵触スルモノヲ除クノ外皆独立シテ自由ナルモノトス何等ノ政体政治ヲ行フトモ聯邦之ニ干渉スルコトナシ」。その際に、もちろん1870年代に日本に服属させられた沖縄も、連邦制の下での独立した州としてみなされていました。さらに、「第45条　日本ノ人民ハ何等ノ罪アリト雖モ生命ヲ奪ハレサルヘシ」とか、「第63条　日本人民ハ日本国ヲ辞スルコト自由トス」とか、さらに「第72条」では、政府が国憲に背いて人民の自由や権利を侵すようなときのように、「建国ノ旨趣ヲ妨クルトキハ日本国民ハ之ヲ覆滅シテ新政府ヲ建設スルコトヲ得」と一種の「革命権」さえも記されていました。

残念ながら、こうした進んだ人権意識と自己決定権、そして外国との交流関係も意識した憲法案は日の目を見ることなく葬り去られ、ヨーロッパの列強たる帝国主義国家の影響下で、天皇を中心とした旧憲法が成立したことはすでに触れました。なお、自由民権運動の考え方のなかには、「民権」に重きのある議論から、民の力を増すことで「国家の力を増す」ようないわば「国権」を強調するものまで、幅があったので、その二面性を示すこともできますが、ここでは指摘だけにとどめておきましょう。そこで、次にそのような明治憲法の国家観の成立状況を踏まえて、（第2次世界大戦を含む）「アジア太平洋戦争」に至るまでの社会思想を概観しておきたいと思います。

3. 戦前の社会思想——明治から大正、そして戦前昭和へ

⑴家族国家観と帝国日本

よく、「日本古来」の家族制度などという言い方がなされることがあります。

日本の家族制度は、たしかに欧米とは異なる点も多いですが、「古来」という言い方はかなり語弊があります。日本の「家制度」の成立は、端的に言って、明治の憲法や民法以後であって、法制史的にはたかだか100年程度の歴史です。かつて大多数の日本の庶民（農民）の家族は、生きていくためには皆働かざるをえないので「協働的」な家族制度であったのですが、江戸時代における総人口でみれば2割程度の支配層の、男尊女卑的な封建武士的＝儒教的な家族制度が、明治の法制化において模範とされて定着していったと考えられています（川島武宜『日本社会の家族的構成』）。それは、歴史家の家永三郎が指摘するように、明治政府の「創作」による「イデオロギー」だと言えるでしょう（家永三郎「日本のおける家観念の系譜」『講座 家族8』）。儒教といっても、江戸時代の朱子学においては、荻生徂徠のようなタテの論理としての「制度の論理」を構想した儒学者（丸山眞男『現代政治の思想と行動』）と、伊藤仁斎のようなヨコの倫理を強調して「情愛の倫理」を説くような、2つの流れがありました（佐藤俊樹『近代・組織・資本主義』）。いうまでもなく、そのうちのタテの論理が明治政府によって強調されたのです。

　しかも、より重要なことですが、日本の場合は、このタテの論理にもう1つの大きな要素が加わります。それが天皇制です。いわば明治維新以後の国家のイノベーションの完成型がこの「家族主義的国家観」（以後、簡単に「家族国家観」とも表現します）だったのです。儒教の忠や孝の徳目に関して、子どもが親に対して孝行（「孝」）する倫理を拡大して、家長たる臣民の親が、天皇に対しては「子」として、擬制の親子関係である「親」としての天皇に忠義（「忠」）を尽くすこと、すなわち臣民は天皇を「親のように慕い奉り」、天皇は臣民を「子のようにお慈しみになる」という（戦前の『国定教科書』の言葉）というようにして、忠と孝とが一本化されて国家推奨の社会倫理となったのです。まさに「忠孝一本」という倫理です。アジア太平洋戦争時に、「八紘一宇」というスローガンもありました。「八紘」は全世界を意味し、「宇」とは屋根を意味するので、「八紘一宇」とは「世界を一つの家とする」こととされて、日本主導の大東亜共栄圏の建設と関係する言葉でした。それは、天皇を頂点と

する支配体系を世界にまで広げようという発想です（拙稿『トランスナショナリ
ズム論序説』の付章参照）。

　こうした発想は、とくにアジア太平洋戦争中に強く表明されたのですが、
そのもとになる発想は、明治維新時、および 1890 年前後の旧憲法・旧民法
の制定時に明確に内在していたものでした。そして、すでに 1870 年代に沖
縄を日本に編入していた日本は、大日本帝国憲法のもとで帝国日本として、
さらに植民地化を推し進めます。細かな歴史的経緯は歴史書に任せますが、
1895 年には台湾の人びとを、1899 年には「北海道旧土人保護法」を制定して
アイヌの人びとを、さらに 1905 年には南樺太も領有し、そしてその年から
朝鮮半島の人びとを実質的に支配しはじめて 1910 年には日韓併合へと至り、
1915 年には中国に 21 か条の要求を突きつけ、1922 年には南洋の旧ドイツ領
の島々を中心に南洋庁が統治し始めます。さらに 1931 年には満州事変を起
こして翌年には満州を「建国」して多数の日本移民を送り込み、1937 年には
日中戦争をはじめ、1941 年には太平洋戦争を始めました。

　1931 年から 1945 年の日本の敗戦までを 15 年戦争と呼ぶことがあります。
筆者は対象を明確にする意味で「アジア太平洋戦争」と呼びますが、この 15
年の戦争を念頭に置いています。なお、15 年戦争という言い方は、鶴見俊
輔が 1956 年（昭和 31 年）の「知識人の戦争責任」（『中央公論』1 月号）で用いたも
のですが、現在ではかなり定着した表現になっています。他方、「アジア太
平洋戦争」という呼び方に関しては、「太平洋戦争」だけを強調して「アジア」
を忘却しがちな現在、アジア侵略と対米英戦をひとつながりのものとして表
現するものだと考えています（この点は、纐纈厚『侵略戦争』を参照してください）。

　さて、そうした戦争と植民地にかかわる事柄で忘れてならないのは、帝国
日本が取り続けた同化政策です。沖縄でも、廃琉置県後に同化政策がとられ
るようになり、まず学校に天皇の「御真影」が置かれ、とくに教育勅語発布
後からは皇民化教育が本格化し、皇居への遥拝も見られたようです。そして、
この同化政策で特徴的だったのは、「方言札」の存在でしょう。それは、学
校現場で、方言を使った人に首から方言札を掛けて廊下に立たせ、もう方言

を使わず正しい日本語を使いますと「反省」させる小さな同化強制装置です。あるいは、沖縄の名前も、ウチナーグチ(沖縄語)は「おかしい」ので、日本式に改めるといったようなこともありました。「仲村渠(なかんだかり)」という名前はおかしいので、「仲村」にしなさいと言った具合です。

　この点では「蝦夷」でも同様で、16世紀末までにはすでに「松前」と称されていて、1800年の伊能忠敬の測量でさらに明確化され、箱館戦争後には「北海道」と改称され、屯田兵も送り込まれたその地のアイヌの人びとは、1878年にはその呼称が「旧土人」として行政用語として統一されて、先述した1899年の北海道旧土人保護法の対象となったのです。そして、その第一条「北海道旧土人ニシテ農業ニ従事スル者　又ハ従事セムト欲スル者ニハ一戸ニ付土地一萬五千坪以内ヲ限リ無償下付スルコトヲ得」と記して、一見アイヌ「保護」の政策のように見えますが、そもそも北海道の当該の土地はアイヌの人びとが共有(というより共同活用)していた場所でした(歴史研究会編『日本史史料[4]近代』：ただし「舊」は「旧」に改めてある)。

　さらに「第七条　北海道旧土人ノ貧困ナル者ノ子弟ニシテ就學スル者ニハ授業料ヲ給スルコトヲ得」に至っては、その後すぐに「旧土人教育規程」を設けて、「第四条　旧土人保護法に依り設置せる小学校及旧土人児童と其の他の児童とを区別して教授する……」とされ、アイヌ固有の習慣風習の禁止やアイヌ語ではなく日本語使用の義務を課し、さらに日本風氏名への改名による戸籍への編入などがなされました(浪川健治『アイヌ民族の軌跡』や麓慎一『近代日本とアイヌ社会』などを参照してください)。そうした帝国日本の政策は、朝鮮半島においても、台湾においても見られた同化政策＝皇民化政策でした。とくに朝鮮半島では「創氏改名」政策も際立っていたことはよく知られています(小熊英二『日本人の境界』参照)。

(2)帝国日本内部の抵抗

　今日、こうした大日本帝国の拡張、とくに日本の帝国主義的な植民地化が、日清戦争、日露戦争、第1次世界大戦、そしてアジア太平洋戦争といったよ

うに戦争が連続して、明治、大正、昭和と進んでいった歴史もかなりよく知られています。そして日露戦争後の講和への不満から日比谷公園の焼き討ち事件があったように、戦争が連続して国民の間にかなり好戦的な雰囲気もあり、帝国日本の拡大を願う心情が形成されていたことも間違いないでしょう。というよりも、戦争に反対する少数派は徹底的に弾圧され（1910年の幸徳事件をはじめとする一連の大逆事件など）、反戦ないし非戦が表に出にくい状況が醸成されていたというべきでしょう。

　そうした状況のなかで、帝国憲法と教育勅語を携えて、韓国併合後の帝国日本は1912年に明治を終えて大正に入り、いわゆる大正デモクラシー時代を迎えることになります。その時点から1923年（大正12年）関東大震災を経験するあたりが大きな転換点として、そして1925年の治安維持法制定から1926年の昭和の開始、1927年の昭和金融恐慌や1929年の世界大恐慌に端を発する昭和恐慌を経ながら、言論が統制されはじめる「戦前昭和」に突入していくのですが、その前段で、吉田松陰以後のある種の帝国主義の成果を誇りながらアジアの盟主として行動しはじめていた帝国日本において、一種の民主主義を実現しようと努力していた学者もいました。

　その1人が東京帝国大学の政治学教授の吉野作造（1878-1933）です。彼は、1916年（大正5年）に「憲政の本義を説いて其有終の美を済（な）すの途を論ず」という論考を『中央公論』に掲載します。そこで提示されているのは、「民本主義」です（吉野作造『憲政の本義』）。これは、democracy の訳語として用いられたと考えられますが、民主主義という言葉遣いでは、大日本帝国憲法の天皇大権（統治権の総攬）に抵触することになります。そこで彼は、「民本」主義ならば、「百姓（せい）を以て本と為す」という儒教の仁政安民思想に裏打ちされた天皇統治の伝統にも合致することになり、受け入れられるという判断をしたと思われます。これは一種の薄氷を履む道行きだったでしょう。一歩誤れば弾圧の対象になるギリギリの線だったかもしれません。

　そして、この文脈で取り上げるべきは、もう1人の学者、東京帝国大学の憲法学の教授、美濃部達吉です。美濃部は明治から大正に代わっていく時期

の 1912 年に『憲法講話』を刊行し、その後も 1935 年（昭和 10 年）に『日本憲法の基本主義』を著わして「天皇機関説」を説いていました。これは当時の学界では「定説」になって定着していた議論です。しかしそれが軍部などから強く批判され始めます。そこで美濃部は、1935 年の貴族院本会議において「一身上の弁明」を行い、次のように述べていました。「いわゆる機関説と申しますは、国家それ自身が一つの生命であり、それ自身に目的を有する恒久的の団体、即ち法律学上の言葉を以て申せば、一つの法人と観念いたしまして、天皇はこれ法人たる国家の元首たる地位にありまして、国家を代表して国家の一切の権利を総攬し給い、天皇が憲法に従って行わせられまする行為が、即ち国家の行為たる効力を生ずるということを言い現わすものであります」。この表明自体、現在からみればドイツの社会有機体論的な国家観に基づく憲法観などを下敷きにした「前時代的」なものに見えますが、当時の国家観の定説だったのです。そして、この言明自身は天皇機関説を排撃する軍部や右翼（さらに立憲政友会など）の追求に対する反論であったのですが、それは当時の状況では受け入れられるはずはなく、1935 年 10 月には同年 8 月に次いで第 2 次の国体明徴声明が出されて、「抑々我國に於ける統治權の主體が天皇にましますことは我國體の本義にして、帝國臣民の絶對不動の信念なり」とされて、美濃部説は否定されることになったのです（古川江里子『美濃部達吉と吉野作造』参照）。

　以上みてきた吉野作造と美濃部達吉は、いわば時代の暗い影が忍び寄るなかでギリギリの抵抗を試みた「公的な」（東京帝国大学！）の立場の象徴的姿です。しかし、とくに 1930 年代後半以後の論壇では、「東亜共同体」の議論が力を得るようになり、1937 年には東亜共栄圏構想も表明されて、大東亜戦争（この言葉は 1941 年の真珠湾攻撃後に政府が、「今次の対米英戦争は支那事変［＝日中戦争］も含めて大東亜戦争と呼称す」としたことに由来します）の終わりまでは、軍部・右翼的な思想が一気に日本を席巻したわけです。思想界でも、1940 年代早々の「近代の超克」論で、西洋の合理主義や機械主義、あるいは資本主義が攻撃の対象となり、日本を盟主とするアジアが世界を統治するべき「世

界史的使命」があるとされ、東亜共同体的議論が活性化されていったのです（河上徹太郎ほか『近代の超克』）。

⑶東亞共同体論と非戦の思想

　そのような日本／アジア中心の帝国主義的な東亜共同体論に対して、哲学者・三木清は、一定の疑義を提示していました。「東亞共同体といわれる新しい体制は近代的な抽象的な世界主義を克服する一方、さらに新しい世界主義への道を切り開くものでなければならぬ」とし、「それ故に東亞共同体というものを考えるにあたっても、これを単に閉鎖的な体系として考えることは許されない」ので、「東亞共同体は世界史的な連携において考えられねばならない」と述べ、そして「真に開放的であるのは『人類社会』（ヒューマニティ）のごときものでなければならね。ヒューマニティこそ人種、性、年齢、教養、財産等、あらゆる差別を越えて、すべての人間がそのうちに含まれる全体である」（三木の1938年に書かれた「日支を結ぶ思想」および「知性の改造」参照。『三木清全集』第14巻）。こう述べた三木は、戦時中に捕らえられて獄死を遂げることになり、大きな抵抗力にはならなかったのですが、こうした人物がいたことは一種の救いであるし、そこから学ぶことも少なくないはずだと思われます。

　そこで最後に、いわば在野から早い段階で、非戦・反戦の興味深い発言をしていた人物の簡潔な言葉を2つだけ取り上げて、本書の以下の展開の指針としておきましょう。1人は1861年生まれの内村鑑三の言葉です。先にも示したように札幌農学校出身で、キリスト者として非戦論を説いていた人として彼は広く知られていますが、1892年の段階で帝国主義化する日本を批判的に見て「日本の天職」という論考を書いています（『内村鑑三全集1』）。そこで記されたのは、「自国の強大のみを求めて他国の利益を顧みざる国民」という簡潔な批判です。これは、帝国憲法と教育勅語の下で教化されて動き始めていた帝国日本の国民（臣民）の心情を痛烈に批判する、自国ファーストがはびこる今日でも通用するような一節ではないでしょうか。

　そしてもう1人は、戦後に短期間とはいえ、総理大臣にもなった石橋湛山

の言葉です。石橋は 1921 年(大正 10 年)の段階で、『東洋経済』誌の社説「大日本主義の幻想」の冒頭で次のように述べていました。「朝鮮・台湾・樺太も捨てる覚悟をしろ、支那や、シベリヤに対する干渉は、勿論やめろ」と(『石橋湛山評論集』)。こうした方針に対して反対者は、そうなると、「(一)我が国は……経済的に、または国防的に自立することが出来ない」し、「(二)列強はいずれも海外に広大な殖民地を有しておる。……日本に独り、海外の領土または勢力範囲を棄てよというは不公平である」と主張するでしょうが、それに対して石橋は明確に、「第一点は、幻想である。第二点は小欲に囚えられ、大欲を遂ぐるの途を知らざるものである」と批判します。そしてその論拠を示してさらに詳細に論じていくのですが、ここではその点に立ち入らなくでも、自立・自衛のためと称する植民地化や戦争が結局は自らを窮地に追い込むことになったことは、まさに帝国日本の歴史が証明してきたことではないでしょうか。

　こうして、他国のことを慮ってなされたいわば反戦や非戦の思想が、日本においても示されていたのですが、明治の中頃の帝国日本の成立から、大正デモクラシーも乗り越えて、かつ昭和の恐慌などの危機を軍事的にも乗り越えて、硬い殻のような鎧をまとって軍国主義化した日本に対しては、もはや外からこの殻を打ち砕くような力が加わらなければならなかったようです。その動きは、1941 年 8 月の英米(チャーチルとルーズベルト)による「太平洋憲章」の合意であり、その後の 1943 年のカイロ宣言とそれを受けたポツダム宣言(ともに米英中の首脳[中国は中華民国の蔣介石主席]の共同声明)であり、そして 1945 年 4 月の国連憲章と同年 10 月の国際連合の成立へと進む歴史の歩みです。ちなみに、出発点となった「大西洋憲章」では、英米が理想とする戦後世界が描かれ、とくにその第 8 項では「平和を愛する諸国民」によって「戦争放棄と武装解除」の「非戦」の思想が示されていたのです(矢部宏治『知ってはいけない』)。じつはこれが戦後の日本の新憲法につながっていく言葉なのですが、このことに関しては、次の章で検討していくことにしましょう。

第6章 戦後の社会思想

──沖縄から問い直す20世紀の現代思想

1. 戦後日本の諸問題──沖縄からの視線

⑴天皇制と憲法の問題

　さて、天皇を頂点に抱く家族国家観を柱とする帝国日本は、1945年の9月2日にミズーリ号において、日本側は重光葵（政府代表）と梅津美治郎（軍部代表）の2人が調印式に臨み、正式に敗戦国となりました。国際法的にはこの日が敗戦記念日＝終戦記念日なのですが、連合軍を含めて敗戦処理に当たった人びとはいわば「知恵者」ぞろいで、8月15日の昭和天皇のポツダム宣言受諾の放送（「玉音」放送）の日を「終戦」記念日とし、なおかつ9月2日の署名には、天皇でなく上記2名が署名することになったわけです。これは、天皇の権威を傷つけないようにして、天皇の命令で800万人にのぼるアジア地域での日本関係者の武装解除を推し進める方策ではあったのです。しかし同時に、それは天皇の戦争責任追及を曖昧にすることでもあったのです。そして戦後、天皇は退位することなく、今度は平和の「象徴」として（臣民ではなく）国民に「君臨」することになったことはよく知られています。

　そこで、天皇にかかわる論点と平和憲法と称される日本国憲法との関係について、いくつかの語られることの比較的少ないエピソードを記すことで、戦後の社会変動に関する最初の言及を始めようと思います。最初は、今日ではよく知られていることですが、天皇と平和に関する確認から始めましょう。1946年（昭和21年）11月3日公布で、1947年（昭和22年）5月3日施行の日本国憲法は、その「第1章　天皇」で「第1条　天皇は日本国の象徴であり日本

国民統合の象徴であってこの地位は主権の存する日本国民の総意に基づく。」とされ、さらに「第4条 天皇はこの憲法の定める国事に関する行為のみを行い国政に関する機能を有しない。」とされています。そしてもう1つの焦点は「平和」で、それは「第2章 戦争の放棄」で「第9条 日本国民は、正義と秩序を基調とする国際平和を誠実に希求し、国権の発動たる戦争と、武力による威嚇又は武力の行使は、国際紛争を解決する手段としては、永久にこれを放棄する。」とされ、さらに「2 前項の目的を達するため、陸海空軍その他の戦力は、これを保持しない。国の交戦権は、これを認めない。」とされたのでした。

　この憲法は、1946年1月の（占領軍GHQが作成した）天皇の「人間宣言」とともに、軍国少年になれといった教育を受けてきた当時の若者を含めて、日本国民に衝撃的な内容でした。そこで、1947年の8月には、文部省は児童生徒向けの副読本を作成して、「不安」を払拭しようとしていました。少し長いですが、文部省の『あたらしい憲法のはなし』という小冊子の「6 戦争の放棄」の一部を引用してみましょう（童話屋編集部編『新しい憲法のはなし』からの引用。ただし、ルビは省略）。

　　「みなさんの中には、こんどの戦争に、おとうさんやにいさんを送りだされた人も多いでしょう。ごぶじにおかえりになったでしょうか。……いまやっと戦争はおわりました。
　　二度とこんなおそろしい、かなしい思いをしたくないと思いませんか。こんな戦争をして、日本の國はどんな利益があったでしょうか。何もありません。たゞ、おそろしい、かなしいことが、たくさんおこっただけではありませんか。戦争は人間をほろぼすことです。世の中のよいものをこわすことです」。

このように書き出されます。そしてさらに、次のようにも記されています。

「こんどの戦争をしかけた國には、大きな責任があるといわなければなりません。……

そこでこんどの憲法では、日本の國が、けっして二度と戦争をしないように、二つのことをきめました。その一つは、兵隊も軍艦も飛行機も、およそ戦争をするためのものは、いっさいもたないということです。これからさき日本には、陸軍も海軍も空軍もないのです。これを戦力の放棄といいます。」

さらに続けて、次のようにまとめていきます。

「「放棄」とは「すててしまう」ということです。しかしみなさんは、けっして心ぼそく思うことはありません。日本は正しいことを、ほかの國よりさきに行ったのです。世の中に、正しいことぐらい強いものはありません。」

このように「畳みかけ」ます。皆さんは、こうした文章をどのように考えますか。正論だと思いますか、理想論だと思いますか。さらに当時の文部省は、次のように述べて念を押しているように思われます。

「もう一つは、よその國と争いごとがおこったとき、けっして戦争によって、相手をまかして、じぶんのいいぶんをとおそうとしないということをきめたのです。……なぜならば、いくさをしかけることは、けっきょく、じぶんの國をほろぼすようなはめになるからです。また、戦争とまでゆかずとも、國の力で、相手をおどすようなことは、いっさいしないことにきめたのです。これを戦争の放棄というのです」。

わかりやすい見事な文ではないでしょうか。そして最後は次のように結ばれていきます。

　「そうしてよその國となかよくして、世界中の國が、よい友だちになっ
てくれるようにすれば、日本の國は、さかえてゆけるのです。
　みなさん、あのおそろしい戦争が、二度とおこらないように、また戦
争を二度とおこさないようにいたしましょう。」

　このように、1946 年の人間宣言、46 年 11 月の憲法公布、47 年 5 月の憲法
施行、を受けたこの 1947 年 8 月刊行の「あたらしい憲法のはなし」を見てき
ました。
　しかし、この刊行の後に、驚くような行動を昭和天皇はとります。それは
「1947 年 9 月」のことですが、今日では「天皇のメッセージ」として知られて
いるものです。1947 年 9 月に、昭和天皇の御用掛・寺崎英成が占領軍の政
治顧問シーボルトの事務所を訪れて、「天皇の意向」をワシントンにいるマッ
カーサー（ＧＨＱ司令官）に伝えてもらうよう依頼した内容です。その要旨は、
天皇が、米国が沖縄と琉球列島の島に軍事占領を継続することを希望してい
ること、そして天皇の考えは、そのような占領は米国にとっても有益であり、
日本にも防護をもたらすことになるというものであり、しかも「天皇が更に
考えるには、沖縄の占領（他の島の占領も必要かもしれない）が、日本の主権は
残した状態で、25 年や 50 年間、いや、更に長期間の賃借の形態に基づくも
のになるであろうということである。」と続くのです。
　1947 年 5 月に施行された日本国憲法の第 4 条で、天皇は「国政に関する機
能を有しない」と決められたばかりの段階である同年 9 月に、天皇はアメリ
カに対して、どうぞ沖縄を軍事占領してください、しかもそれは 50 年、い
やそれ以上でも構いません、ただし主権は日本に残してリースするかたちで
やってください、と表明しているのです。もちろん、この 9 月 22 日付の文
書は秘密の文書で、当時は関係者以外には知られていませんでした。しかし、
日本の政治学者・進藤榮一がアメリカの公文書館でこの書類を発見して知ら
れるようになったものです（進藤榮一『分割された領土』）。発見は、1979 年のこ

とでした。このこともあって、沖縄は戦後27年間、アメリカ軍のもとで統治されることになったわけです。そこでさらに、憲法、天皇、沖縄という関連でもう少し事態を見てみることにしましょう。

⑵沖縄・悲劇の島々

　「日本国民は、恒久の平和を念願し、人間相互の関係を支配する崇高な理想を深く自覚するのであつて、平和を愛する諸国民の公正と信義に信頼して、われらの安全と生存を保持しようと決意した。……われらは、全世界の国民が、ひとしく恐怖と欠乏から免かれ、平和のうちに生存する権利を有することを確認する」。これは、日本国憲法の「前文」にある有名な一節です。

　この文章は、1941年の英米による大西洋憲章の文面ときわめて類似しています（薬師寺公夫ほか編『ベーシック条約集2019』参照）。すなわち、その憲章の第6項にある「恐怖と欠乏からの解放」および「生命を全うする平和」と同じであり、かつ「平和を愛する諸国民 Peace loving people」というのもこの憲章からの言葉です。そして、前後の文脈からみて、ここでいう「平和を愛する諸国民」とは連合国側の人びとを指していたのです。しかも、ポイントとなるのは、この「平和」は大西洋憲章の第8項にある「戦争放棄と武装解除」から導かれるのです。ただしこれは——先の文部省『あたらしい憲法のはなし』が強調するような無条件の平和主義ではありません。というのも、このことは国連憲章の第43条を見るとはっきりしますが、国連は正規の国連軍をもつと明記され、さらに「国連加盟国は、国連軍に基地を提供する義務を持つ」とされているからです。ですので、国連軍ができ、それが世界平和を実現すべく活動するなかで、各国の軍隊は解体され（戦力を保持せず）、加盟国（日本も国連加入すれば含まれることになります）として戦争・戦力を放棄するという流れであったのです。

　そうした状況を踏まえて、沖縄について述べていきましょう。1つの県として日本に編入された琉球国であった沖縄県は、太平洋戦争において南方の島々で日本軍が米軍に敗れ続けるなかで、日本の「本土」を防衛する最後の

砦 (より正しくは、本土防衛のための時間稼ぎの「捨て石」) として機能することに
なりました。パラオ (日本の植民地支配の役所・南洋庁があった) のペリリュー
島での敗北、そしてフィリピンのレイテ沖などでの敗北、さらに硫黄島など
での戦闘につづいて、南方で最後となったのが沖縄戦です。米軍は 1945 年
の 3 月 26 日には沖縄本島のすぐ近くの (島民の「集団自決」が起きたとされる)
慶良間諸島に上陸し、そこを拠点としてから、4 月 1 日に沖縄本島の現在の
読谷村の海岸に上陸しました。そしてすぐに読谷の自然洞窟チビチリガマで
も、80 名あまりの集団自決者を出します。日本ではしばしば、「本土決戦」
はなかったというような言われ方をしますが、沖縄が本土ということでなけ
れば、そのとおりでしょうが、沖縄が台湾島や朝鮮半島のような植民地では
なく日本の 1 つの県だとすれば、沖縄も日本本土だといえるはずなのですが
……。

　いずれにせよ、海岸では守りを固めずに、中国・満州の戦線にいた兵士も
沖縄に投入して、上陸地点から少し南の高台に日本軍は陣地を構えて、米軍
と対峙する作戦を取りました。その結果、少しは持ちこたえたのかもしれま
せんが、結局はその防衛線を突破され、さらに南の首里城 (日本軍の本部があっ
た場所) も攻略され、南部、南部へと敗走を余儀なくされました。そのプロセ
スで、沖縄師範学校女子部と沖縄県立第一高等女学校の学生からなる看護集
団「ひめゆり部隊」も行動を共にさせられ、南風原 (はえばる) の陸軍病院も撤
退して、最後には島の南部の「伊原第三外科壕」(現在の「ひめゆり平和祈念館」)
の前庭にある) で「解散命令」が出ました。そこで、解散、つまり「これからは
自由だ、どこに行ってもよろしい」。ようするに、この壕を出ていけという
ことになり、最終的にその周辺で多数の死者を出すことになったのです (職
員も含めてひめゆり学徒隊関係の死者数は、生徒 123 名、職員 13 名で、そのうち解散
命令後の死者数は生徒 117 名となっています。その様子は仲宗根政善『ひめゆりの塔
をめぐる人々の手記』など参照)。その前年の対馬丸 (子どもを乗せた疎開船が魚雷
の攻撃にあって学童 784 名を含む 1788 人が亡くなりました。大城立裕『対馬丸』も参
照してください) の悲劇とともに、ひめゆりの悲劇は、若い「非戦闘員」の死で、

本当に残念なことです。若い人びとが奪われたのは、「未来」だったのです。

　なお、沖縄戦では、合計で20万人以上の命が奪われたと言われています。概数で、日本兵約6万人、米兵約2万人、そして住民である一般の沖縄人が約12万人、が亡くなったと言われているのです。植民地であった韓国や台湾からの兵士も亡くなっています。ともかく、すごい数です。これに8月の広島と長崎への原爆投下で亡くなった合計約20万人以上も加えて考えてみると、兵士ではない「民間人」の死の多さに驚かされます。1945年の2月に、天皇側近の近衛文麿が天皇に敗戦を受け入れるよう上奏した時点で、昭和天皇が決断しておけば、同年3月の東京大空襲での約10万人の死者なども防げたでしょう。「もう少し戦果を挙げてから」という当時の天皇の判断の遅れ、さらに沖縄戦での「何とかピシャリと叩けぬか」（森宣雄『沖縄戦後民衆史』）という判断によって、多くの民間の死者を生み出すことになったのです。その天皇が、先のような沖縄占領を願うメッセージをマッカーサー宛に出したのです。むしろ、驚いたのは、マッカーサーの方だったかもしれません。マッカーサーは当初は本気で日本の武装解除を考えていたようですので。しかしながら、事情は数年後に一変します。そしてそれが、戦後の新たな始まりといえる転換点になります。

⑶米軍沖縄占領と朝鮮戦争の翳

　1945年6月23日に日本軍の沖縄司令官が自決して、沖縄戦は終わったことになっています。もちろん、戦闘はその後もまだ続いていたのですが、日本軍の組織的な闘いは終わりました（この日は沖縄県では慰霊の日となっています）。しかし、沖縄はその後27年間もアメリカ軍に支配されることになったのです。これはきわめて異常な事態です。国際法上も違法な事態だといえます。天皇だけの責任だとは言いませんが、責任の一端は昭和天皇にも大いにあると思われます。しかし天皇の戦争責任は、戦後ほとんど問題にされないままになっています。では、なぜ27年間も占領が続いたのでしょうか。このことを考えてみましょう。

　アメリカは沖縄を占領はしたけれども、この地をどうするかは未決定のままでした。植民地化を原則として否定するアメリカ政府・国務省は、沖縄の占領を早い段階で解除する基本方針でしたが、多くの犠牲者を出した軍部・国防省は、占領を継続することを望んでいました。さらに米軍の陸軍と海軍の方針の違いもありました。そのような状況で、沖縄に対するアメリカ政府の方針が当初は明確ではありませんでした。しかしながら、戦後に、中国での国共内戦（蒋介石率いる国民党と毛沢東率いる共産党の内戦）において共産党優位な状況がはっきりするようになってから、少しずつ沖縄への対応も変化してきました。1949年に中華人民共和国が誕生します（内戦に敗れた国民党は台湾に逃れ、台湾支配を推し進めます。この過程で生じた台湾での住民虐殺が台湾2.28事件です）。そこで、当時のソ連や社会主義化した中国に軍事的にも向かい合う場所として、沖縄の基地の重要性が認識されるようになったのです。

　しかし、決定的な出来事は、1950年に勃発した朝鮮戦争です。1948年には朝鮮半島は北と南に分断されて、朝鮮民主主義人民共和国（いわゆる北朝鮮）と大韓民国（いわゆる韓国）が誕生します。韓国の成立過程で、政府に反対して南北分割を避けようとした人びとが、政府側の人びとによって虐殺される済州島の4.3事件が生じます。一連の事件で約3万人が亡くなったとされています（沖縄、台湾、済州の事件については、高誠晩『〈犠牲者〉のポリティクス』に詳しい）。そして、1950年6月25日に、旧ソ連に支援された北朝鮮が、アメリカを後ろ盾とする韓国に攻め込むかたちで朝鮮戦争が始まり、一時は北朝鮮が釜山まで進攻しましたが、最終的にはアメリカ軍を中心に38度線まで持ち直して、中国の参加もありましたが、そのラインで1953年7月27日に「休戦」状態に入りました（現在もまだ休戦中で、戦争は正式には終わっていません）。

　ただし、ここで急いで補足しますが、アメリカは当時のダレス国務長官の発案で、朝鮮戦争にアメリカ軍を中心とする「国連軍」を投入することになります。なぜそうしたことができたのでしょうか。それは、前述した国連憲章の43条で示されているように、国連は正規軍をもつ予定で、かつ国連加盟国は国連軍に基地を提供する義務をもつという点に関して、国連軍ができ

るまでの「暫定条項」として、106条には、「常任理事国5大国は国連軍に代わっ
て軍事行動してよい」という趣旨の規定があったのです（矢部宏治『知ってはい
けない』参照）。そこで、常任理事国のアメリカが国連軍に代わって（＝国連軍
として）軍事行動をしたというわけです。米軍＝国連軍だというのは、一種
の詐欺同然のようにも思われますが、法規上は問題ないことになります。ダ
レスはすごいことを考えたものです。現在でも、沖縄や横田、あるいは韓国
の米軍基地に、国連旗が掲げられることがあります。なぜ、米軍基地に国連
旗があるのか、と思われる人がいるでしょうが、そこにはこうした「カラクリ」
があったのです。

　さて、このような状況を踏まえて、1950年前後に、東アジアの情勢が大
きく変化します。アメリカ政府は、朝鮮戦争時に日本との間に講和条約（平
和条約とも訳されます）を締結して、戦後の占領を解除して日本を独立させる
方針をとるようになりました。日本をアメリカ側に引き付けておく政策の一
環です。それがサンフランシスコ講和条約です。しかしこの条約の第3条に
は、沖縄の処遇に関する、奇妙な（一読して分かりづらいという意味です）条文
がみられます。それは、「北緯29度以南」（「琉球諸島」含む）は、「合衆国を唯
一の施政権者とする信託統治制度の下におくこととする国際連合に対する合
衆国のいかなる提案にも同意する」という条文です。本当に分かりにくい表
現ですが、ようするに、(1)沖縄は信託統治となる、(2)このことを国連に提
案する、(3)それが国連で可決されるまではアメリカが沖縄で三権行使（支配）
する、というわけです。しかし結局、このような国連への提案はアメリカに
よってなされることはありませんでした。そして、そうした提案なしに、な
し崩し的にアメリカによる沖縄支配が27年間も継続することになったので
す。

　すでに沖縄では、沖縄戦終了後に多くの人びとが収容所送りとなり、その
間に沖縄の旧日本軍の基地は接収されて米軍基地となっていましたが、人び
とが収容生活を終えて故郷に戻ってからも、そしてとくに朝鮮戦争が勃発し
てからは、銃剣で農民を追い立て、ブルドーザーで住居を壊して、米軍基

地の造成や拡張に突き進むようになります。それは、朝鮮戦争休戦前後の1953年から（沖縄の小禄村具志部落などで）活発化し、そして1955年には、3月に沖縄本島の北部にある伊江島で大々的に「銃剣とブルドーザー」で基地拡張がなされ、さらに7月には沖縄本島の中部の伊佐浜でも「銃剣とブルドーザー」で住民が立ち退かされて基地拡張がなされました（拙著『現代国際社会学のフロンティア』の付章参照）。

　じつはこの時期、東京の米軍立川基地でも、北側への基地拡張の計画が持ち上がり、それが実行に移されようとしていました。1955年5月のことでした。拡張予定地の砂川町の農民たちは、すぐさま反対運動に立ち上がり、1957年まで警官隊などとも衝突を繰り返しました（砂川闘争）。そして裁判となり、1959年には基地拡張（および米軍の日本駐留それ自体も）は「憲法違反」であるという画期的な判決が立川地裁で出ました。その判決は、「伊達判決」として知られています。だがこの判決は、後にも触れますが、日米両政府が高裁を飛び越える「跳躍上告」を画策し、わずか半年後に、米国側に事前連絡しながら、最高裁で逆転判決が出されました。ただし立川基地は、基地拡張案が最終的に撤回され、その基地機能が隣の横田基地に移されて、米軍横田基地の拡充となったわけです。

　さて、このような1953年に始まり、1955年の3月、5月、7月と基地拡張に関する象徴的な出来事が起こったのは、朝鮮戦争を経験したアメリカが、今後の闘いに備えて核兵器を搭載可能な爆撃機の離着陸を可能にする基地拡張が必要だったからだと言われています。そしてもう1つ重要なことは、この1950年代半ば前後が転換点となって、沖縄はいわゆる「島ぐるみ闘争」に突入していくことになった点です。アメリカは基地のために土地を取り上げておいて、ほんのわずかな土地代しか払わないことに対する島民の怒りが爆発します。そしてそこから教職員会が中心になって「沖縄県祖国復帰協議会」（略称：復帰協）が1960年に結成されます。そのスローガンの1つとなったのは、基地の状態と規模に関して「核抜き、本土並み」での復帰という願いでした。そして最終的に、1972年に沖縄の本土復帰が実現することになります。た

だし、核抜きと基地の本土並みまでの減少は、叶いませんでした。沖縄に核兵器を置くことに関しても密約があったとされています (松岡哲平『沖縄と核』参照)。もちろん、その間にも、現状打破のための沖縄の人びとの長い闘争の歴史があり、しぶしぶアメリカは1968年に沖縄の知事的な「主席」を公選とするところまで漕ぎ着けて、反戦平和路線の「復帰協」の屋良朝苗を選出することとなり、そして72年返還が決定していったのです。とはいえ、この実現されなかった「核抜き、本土並み」での、平和憲法をもつ日本への復帰、という復帰協＝屋良主席の考えには、反対する若手の人たちも少なくありませんでした。彼らは、「反復帰論者」と呼ばれて、琉球大学の学生や沖縄のジャーナリストたちを中心に、復帰反対の主張を展開していったのです。

⑷反復帰論者の国家観と琉球共和社会憲法案

　そこで、その反復帰論者の主張に耳を傾けてみましょう。典型的なのは、のちに沖縄タイムスの社長にもなる新川明の言説です (新川明『反国家の兇区』)。筆者自身しばしば引用しているので一部は繰り返しになりますが、新川はまず次のような点を強調します。「平和で美しい独立国『日本』など私たちにとってはどうでもよいことであり、日本の平和的な存立ということを、沖縄のたたかいの目的にされてしまうことなど、真っ平御免蒙らねばならないことなのだ」と。日本の平和を守るために、沖縄が犠牲になる差別の構図を鋭く突く文章です。現在も日本全体の米軍基地施設の70%超が、国土面積わずかに0.6%の沖縄に集中しています。沖縄の本土復帰とは──平和憲法下での、沖縄の知事公選など「本土並み」の民主主義の時代の到来を一部で歓迎する人はいますが──それは、「『お国のために殉じる』ことで近代戦の惨禍を一身に引き受けたさる沖縄戦の論理を、そのまま、『民主』化の衣装をまとわせることで引き当てているにすぎない」のですと、手厳しく批判します。そして彼は次のようにまとめます。「沖縄が歴史的に所有し、かつ、さる沖縄戦の惨禍の中で決定的に学び得たものは、ほかならぬそのような論理の否定であったはずであり、そこから導き出される沖縄のたたかいは、あ

えていうならば、究極においていかなる政治権力がこれを握ろうと、国家の存立それ自体を否定するものでなくてはならないはずのものであった」。

　ここでは非常に重要な、根源的な問いが発せられています。いわゆる近代の産物である「国民国家」が、ここでは否定される方向性で思索が語られているのです。本書の第1部で見たような、長い16世紀の終わりに確立され始めたウェストファリア体制下の近代国民国家が、19世紀の後半には帝国主義の形態を取りながら、西洋中心に展開されて本格化され、20世紀にはその諸国民国家が2度にわたり世界規模で戦争しあった歴史があります。そこから、私たちは何を学び取るべきなのでしょうか。21世紀に生きる私たちは、20世紀後半の米ソの冷戦も、そしてそのもとでの米ソ代理戦争的な朝鮮戦争やベトナム戦争も、沖縄の人びとは身近で経験してきました。そのなかでの新川の思索であり、それはいまも私たちに訴えかけるものがあると、筆者は考えています。

　そしてそのことを別の表現で単刀直入に表現したのが、同じく沖縄タイムスのジャーナリストとしても活躍した川満信一です。川満は新川の後任として、沖縄タイムスが刊行していた「文化と思想の総合誌」である『新沖縄文学』の編集人となりました。その48号に川満は、特集として「琉球共和国へのかけ橋」を編んで、みずからも「琉球共和社会憲法C私（試）案」を発表します。それは、国家やナショナリズムを突き抜けようとする新たな志向を明確に示している点に大きな特徴があります。具体的に示してみましょう。この憲法案の「基本理念」として、最初の第一条の冒頭は、次のように記されて始まります。「われわれ琉球共和社会人民は、歴史的反省と悲願のうえにたって、人類発生史以来の権力集中機能による一切の悪業の根拠を止揚し、ここに国家を廃絶することを高らかに宣言する。」（『新沖縄文学』81号、なお、この憲法案は、川満信一『沖縄発』および川満・仲里編『琉球共和社会憲法の潜勢力』にも採録されています）と。これは明らかに、国家の廃絶宣言です。なぜ、このようなラディカルな主張が生まれ、そしてそれが「反復帰論」とどう切り結ぶのでしょうか。この点は、この憲法案の全文に示されています。少し長いで

すが、引用してみましょう。

> 「九死に一生を得て廃墟に立ったとき、われわれは戦争が国内の民を
> 殺りくするからくりであることを知らされた。だが、米軍はその廃墟に
> またしても巨大な軍事基地をつくった。われわれは非武装の抵抗を続け、
> そして、ひとしく国民的反省に立って「戦争放棄」「非戦、非軍備」を冒
> 頭に掲げた「日本国憲法」と、それを遵守する国民に連帯を求め、最後
> の期待をかけた。結果は無残な裏切りとなって返ってきた。日本国民の
> 反省はあまりにも底浅く、淡雪となって消えた。われわれはもうホトホ
> トに愛想がつきた。好戦国日本よ、好戦的日本国民と権力者共よ、好む
> ところの道を行くがよい。もはやわれわれは人類廃滅への無理心中の道
> 行きをこれ以上共にはできない。」

ここでは、以上の引用に付け加える言葉は不要だろうと思います(なお、川
満信一のこの琉球共和社会憲法案を含む川満の思想については、筆者が、東アジア共
同体研究所・琉球沖縄センター編『沖縄を平和の要石に』でかなり詳細に論じています。
参照していただけると幸いです)。

2. 朝鮮戦争レジームへの抵抗——60年代から90年代へ

(1)反安保と反戦

　米国による日本の敗戦後の民主化と非武装化という方針は、長続きはしま
せんでした。それは朝鮮戦争が起こったからです。朝鮮戦争勃発に伴い、沖
縄を含む日本の基地から朝鮮半島に出撃した米軍の後を埋めるようにして、
まず日本政府は1950年に「警察予備隊」を設け、それを1952年には「保安隊」
と称し、さらに1954年には「自衛隊」として再軍備化を推し進めていったの
です(なお、朝鮮戦争に日本人もかかわっていたことについては、藤原和樹『朝鮮戦
争を戦った日本人』を参照してください)。敗戦後に民主主義教育を受けた1930

年代生まれの当時の若者は、子ども時代に『あたらしい憲法のはなし』など
を通して、「平和と民主主義」が体にしみこみつつあった世代です。つまり
世界平和を望んでいた世代です。もちろん、多くの一般国民ももう戦争は嫌
だし、核兵器は廃絶してほしいと望んでいました。しかし、核問題に関して
いえば、1954年には、南洋のビキニ諸島付近を通過中の日本漁船がアメリ
カの核実験の死の灰を浴び、当時の機関長がなくなるという出来事があり、
これを機に、「原水爆禁止」の運動も活性化していったのです。

　1950年代は、のちに「逆コース」と呼ばれる、徹底的な平和主義から軍事
力をもつ国家へと、日本の政治社会が大きく変容する時期でした。そしてそ
の時期は、沖縄、および日本本土でも、米軍基地が次々と建設・拡張され
ていく時期でもありました。その流れは、2010年代の安倍晋三政権におけ
る一連の安保法制の制定にまでつながるものです。ですから筆者は、アジ
ア太平洋戦争後の日本は、1945年に確立された政治的体制（レジーム）ではな
く、1950-53年の朝鮮戦争を契機とした体制が現在も続いているものであっ
て、それを「朝鮮戦争レジーム」と呼ぶべきだと考えています。その1950年
代の初期確立過程の最後が、先にしたように米軍を含む軍隊の駐留を「違憲」
として否定した砂川闘争の「伊達判決」を、わずか半年余りで最高裁が覆し
て、事実上「合憲」の方向性を確定した出来事だったと考えています。そし
て、1951年に締結された日米安保条約は、10年後に見直すことにされており、
その新たな次なる段階のはじめが1960年であったのです。

　かくして1960年には、いわゆる日米安保条約反対の安保闘争が、「全学連」
（全日本学生自治会総連合）を1つの核として、盛り上がっていきました。とく
に6月に入ってこの安保条約の改定問題が国会で議論されていた時期に、全
学連は国会周辺で安保反対の集会を開き、その一部が国会に突入する事態と
なり、当時の東大生・樺美智子さんが亡くなる出来事がありました。そのとき、
全学連は、日本共産党系（日共系）の全学連と、反日共系の日共系に大別され
るようになり、樺さんは反日共系の全学連に属していました。しかし政府は、
日米安保条約の破棄を通告することはなく、「自然承認」のかたちで——周

辺の協定の若干の変更はありましたが――安保の継続を選択しました。なお、いま「周辺の協定」と言いましたが、内容的には非常に重要な協定がそのとき結ばれました。それが「日米地位協定」と呼ばれる協定です。それは一見、1952年に取り決められた「日米行政協定」の名称変更のように思われますが、事実上は、それまでと同様に協定上で米軍は日本のどこにでも基地を置くことができ、しかも国境を越えて活動しても構わないという協定内容に加えて、「日米合同委員会」(米側は軍人中心7名、日本側は外務省等の局長クラス6名)という国家や憲法よりも上位の委員会もその後ずっと継続される、という重要な協定となって今日も生きているものです。なお、この日米合同委員会は、東京で隔週、会合を開いて日本の方針を決めているのです。しばしば「対米従属」という言われ方をしますが、一部の軍人や官僚が国防を中心に重要な国家方針を基本的にはアメリカの提示を了承するかたちで、この委員会が機能しており、その内容を認めるかどうかにかかわらずに、まさに機能的には「対米従属」と言わざるを得ない仕組なのです(以上の点に関しては、吉田敏浩『「日米合同委員会」の研究』や末浪靖司『対米従属の正体』など参照)。

　さて、このような「60年安保」以後、1965年には「日韓条約」が締結されます(アメリカからの強い要請があって条約締結に進んだといわれています)。これもまた、1952年の講和条約と同様、社会主義圏(北朝鮮やソ連など)との講和を無視して、資本主義圏だけで締結される米国寄りの条約でした。60年安保世代は、全方位の平和外交(資本主義、社会主義を問わない「世界平和外交」)を望んでいましたが、そのようには進んでいかなかったのです。そして、その1965年には、アメリカが北ベトナムに対して爆撃開始するいわゆる「北爆」と呼ばれる戦争状態、つまり「ベトナム戦争」が本格化することになりました。そして日本にとって重要なことは、とくに沖縄の基地からベトナム爆撃の飛行機が飛び交っていったことです。それゆえ、沖縄は「悪魔の島」などとも呼ばれていました。もちろん、沖縄の基地だけではありません。東京郊外では横田基地が、東京都内では王子野戦病院などが、ベトナム戦争を背後で支えていったのです。

　このようにして日本は、朝鮮戦争、ベトナム戦争において、アメリカ側に立って戦争遂行を積極的にサポートする国になっていったのです。それゆえ、それまでの「平和と民主主義」を求めるという大衆運動よりも、さらには既成の旧ソ連を中心とする社会主義勢力の問題点（とくに独裁や神格化のスターリン主義）をも批判して、積極的に「反戦平和」を実現する道を探る団体が出現してきます。その象徴的な言葉は「反帝反スタ」、つまりアメリカの帝国主義に反対する「反帝」と、旧ソ連のスターリニズムに反対する「反スタ」が結びついたスローガンが登場しました。そして彼らは――細かく分ければそのなかにもいくつかの党派があるのですが――「新左翼」と呼ばれるようになりました。

⑵若者叛乱としての70年安保

　そしてさらに、ベトナム戦争が激しくなるにつれ、「ベトナムに平和を！市民連合」（略称：「ベ平連」）という団体も、デモなどで反戦平和活動を始めます。そうした時期に、1968年、入試最難関校とされる東京大学医学部のインターン制問題に端を発した学生の抗議活動に対して、誤った処分がなされ、東京大学で「学園紛争」が発生します。また同時期、学生数日本一として知られていた日本大学でも20億円を越える使途不明金が発覚して「学園紛争」に発展します。そして、東大でも日大でも、全学共闘会議（略称：全共闘）が結成されます。とはいえ、「ベ平連」も「全共闘」も、明確な規約をもった組織的団体ではなく、関心が一致する者が「個人参加」で自由に集う「この指とまれ」式の自発的団体に近いかたちをとっていました。その点が「60年安保の全学連」などと異なる「70年安保の全共闘」として象徴的でした。

　そして全共闘は、大学改革から大学解体まで主張を拡大していき、さらに大学を拠点に社会変革を試みる闘いの「前衛」的な発想をもっていきます。その際、ベトナム戦争反対の反戦運動、および沖縄返還にかかわる運動（新左翼の党派によって沖縄解放や沖縄奪還などと語られて沖縄闘争も大きな焦点となっていた運動）も活性化して、1970年をターゲットにした「安保粉砕」運動が盛

り上がっていったのです。なお、ベトナム戦争反対の反戦運動は、戦争当事
国のアメリカにおいても盛り上がりを見せ、さらにフランスの大学でも学
園闘争を伴って、1968年の「パリ5月革命」と呼ばれる社会運動に拡大して、
ときのフランス大統領ドゴールの退陣にまで発展していきました。反戦運動、
学生運動は、1960年代末の世界的な大きなムーブメントになっていたのです。

　このような学生運動の時代に、本書ではすでに触れてきた疎外論や実存
主義といった、個人参加の「主体性」を意識するような思潮がみられたので
す。「連帯を求めて 孤立を恐れず」とか「とめてくれるな　おっかさん　背中
のイチョウが　泣いている」といった東大闘争で語られた標語は、孤立して
も個人の実存をかけて闘うといった風潮を象徴する言葉でした。それは、ある
意味では戦後すぐに論壇で見られた「マルクス主義における個人の問題」、
つまり科学的マルクス主義において歴史は法則的(および唯物論的)に決定さ
れているとすると、個人の「主体性」はどう位置づけられるのか、という問
題に対する1つの反応でもあったと思われます。本書第1部で触れましたが、
その文脈でマルクス再解釈の新局面としての初期マルクスが着目され、さら
にサルトル、カミュ、カフカなどの実存的思索が着目されたのです。

　しかしながら、学生運動は、圧倒的な国家権力の機動隊や警察力も前で無
力感も味わうことになります。とくに1969年の1月には東京大学の全学バ
リケードが2日間にわたる安田講堂での「攻防戦」で封鎖解除され、そして
この年の東京大学の入学試験は中止され、さらに夏には時限立法で「大学に
関する臨時措置法」が成立して、バリケード封鎖を行っていた全国の大学は
次々に封鎖解除され、「正常化」に向かって進んでいきました。

　だが、そうした流れのなかで、学生・若手労働者のうちには、自分たちに
欠落しているのは闘争資金、武器弾薬、そして国際的な連帯だ、と考える人
びとが出てきました。したがって、銀行襲撃、銃による武装や爆弾製造、そ
してハイジャックなどの過激な路線に向かっていったのです。彼らの活動の
なかで象徴的なのは、パレスチナ支援のためのテルアビブ空港での日本人
3名による銃乱射事件、ハイジャックによって獄中の関係者を超法規的措置

で解放させたダッカ事件、そして日航機よど号をハイジャックして北朝鮮の
ピョンヤンへ向かったよど号事件など、一般に赤軍派と呼ばれるいわゆる「過
激派」の活動を生み出していくことになります。そしてなかでももっとも衝
撃的だと思われるのは、「連合赤軍」事件と呼ばれている出来事です（シュタ
インホフ『死へのイデオロギー――日本赤軍』参照）。

　1972年の2月に軽井沢のある会社の別荘に人質をとって立てこもった連合
赤軍メンバーが機動隊と銃撃戦となり、最終的に全員逮捕となった事件です。
その事件後に、山岳アジトと呼ばれた群馬県の山のなかの隠家で、大量のリ
ンチ殺人事件が発覚しました。最終的に16名の同志を殺したことになる事
件でした（永田洋子『十六の墓標』）。多くは、「総括」という名目で、指導部の
方針に従わなかった人を殺害してしまう凄惨な事件です。革命を志し、銃で
武装し、虐げられている人びとを解放しようという崇高な理想を一方で持ち
つつ、その仲間を次々と殺してしまう出来事は――歴史上、同様な事件が少
なからずあったとはいえ――衝撃的なものでした。なぜ、このような出来事
が起こった（繰り返された）のでしょうか。一種の独裁制のもとで、リーダー
とその取り巻きが批判を一切受け付けずに、誤った判断が修正されることな
く、突き進んでしまう怖さです。民主主義がまったく機能していない状況の
怖さだ、といってもよいでしょう。この事件後に、学生運動は世間から疎ま
れるようにして、急激に衰退していきます。それはちょうど、日本経済の戦
後の高度成長の終焉と軌を一にするようなタイミングでした。1975年には、
ベトナム戦争もアメリカの撤退というかたちで完全に終結しました。時代は、
さらに新たな局面に向かう段階にきたということができます。

⑶脱工業社会と新自由主義

　以上で、終戦直後から60年安保、70年安保とよばれる動きまでを駆け足
で追ってきました。日本を対象に、政治的なこと、社会的なことに目を向け
てきました。経済的にはどうでしょうか。1944年、第2次世界大戦の終わ
りが見えてきた段階で、世界は戦後に向けて「新国際経済秩序」と呼ぶこと

のできる「ブレトンウッズ体制」に入っていきます。そして 1946 年に世界通貨基金 (IMF) や国際復興開発銀行 (IBRD) が設立されます。さらに 1947 年には「関税及び貿易に関する一般協定」(GATT) も締結されます。それらは約半世紀後には世界銀行 (WB) や世界貿易機構 (WTO) になっていきますが、アメリカを中心とする国際経済秩序がこの時期から着々と形成されはじめていきました。

　日本では、1958 年 (昭和 33 年) の『経済白書』に書かれた「もはや戦後ではない」という言葉が独り歩きし、朝鮮戦争特需と 1950 年代半ばからの好景気・神武景気があり、そして 60 年安保後の池田隼人内閣による所得倍増計画などによって、戦後経済の高度成長が本格化しました。そして地方の若者たちも「集団就職」で都会に集まり始めます。彼ら／彼女らは農家の次男、三男、そして若い娘さんたちでした。中卒で「金の卵」ともてはやされ、高度成長を下支えする存在でした。「キューポラのある街」の吉永小百合の映画や「Always 三丁目の夕日」などで描かれた、戦後の都市世界の始まりでもありました。ただし、すでにみてきたことではありますが、日本経済の高度成長期は戦後史の「輝かしい」あるいは「懐かしい」戦後昭和の歴史のように語られますが、1950 年代後半からは沖縄で「銃剣とブルドーザー」による土地強奪の時代が始まっていたのです。沖縄の伊江島で当事者として自分の集落が消えていく現場に居合わせ、そして反対闘争を粘り強く戦ってきた阿波根昌鴻は、自らが作り上げた反戦平和資料館「ヌチドゥタカラ [命こそ宝] の家」に、自らが板に書き付けた文章、すなわち「本土が神武景気のときに伊江島では武力による土地強奪 [へ] の闘いが始まった」([へ] は引用者補記) と記していました。そして、ようやく 1972 年に沖縄返還がなされたことはすでに触れてあります。

　ただ連合赤軍事件もあったこの 1972 年は、前後の年と合わせて、朝鮮戦争レジームにおける最初の転換点をなすときでもあったと思われます。じつは、1971 年に当時のアメリカ大統領ニクソンが対中政策と金融政策の大幅変更 (ニクソン・ショックと呼ばれます) を示し、日本も 1972 年に日中国交回

復に向かい、1973 年には日本の円が固定相場制から変動相場制に移行します。それまでの 1 ドル＝ 360 円の固定相場が変容しはじめたのです。これは、戦後のブレトン・ウッズ体制の終焉でもありました。とくに 1972 年は、ニクソン訪中による米中対談と、田中角栄政権下での日中国交回復がなされ、世界秩序に大きな変化が生じ始めました。さらに同年には、石油輸出機構 (OPEC) の原油値上げに伴うオイルショックが起こります。その後、日本ではトイレットペーパーの買い占め騒ぎで知られている出来事となって日常生活にも影響を与えました。このような政治経済的変化を経て、1975 年ごろには、日本が新たな局面に入っていくと考えることができます。日本において、戦後生まれが過半数を超えるのも 1975 年です。

　戦後の最初の 15 年は、(1)「戦後の民主化と再軍備化への段階」でしたが、次の 15 年は、(2)「高度経済成長と都市社会化の段階」(1960-75 年) で、学生運動を含む社会運動が活発な時期でした。そして次の 15 年は、(3)「経済大国化と脱工業社会化の段階」(1975-90 年) に入っていくことになります (なお、その次は、(4)「情報社会化と少子高齢化の段階」(1990-2005 年) で、さらに最近の 15 年はとりあえず、(5)「SNS 社会化と安保法制化の段階」(2005-2020 年) とでも表現できると思われます)。まさに『脱工業社会の到来』(The Coming of Post-industrial Society) というアメリカの社会学者ダニエル・ベルの著書 (原著は 1973 年刊) は、1975 年にその日本語訳が刊行されました。

　脱工業社会とは、工業化を経た産業社会 (工業社会) がさらに発展し、産業構造において情報・知識・サービスなどを扱う第三次産業の占める割合が高まった社会のことです。「脱産業社会」あるいは「ポスト工業社会」などとも呼ばれました。たしかに、1975 年以後、「ポスト」の時代が始まると言えるかもしれません。脱工業化をカタカナ表記した「ポスト・インダストリアル社会」、1975 年にモザンビークが独立して主要な植民地が独立したとされた「ポスト・コロニアルリズム時代」(ただし、植民地の負の遺産や、差別を含めた「終わらない植民地主義」の問題は依然残ります)、そしてもうひとつが「ポスト・フォーディズム」の時代、つまり 20 世紀初頭に自動車会社フォードに象徴

された「大量生産／大量消費」時代の終焉、そしてそこからは日本の「トヨタ」に象徴されるトヨティズムといわれる「フレキシブルな生産態勢」への移行、とくにメーカー、サプライヤー、ディーラー、消費者をも含むトータル・システムやジャストインタイムなどが注目されていきます。そしてその後に生じたことは、ソ連・東欧の社会主義の崩壊と東西冷戦の終結、です。このころから、ポスト・モダン（ポスト近代、脱近代）論が少しずつ際立ってきます。

　とはいえ、「脱工業社会」の到来時、高度成長を遂げた日本経済が、アジアのみならず世界的にも力を持つようになり、日本の製造業の進展と、「経済大国」日本のイメージが語られ始めます。だが、それはひょっとすると「幻想」だったかもしれません。実際、平成時代になってからの不況の長期化が深刻なものとなり、それ以前の時代が製造業を中心に「素晴らしい時代」だったかのように語られますが、そこには、そう思わせる一定の背景があったようです。どういうことでしょうか（小熊英二『社会を変えるには』第一章参照）。

　ポスト工業社会論が1970年代早々にアメリカから語られ始め、ヨーロッパでも同様の状況が生じてきます。ということは、1970年代には、第2次産業としての「工業」中心の製造業という産業構造が、欧米では変化し始めたのです。このことは、欧米の製造業が重工業中心の産業からは後退し、第3次産業へシフトしていくということです。しかしながら、それに代わると期待されたアジアの製造業は、日本以外はまだ発達していない状況でした。そこで、一種の「間隙を縫った日本」といえる状況が生まれました。つまり、欧米の製造業の衰退とアジアの製造業の未発達、この「幸運」によって、1960年代から80年代にかけて、日本の製造業の台頭がみられたのです。もちろん、この背後には、戦後のアメリカの対日政策が、日本がまた軍国化しないように経済を抑制しておこうという戦後政策から、朝鮮戦争後に大転換して（「朝鮮戦争レジーム」へ）、日本経済を発展させてソ連や中国に対抗させるという方針をとったことも重要な要因です。ただし、あまりにも日本が急成長した部門もあるので、アメリカとの間で——自動車産業が代表的ですが——貿易摩擦が起こりました。よく、「高度成長期の日本人は頑張ったので、

日本が発展した」という言われ方がなされますが、じつは国際的な経済情勢
と政治情勢とが大きく日本経済に影響した面を見落とさないようにすべきで
す。そうしなければ、経済の活性化のための、無謀な——武器輸出・原発輸
出など何をしてもよいから、ともかくも景気回復をといった——経済政策の
「幻想」が生じます。後述しますが、「アベノミクス」もこのような幻想では
なかったでしょうか。

　ちょうど1980年ごろ、アメリカはレーガン政権下で、莫大な貿易赤字と
財政赤字の「双子の赤字」を抱え込み、またイギリスは福祉国家で国民がしっ
かり働かないと批判される——「イギリス病」と呼ばれた——経済不況に見
舞われていました。日本も高度成長を終えて低成長時代に入っていました。
そこで、これらの国では、福祉国家的な、大きな政府によるお金のかかる経
済政策ではなく、民間の活力を利用すべく規制緩和を行い、小さな政府によっ
て、したがって福祉も民間にゆだねるべく民営化なども積極的に行って、経
済を立て直そうとする政策がとられました。それは、「新自由主義政策」と
呼ばれ、ケインズ流の財政投融資を政府が積極的に行うのではなく、それ以
前のレッセ・フェール（自由に任せる）式の、新しい自由主義的な資本主義を
唱える人びとの登場です。

　イギリスでは、サッチャー首相が「社会なんてものは存在しない」として「福
祉国家批判」を行って、社会福祉的な予算や教育予算など、お金のかかる支
出を極力抑えて財政の立て直しを試みました。日本では、中曽根康弘首相が
登場して、戦後政治の総決算として、国鉄（日本国有鉄道）の民営化や、各種
専売公社や電電公社の民営化を進めました。レーガン大統領も、貿易障壁の
除去に努めて、やがて到来するグローバル化の波の先鞭をつけました。新自
由主義は英語で neo liberalism ですが、日本語では略して「ネオリベ」と揶揄
され、さらにネオリベは政治思想的には、これまでの自由主義の伝統を守ろ
うという意味では新保守主義で、アメリカの既存の、あるいは新興の企業が
グローバルに活躍できるように、国境の壁を低くして外国市場を獲得できる
道を切り拓くことになりました。新保守主義 (neo conservative) は「ネオコン」

と呼ばれ、日本では巨大建設会社を指す「ゼネコン」と同じようにも捉えられて、大企業が大儲けしていく仕組みを作り出す考え方として批判もされました。

こうして時代は確実に、次の段階に進んできたように思われます。節を変えて、新たな段階を見ていきましょう。

3．ポストモダン論とその陥穽——近代批判と構造主義的思潮をこえて

さて、以上で見てきた1980年ごろからの新自由主義的政策によって、英米日などはたしかに経済的な苦境は脱したかのように見えましたが、ここには2つの落とし穴がありました。1つは、経済の再活性化で、先進国では明確に労働力不足が顕在化しはじめました。これは日本も例外ではありません。もう1つは、物を作る経済（製造業的な工業）ではなく、お金がお金を生む経済、つまり金融分野の投資によって利潤を得る経済とその技法が発展し（たとえばコンピュータを活用した金融工学などの活性化）、投資型資本主義、金融型資本主義とでもいうような資本主義のかたちが本格化しはじめました。そして、日本の場合が1つの典型となるのですが、高度成長の終焉後の低成長とはいえ、ひとたび経済大国化（アメリカに次ぐ経済大国化）して「何でもあり」の精神状況が生まれていました。そして1985年のプラザ合意で先進国が日本の円高を容認してから、日本は一気に「バブル経済」に突入します。

こうして、1970年代に登場した「コンビニ」に加え、「ファストフード」や「ファストファッション」のお店、そしてパソコンや携帯の普及もあって、日本社会は「高度消費社会」という段階に入ったと語られ始め、人びとのなかにも「豊かな社会」意識が定着しはじめます。加えて、1990年代前後の東欧ソ連の崩壊で、世界中が資本主義一色の方向に進むグローバル化時代の実感が生じ、さら多国籍というよりも「超国籍」の企業が当たり前になってきつつありました。そうしたなかで、日本のナショナリズムもまた活性化します。経済大国化に伴って、日本の人びとがある意味で自信を取り戻しつつあ

り、「日本は世界に誇るべき国家」だという一般の社会意識と、日本は天皇
制をもった特殊な「神の国だ」（森喜朗元首相の発言）などといった日本の特殊
エスノセントリズムとが一体となったかのようにして、1990年代以降の時
代が進んでいきます。

(1)ポストモダンとマルクス研究

そこでここでは、こうした社会意識に関して、知識人の社会思想の展開と
絡めて、日本の1970年前後から80年代を経て90年代に至る流れを、検討
してみたいと思います。それは、一言でいえば、近代を超える「ポストモダン」
の時代の到来に関する社会思想的な議論です。少し立ち入って、この点をみ
ておきましょう。

ポストモダンという一種の流行語は、フランスを中心とする欧米の思潮と
して伝わり、1990年前後には日本でも盛んに語られました。しかしながら、「ポ
ストーモダン」（post-modern）ということであれば、それが近代以後を示す言
葉でもあり、かつ西洋近代を批判的に乗り越えていくという意味合いも込め
られていますので、じつはそうした発想は、戦前昭和の終わり近くの時期に
日本でも独自に展開されていたものでした。それが「近代の超克」という議
論でした。ただし、それは大東亜戦争と結びついた帝国日本中心で西洋批判
を柱とするイデオロギー的側面が強く、思想的には必ずしも深められた議論
ではありませんでした。そして戦後はむしろ、明治維新後の「近代化」以来
の第2の近代化論、とくに精神の近代化（大塚久雄『近代化の人間的基礎』）とい
う意味合いで、むしろ「近代」が目標の位置に高まり、近代化論が論題とし
て盛んになった時期もありました。人間の主体性や主観性を重視するという、
デカルト以来の近代的な自我像が復活するかのようにして、「近代」が話題
とされる風潮でもありました。

しかしながら、1960年代から1970年代の段階で、思想（史）的な深みをもっ
て、「近代批判」を始めていた日本の哲学者が出てきます。その1人が、廣
松渉です。廣松渉は、マルクス研究者としても知られていますが、彼が着目

したのは、マルクス研究も含めて見いだしてきた「共同主観性」論です。マルクス研究に関しては、廣松は主にマルクスとエンゲルスの手になる『ドイツ・イデオロギー』の内在的検討によって、これまでのソ連型マルクス研究とは異なる地平を切り拓いていきます。それは、廣松版『ドイツ・イデオロギー』として知られているもので、それまでに公刊されていたこの著作の編集上の問題を鋭く指摘しつつ、マルクスらの思考に忠実になるように大幅に改訂したものです（いまでは岩波文庫にこの『ドイツ・イデオロギー』が入っています）。なお、この廣松版『ドイツ・イデオロギー』は、今日では中国語訳も出ています。

　この著作は、マルクス研究上では非常に興味深い内容を含んでいるのですが、やや専門的すぎるので、ここではほぼ同時期に書かれた「フォイエルバッハに関するテーゼ」の有名な一節を再度、引いてみようと思います。それは、「人間性とは、その現実態においては、社会的諸関係のアンサンブルである」という有名な一文でした。人間性とは、かつて存在した、あるいはどこかに理想や理念として浮かんでいるものではなく、実際には、ある時代ある場所などの一定の制約の下での社会的諸関係の結節点でアンサンブルのようなかたちで奏でられるような共同主観的な生成物だとするのが、マルクスの思索の出発点だという見方です。それが彼の物象化論につながっています。ですので、それはマルクスが『経済学・哲学草稿』で示したような疎外論――本来の人間性の喪失から回復へ――の構図とは大きく異なる考え方です。

　この点を、哲学的なレベルで論じたのが、廣松渉の『世界の共同主観的存在構造』という著作です。そこでは、簡単に言えば、われわれの感覚・感性ですら、共同主観的に拘束されているという見方で、鶏の鳴き声を「コケコッコー」と聞いたり、犬の鳴き声を「ワンワン」と聞いたりするレベルまで、母語としての日本語の使用者には、鶏や犬の声が「実際に」そう聞こえるのです。英語的な「クックドードー」や「バウバウ」とは通常は聞こえないのです。このような日常の人びとの意識に添うかたちで、社会的な事柄もその「現相」――現に立ち現れているありさま――を踏まえて、社会の仕組みがどう

構成されているのかを問い直す試みです。この「現相」という発想は、先述の現象学の「現象」に由来すると筆者は考えていますが、廣松および廣松が解釈したマルクスは、その点を単に意識の問題に還元したわけではありません。それは、「社会的諸関係のアンサンブル」のレベルで考えていったのです。つまり、他者との相互行為のやり取りという相互実践論的なレベルでの「物象化」の問題として考えていったのです。

　そして、ここまで語れば、じつは先述したようなマルクスの商品論に関して、「机が頭で立っている」とか、「物と物との関係として見える」といったことの「商品」の意味がより明らかになってきます。実際、貨幣が「購買力」を持っているわけではありません。100円ないし1000円というお金が、同額の商品を買うことができる「力」があるように見えるのは、「円」という貨幣が通用し、商品の製造者、売り手、買い手などの社会関係が織り合わさって経済生活を営んでいる「社会的諸関係のアンサンブル」のなかで可能なことなのです。そしてさらにいえば、物々交換や貨幣を媒介にする売り買いでも同じことですが、「価値が同じ」だから「交換される」のではなく、「交換される」から「価値が同じ」だと結果的に見なされるのです。つまり、最初にあるのは人びとの相互行為からなる社会関係なのです。じつは、マルクスの『資本論』で述べたかったことの中心点の1つはここにあると思われます。それまでの経済学の概念（たとえば商品）を自明視して疑わないのではなく、逆にその概念が自明性を得てくるプロセスをマルクスは解明したのであって、しかもその出発点が社会的な相互行為だとすれば、そこから変革を企てていくことができるということになっていきます。

　それゆえ、最初に「主体」があるという発想を、廣松＝マクルスは採用しません。この、まず主体ありき、という発想がデカルトに象徴される近代的自我像であることは、すでに第1部で指摘してきました。そして、主体・主観が、客体・客観を対象化し、操作するという論点も指摘してきました。廣松は、そうした近代的な「主観─客観」の図式、つまり主客二元論に立脚した「主客図式」の共同主観的構築、別の表現を用いれば「物象化」された主客

図式こそが、近代以後の社会の問題点の最大のものになっていると主張してきたのです。そしてそれが、主客図式批判・主客二元論批判、したがってその面での「物象化」批判としての「近代批判」に関係する哲学的議論でした。廣松が「疎外論から物象化論へ」と強調したのは、疎外論が立脚する主客二元論の主体観・主観論を批判して、物象化論という主客図式を超える共同主観的議論を展開するための標語でもあったのです（廣松渉『物象化論の構図』）。

　とはいえ、この批判点は、物象化的錯視といった共同「主観」面だけが問題であるかのように誤解される恐れもあります。廣松はすでにそれに気づいていて、自らの哲学の集大成である『存在と意味』の第1巻（1981年刊）は「認識的世界」の議論でしたが、その第2巻（1993年）は「実践的世界」の議論でした。まず相互行為の実践が先にあり、そのなかから、共同主観的な物象化が生じてくる行為論の領野が切り拓かれたのです（廣松渉『哲学の越境』）、明らかに後期廣松は、社会的行為論にその研究の焦点を定めていたのです（拙著の『意味の社会学』や『自己と社会』における廣松論、参照）。そして、最後の論考となった1994年3月の新聞記事では、〈西洋の主客二元論をこえて、いまこそ東亜の連帯を〉という趣旨の発言をしたのです（『朝日新聞』3月16日付）。

　さて、廣松を含むこれまでの「近代批判」の議論は、現象学的思潮のみならず、ほぼ同時代に──1980〜1990年代に──着目された構造主義的思潮の議論と共通点も少なからずもっていました。そこでここからは、ポストモダンとして知られて思潮を含む構造主義的思潮に目を向けてみましょう。

(2)ソシュールの構造主義的思考

　さて、構造主義はじつはさまざまな分野で論じられてきました。それは、言語学、心理学、社会学、哲学などででです。「構造」の意味も、使われる文脈で多様ですが、もちろん共通点もあります。その共通点としては、構造とは、認識・志向・行為の背後にあって無意識に作用しているパターン・形式・関係などを指すという了解です。深層構造などというときの構造の意味に近い、と言えるでしょう。そして、構造主義に共通な問題意識も──結論を先取り

しますが――じつは「近代批判」なのです。どういうことでしょうか。それについて以下で考えていきましょう。

　ここで構造主義的思潮と述べるものには、少なくとも2つの潮流があります。便宜上、構造主義とポスト構造主義と称しておきます。ただし、それらに共通する源流はあります。それがフェルディナン・ドゥ・ソシュールという言語(哲)学者の議論です。1857生まれで、1913年に亡くなっていますので、第1部で見てきたマックス・ヴェーバーとほぼ同時代人で、もはや100年以上も前の人ですが、彼が言語学に画期的な転換をもたらしましたということができます。著書としては、没後の1916年に教え子たちがまとめた『一般言語学講義』があるだけです。しかしそれが、「構造主義」の最初の思潮に大きな影響を与えました。しかしながら、1950年代にソシュール自身が記した講義のノートやメモが見つかりました。驚くべきことに、そこには教え子たちがまとめた本の内容とは真逆のことが書かれている部分もありました。そして、それに影響を受けて今度は、ポスト構造主義の思潮が生まれてくるのです。この間の経緯は、日本の言語哲学者・丸山圭三郎の、主として1980年代の著作で示されています(『ソシュールの思想』や『ソシュールを読む』が代表的なものです)。ここでは、丸山の議論も踏まえて、ソシュールの思想のポイントを押さえておきましょう。

　ソシュールは、「言語には差異しかない」と述べました。いわば「差異こそすべて」、です。そして、これが画期的な点なのです。というのも、それまでは、たとえば現実の対象物が存在して、それに対応した言葉ができて、言語が成り立っていると考えるのが普通でした。犬という対象に、日本語ではイヌ、英語ではドッグ、独語ではフントと呼ぶ、というように。同一ないしは類似の現実の対象に、言葉が一対一対応しているというわけです。最初にあるのは物象ないしは対象です。普通はこのように考えます。

　しかしながら、同一物に一対一的に言葉が対応するわけではありません。虹の例が一番わかりやすいでしょう。虹の色はスペクトルの連続体です。日本語では「七色の虹」などと表現しますが、英語圏では主に6色です。LGBT

のシンボルは 6 色の虹です。丸山圭三郎によれば、アフリカのショナ語や
バッサ語などでは、虹の色を 2 色や 3 色でしか表現しないそうです。つまり、
虹の色はもともと虹という対象が 7 色に区分されているわけではないのです。
つまり、7 つのそれぞれに分かれた同一色からなるのではないのです。虹の
色を分けている（＝分節している）のは、むしろ言葉の方です。日本語では「7 つ」
に分けているだけです（もちろん、日本の古代では色の名称自体が赤黒白青の「4 つ」
の色だったという指摘もあります）。英語では「6 つ」に分けている。アフリカの
言語では、2 つないし 3 つに分けているものもある、というわけです。つまり、
日本語では、その言葉が対象（ここでは虹の色）を区分＝分節して、赤橙黄緑
青藍紫という 7 つの色名で呼んでいるだけです。言葉の「差異」が、じつは
対象を分節しているのです。文化人類学などは、魚の名前や雪の名前などに
関しても、魚をよく食べる地域の人びとや雪がたくさん降る地域の人びとと、
そうでない地域の人びとでは、魚や雪の名前に関しても多様性があることを
示しています。同一の魚を、わかし・いなだ・はまち・ぶりといった成長段
階によって「出世魚」として区別して食する地域の分節の仕方、淡雪・粉雪・
細雪・牡丹雪などの雪国での細かな表現、これらは、アフリカのような雪の
降らない地域では、細かな対象把握は難しいでしょう。ようするに、言葉の
方に区別化の「差異」があって、対象を「分節」化しているのです。別々の同
一物に別々の言葉があるというわけではありません。言葉による差異化が対
象の差異化を産み出すのです。

　こうした点を含意して、「言語には差異しかない」とソシュールは述べた
のです。そしてその差異化は、恣意的なものです。実物の犬を「イヌ」と呼
ぶ必要性・必然性は必ずしもありません。差異化は、その本性上は、恣意的
なものなのです。ただし、より重要で、とくに注意したいのは、「犬」を「イ
ヌ」、「dog」、「Hund」、「狗」などと呼ぶ言語の恣意性がポイントではありま
せん。これも確かに言語の恣意性（恣意性 I）ではありますが、それぞれの言
語で（一定の必然性はあれ）勝手に「イヌ」とか「dog」とか「Hund」とか呼んでい
るわけです。しかし、ソシュールが強調したのは、どの言語にせよ、ある特

定の言語内で決められた「言葉」で、対象を「分節する」仕方が恣意的なのだ、ということです (恣意性 II)。虹を 7 色に分節するのは、日本語という言葉の差異化の恣意性です。つまりポイントは、私たちは、そうした言語による分節化＝差異化によって成り立つ、恣意的に分節された世界／構築された世界構築のなかで、生を営んでいるという事実です。私たちは、恣意的に「構造化された言語文化の世界」の住人なのです。その意味で、先に廣松渉のところで触れた共同主観的存在構造とは非常に近い関係があるわけです。

　なお、言語という記号の、いわば 1 つひとつの単語は、ソシュールによれば、葉っぱの両面のように、意味するもの (シニフィアン) と意味されるもの (シニフィエ) が一体となっているということができます。丸いパンケーキを 2 枚重ねた状態といってもいいかもしれません。赤という色は、日本語の「アカ」というシニフィアン (意味するもの) と、虹の「赤色」部分のシニフィエ (意味されるもの) とが、たとえば橙という色のシニフィエ「ダイダイ」とシニフィアン「橙色」部分の一枚の葉っぱ (あるいは重ねられたパンケーキ) とは差異化されている (異なっている) という点が重要です。

　そしてそうした言語体系は、たとえば日本語ならば日本語の文法書や辞書・辞典のように、(大なり小なり) 体系的にまとめることが可能な「ラング」(いわば国語体という制度) として制度化されています。私たちは家庭や学校において、このラングを学び、その制度に従って言葉を話すよう教育されます。そうした「話す」という行為は、「パロール」(言行為とも呼ばれます) といいます。パロールという言行為は、ラングといういわば制度があってこそ成り立つのであって、ラングの規則を踏み外すと、「あなたの言葉遣いは間違っている」などとして訂正されることが多いわけです。

　ただし、意味と (一体となった) 言葉はじつは多様で、一定の文章ないしは文脈に応じて、多様な捉え方をされます。「わたし (私) は男です」という場合と「これが隅田川のわたし (渡し) です」という場合では、おなじ「わたし」でも違います。また類似の言葉、たとえば「たわし」とも違います。また一人称の男性の「わたし」については、「ぼく」とか「おれ」という人もいます。

ようするに言語は、発話の時間の流れとともに線状に並んでいる（「わたし→は→男→です」という）言葉の連辞関係（統合関係）のなかで把握ができるものと、一つの言葉と類似のいわば横に広がった系列関係（わたし、たわし、ぼく、おれ、など）にある連合関係（範列関係）に区別できるという点も興味深いものがあります。さらに、言語をめぐって、言語体系の通時態（歴史的変化）や共時態（現在的体系）なども、ソシュールによって区別して論じられました。

　ただし、ここで一番に着目しておきたかったのは、「ラング」でした。では、ラングはどのようにしてできたのでしょうか。新語や流行語、あるいは若者言葉などを考えてみるとすぐわかるように、誰かが（たとえばSNSで）そうした新しい言葉を使い始めて（「パロール」として語られ）、そして少なからぬ人びとに共有されて、やがてその時代や世代や地域や階層などでも分有されて「ラング」になっていくと考えられます。最近では、「ラグる」という言葉が若者の間で使われています。通信機器の状態が悪くて、相手の声が、タイム・ラグがあって聞こえてくるような場合に、「ラグる」と使われています。こうした新語的なものを考えると、最初にあるのはラングではなく、むしろパロールではないでしょうか。

　もちろん、適切なパロールは適正なラングのもとで機能するので、新語はいわばこれまでの正しい用法からは「逸脱」するような——しかし、いずれはそれが定着してラングとなる場合があるような——いわば「原パロール」とでもいうべきものかもしれません。若者の「ら抜き言葉」はもう一般化しています。「ググる」（Googleで検索する）といった言葉ももはや若いパソコン世代だけのものではありません。大人も使っています。

　ラングとパロールの関係を考えると、たしかに鶏が先か卵が先かといった循環に陥るように思われますが、最も基本のところでは、私たちが他者とともに生を営みつつ、他者と一定の意思疎通を試みるという相互行為が最初にある、と考えられます。その意味で、ラングよりもパロールの方が原基的だと言えます（ただし、最基底にはソシュールも指摘するような「ランガージュ」＝象徴化能力ないしは象徴行為があると思われますが、ここでは考慮外としておきま

しょう)。そしてじつは、ソシュール自身も最初は「ラング」の側面を強調していた(あるいはそのように聴講学生や一般読者に理解されていた)のですが、後年になってむしろ「パロール」を強調するように(一般の解釈も)変化したと思われます。言葉を並び替えて多様な意味を引き出す「アナグラム」研究に晩年のソシュールが没頭したのは、意味を組み替えるパロールの力という流れで捉えることができるように思われます。

　いずれにせよ、ソシュールは同一物や実物が先にあって、それに対応する言葉があるという発想を逆にして、言葉や象徴化能力がむしろ、現実そして世界を構築していくことを強調して、物象中心の「実体」という考え方を解体する方向に思考を押し進めたのです。その意味では、まず主観や主体といった認識者(人間など)が存在し、そしてそれが対象を認識しかつ変容させるといった「物象的な実体」中心主義を解体する方向に向かいます。近代において「国家」などという概念もまた、領土を画する国境を考えてみればわかるように、人が人為的に決めた取り決めによって成り立ちます。(地図上の)海の上に線を引いて、これが国境ですとか、アフリカの場合は植民地として宗主国が人為的に国境線を画定したケースが目立ちます。だから、国境線が直線であったり、同系の部族が国境線で分断されてしまったりしているのです。「理性」などという言葉や概念も、検討が必要でしょう。たとえば、「合理的」とは何でしょうか。このように、言葉の仕組みに着目したソシュールの言語哲学は、近代の基本の発想を、たとえば主客の二元論や実体的な思考を、大きく転換させる契機ともなっていったのです。

(3)ポスト構造主義再考

　さて、近代批判としての構造主義についてさらに検討しましょう。こうした側面での構造主義の特徴をもっともわかりやすいかたちで表したのは、1924年生まれのミシェル・フーコーだと思われます。彼は、『監獄の誕生』(原著1974年刊)において次のように主張します。近代以前の処刑は公開の場で犯罪者を八つ裂きにしたり、張り付けにしたりして、見せしめの処罰とし

て行われたのですが、近代以後の処罰は、それが不可視化されるだけでなく、さらに犯罪者を矯正するという方向性が加わり、この矯正という措置が、権力者にとっては服従する人びとが「従順」であるようにする「装置」となっていくと主張しました。その装置の典型がパノプティコンという一望監視の監獄のあり方です。看守からは獄中の囚人は見ることができますが、囚人は看守を見ることはできない。したがって、囚人は看守が望む態度やあり方を先取りして、自律的に自らをコントロールして行動せざるを得ない。なぜなら、そうしなければ、さらなる処罰が加わるからです。そうして従順な模範囚も生まれます。フーコー風に言えば、このような規則を「内面化」した「従順な身体」を作り出す「装置」がパノプティコンなのです。それは一望監視「施設」のみならず、一望監視「体制」でもありますので、それは監獄だけでなく、軍隊、工場、学校、病院などにおいても作動するものです。

　そしてさらに、フーコーが強調するのは、「主体の解体」という論点です。つまり、主体を意味する言葉は、英語でいえば subject ですが、それは同時に英語の「be subject to」という熟語で示されるように、「従う」「従属」という意味合いがあります。We are subject to the laws. といえば、「私たちは法に従う」という意味です。つまり subject には、主体性を指す意味合いと、従属性を指す意味合いがあるのです。主体と臣民といってもよいでしょう。このいわば二面性を、近代は、「主体的自我」の方を強調することで、「従順な身体」と化せられる側面を隠蔽してきた、ということもできるでしょう。理性的であること、合理的であることという行動徳目も、近代的特性を持った問題含みの倫理です。

　いずれにせよ、こうして言語や権力への構造主義者の着目は、むしろ「主体の解体」という方向性をもちます。それは、人間＝理性的主体＝近代的個人、といったひとつながりの発想への反省だと言ってもいいでしょう。それゆえ、ヒューマニズム（human-ism です）も、それが人間中心主義のように捉えられると、1つの落とし穴にはまることになるかもしれません。人間 human だけが重要で、他の動植物や環境は人間のために存在する、といったような誤った

人間中心主義です。そうした人間中心主義に陥りがちな近代の発想は、環境問題を考えればわかるように、問い直されなければなりません。

　構造主義は、フーコーに象徴されるように、近代批判の志向性を明確に持ちました。しかし、ラングのような制度面という構造的側面を強調しすぎると、人間は構造ですべて決定されている式の「構造決定論」に陥ってしまい、人間がロボットのように扱われる危惧もあります。構造化している制度のような、硬直した静態的（スタティック）な思考を乗り越えようとして、ソシュールも、ラングよりパロールという実践に着目していったと捉えることができます。いいかえれば、極端な構造主義は、構造の発生を十分に説明することはできず、したがって無意識の欲動や情動を軽視する傾向や、身体のもつ生命力や他者志向性を視野に入れない傾向も生じがちです。その傾向に、構造主義内部からの批判が起こってきました。そして、それがポスト構造主義の思潮なのです。

　ポスト構造主義の思潮には、ソシュール以外にも、その源流といえる人びとがいます。それは、理性ないし合理性への批判と対になる、いわば「非合理的なもの」に着目した20世紀初頭の人びとです。その典型が、フロイトであり、ニーチェです。フロイトはその精神分析学において、無意識の欲望・欲動に着目したことでよく知られています。他方、ニーチェは『ツァラトゥストラかく語りき』で、山から下りてきたツァラトゥストラに有名な「神は死んだ」という言葉を語らせます。神は近代の科学的理性によって一度殺されているので、ここでは二度目の神殺しが意味されています。

　どんな神だったのでしょうか。それは科学的理性ないし合理的精神（合理性）だったと思われます。近代になって、理性的であることが至上のこととして、かつ自明なこととして、欲望や非合理的なものは抑圧され排除されてきました。いわば理性が、近代では神のような存在になったのです。それゆえ、二度目の神殺しがなされました。そこでニーチェの哲学は、理性に代えて「力への意志」を復権させます。この「力」（Macht）を「権力」と理解して、ニーチェ哲学は「権力への意志」を強調してヒトラーを呼び込んだ思想であると批判

する人がいますが、この「力」はむしろ生きようとする身体の「生命力」とい
うような内から沸き起こる「動き」のことだと思われます。その生命力とい
う力を大事にしようというのがニーチェの哲学の1つの解釈です。

　さて、こうした無意識や身体の生命力などといった非合理的なものにも着
目することで、ポスト構造主義者は理性的思考や実体的思考を批判していき
ました。一番有名なのは、ジャック・デリダでしょう。彼は、「脱構築」と
いう言葉を流行らせたポスト構造主義の中心人物です。脱構築（deconstruction）
とは、近代の構築物からいわば脱出すること、もっとわかりやすく言えば「ロ
ゴス（≒理性）中心主義」（logocentrism）を批判して、そうした思考を解体するこ
とを意味します。新たな理性という神（形而上学的存在）を否定し、そのもと
でのAはAだからAなのだという同一性（自同律）を批判して、Aは非Aと
の差異においてのみAなのだ、という差異性を強調しました。差異こそす
べてのソシュールを思い起こさせます。ただし、とくに空間的なイメージに
陥りがちな「差異」（difference）への着目に対して、時間的にも差異を生み出し
ていくプロセスを、彼は「差延」（différ-ant［仏語のant は英語のing に対応］を名詞
化した新語の différance を用いている）と表現しました。まさに差異化とは、時
間の流れのなかで「動き」＝行為として展開されるのです。

　しかし、脱構築、あるいは差異化という動きは、何を目指すのでしょうか。
そこが少しわかりにくい点です。そこで、この問いを念頭に、もう少し批判
の内容を具体的に考えてみましょう。フランスのリオタールという哲学者は
「大きな物語の終焉」ということを論じました。大きな物語とは、英語でい
えばgrand narrative、つまり「大きな語り」のことですが、たとえば「皆が理性的・
合理的に行為すれば、社会は善くなる」、あるいは「1人が皆のために皆が1
人のために行為せよ」、といったような表現は、実際にはあり得ない理想の
語り、でしょう。社会主義もまた、そうした大きな物語からなる合理主義の
塊のような政策をとってきました。一部の優れた理性的な人びとが、合理的
な経済計画を立てて、人びとが忠実かつ理性的にそれを実行することで、社
会主義は資本主義よりも合理的に飛躍的に経済発展する、などといった物語

です。そしてそうした物語は、いまや終焉する時期に来ているのだと、リオタールは考えたのです。つまり、社会主義的理想すら近代の合理主義の1つの典型と捉えたリオタールは、そうした理性や合理性を批判することで、近代批判を行い、そして「ポストモダン」という名称を提唱したのです。

　では、モダンの後（ポスト）とは何でしょうか。ここではまだ、モダン後の全体はよく見えてきません。確実にいえることは、「何か」を語ること自体が「大きな物語」を再び作ってしまう、という点です。「語る」ことは、あたかも「騙る」ことであるかのように、別の大きな物語を作り上げてしまうことになるのでしょうか。そこで、さらに2人に登場いただこうと思います。もう少し比喩的な例示になりますが、私たちの思考や意識のあり方をわかりやすく検討した人たちです。

　1人は、「リゾーム」という考え方を提示したジル・ドゥルーズというフランスの哲学者です。もう1人は、浅田彰という日本の経済学者・思想家です。ドゥルーズはこれまでの「近代」の思考法は、大地にしっかりと根を張り、幹を太らせ、枝を伸ばし、葉を茂らせ、そして最後に実を結ぶという「ツリー」（樹木）のイメージであったと考えました。しかしポスト近代では、根っこが自由に柔軟に伸びて結びついて拡大していく「リゾーム (rhizome)」（＝あたかも水中下の地中で横につながった蓮根のような「根茎」）といったイメージの思考法こそ重要だと考えたのです。たとえば学問のあり方を例にとると、自分の研究分野内（たとえば社会学という分野内）の先行研究をしっかりと把握し、それをもとにその研究分野内での伝統や手続きを踏んで、自説を社会学的に展開していって、社会学の次世代へと繋げていくという発想がツリーでしょう。それに対して、同じく社会学研究ではありますが、哲学や経済学、あるいは歴史学や国際関係学、さらには文学や美学などへも自由に手を（根を）伸ばして関係づけながら、社会学の新しいあり方を求め、既存の社会学そのものも組み替えて超えていくような、いわば越境的・境界侵犯的なスタンスが「リゾーム」だと言えるでしょう。

　こうした見方を浅田彰は、「パラノ型」と「スキゾ型」という言葉を使って、

別のかたちで説明しました。すなわち、パラノ型は過去のものに偏執的にこだわって統合する (integrate ＝積分する) ことに力点があり、スキゾ型はむしろ現在にこだわって分裂的にさまざまなことに手を出して細かな差異にも注目する (差異化する＝ differentiate ＝微分する) ような思考法です。古いパラノ型がツリーのような発想をするのに対して、新しいパラノ型はリゾームのように、自由に他と結びついて創造的な活動をするイメージです。もちろん、彼はパラノ型の・リゾーム的な思考と実践を推奨したのです。浅田彰は、1980 年代の後半のバブル期に対応する新しい・若い思想家の登場として、当時はかなりもてはやされました。彼は、それまでの (近代の) 構築された構造に、新たに「力」というニーチェ流のメタファーを対置させて、ポストモダン的な社会像を示した著作『構造と力』(1983 年) で注目され、さらに (近代の) 古い大人のあり方や思考法から「逃げる」ことを勧めた著作『逃走論』(1984 年) がベストセラーとなって、多くの読者に受け入れられたのです。

　ちょうど時代は、「大量生産大量消費」の時代から「多品種少量生産」＝「商品の差異化 (差別化)」がもてはやされる時代へ、いいかえれば「画一的な大衆社会」から「個性的な消費社会」へと転換する時期を、日本が迎えている時期でした。それは、とくに 1980 年代後半の「バブル」経済と共鳴する時期だったともいえるでしょう。「マネーゲーム」「財テク (財産形成テクニック) ブーム」「地上げ (土地転売による利潤獲得) ブーム」といった「投資」志向の、実物経済を伴わない、泡のような「バブル」経済の、まさに差異化＝差別化のその只中で、ポストモダン言説も「消費」されたように思われます。

　まとめと展望を述べましょう。構造主義とポスト構造主義、およびそこから生じたポストモダン論は、近代批判、あるいは近代への自己批判、それゆえ近代的主体 (中心主義) の批判という意味で (脱主体・脱アイデンティティとも関係します) 非常に興味深い議論を展開しました。だが、そうした批判の先は何があるのでしょうか (すべてを批判し解体することは、自らも解体することで、その言説自体も解体されて、自己矛盾に陥るパラドクスに遭遇します)。先にも記しましたが、ここまで来てもやはり、ポストモダン的な言説は、何を目指す

べきかが依然として不明なように思われます。問われるべき論点は少なくとも 3 つあるでしょう。

　1 つ目は、たかが主体・されど主体、です。私たちは現代の日常の生活世界で、生命体としての身体からなる「生」を営み、「人生」のリアリティを一定の「主体」として、生き抜いている点です。そうした「生」(life) の世界 (world) を的確にとらえる視点 (Lebenswelt ＝ life-world) が依然として問われます。それが、本書第 1 部で論じた現象学的思考のポイントでした。

　2 つ目は、ポストモダンの議論は、あくまでも西洋先進国の議論だったのではないかという点です。脱近代といっても、まだ「近代化」も十分ではない地域もあります。あるいは、そもそも「近代化」はもろ手を挙げて喜べることなのでしょうか。マルクスの「ザスーリチへの手紙」を思い起こすことができます。競争社会の資本主義的近代社会ではない、協働社会の地域主義的な前近代的社会は不幸だった、とはいえないでしょう。ただし、ここでいう地域主義は、地域に閉じられたかたちでは単なる閉鎖社会志向のままです。開かれた地域主義こそ、マルクスが「ザスーリチへの手紙」の最後に西欧との連携で指摘したかったことではないでしょうか。いずれにせよ、こうした開かれた地域へという「グローカル」な視野の拡大という点も、むしろ現在だからこそ必要なのではないでしょうか。

　3 つ目は、近代批判が、たしかに主体批判や科学批判、さらには資本主義批判と深く繋がっていたことは理解できますが、もう 1 つの近代の特性である「国家主義」「近代国民国家」に関して、ポストモダンはどこまで切り込めたでしょうか。社会主義国家もまた経済合理性を中心に国家発展を追求した「大きな物語」であり、その終焉は語ることができたでしょうが、国家という発想それ自体への批判的検討は、「大きな課題」として残されていると思われます。

　次の章では、21 世紀以後を展望しながら、こうした国家の再検討をベースにして、これからの社会のあり方を展望する方向で考えていきたいと思います。

第7章　現代の社会意識
——21世紀日本と現代資本主義の変容

1. 21世紀のメディアと若者の変容

⑴新ミレニアム前後のメディア

　1990年前後に東欧・ソ連の崩壊で世界が大きく変わりだした時期に、日本でもバブル経済が崩壊し、平成不況と言われる時代に突入し始めていました。しかも55年体制といわれた保守・自民党政権も40年ぶりに下野し、さらに阪神淡路大地震とオウム真理教によるサリン事件も起こり、世相が騒然とする場面がみられました。そして、こうした騒然とした1990年代を経て、2000年代という新たなミレニアムが始まることになります。そして2001年には、9.11同時テロが発生し、イラク戦争やアフガン戦争へとつながる動きが際立ち、21世紀の00年代もまた、不安と不満が渦巻く時代でもありました。そうした21世紀の00年代の最後には、日本国内で、民主党が政権を担当するようになりましたが、2011年の3.11には東日本大震災が発生し、とくに巨大な津波の襲来と福島原発の大惨事は、社会のインフラシステムの脆弱さを露呈しました。

　とはいえ、他方で、1993年にはヨーロッパでEUが発足し、1995年前後からはインターネット元年といわれる新しい時代の到来を予感させる動きも生じ始めていました。1975年にMicrosoft社を立ち上げたビル・ゲイツが、1995年にWindows 95を発売開始したのです。1976年にスティーブ・ジョブズがガレージで制作したApple Iを継承して大成功を収めたApple IIとともに、パソコンとインターネットが一般の人びとに浸透し始めました。ただ

し、漢字と仮名からなる言語使用の日本では、パソコン自体の普及の前に、ワープロ（ワード・プロセッサー）専用機が普及していました。1990年ごろには、その出荷台数がピークに達していましたが、その後の約10年であっという間にワープロは衰退し、多くはインターネットができるパソコンのワープロ機能に取って代われました。

　その点では、ポケベル（ポケット・ベル）も似た運命をたどりました。1980年ごろから徐々に普及しだしたポケベルは、1990年代の半ばにはピークに達しますが、2000年前後には急速に姿を消します。そして2007年には完全にサービス自体も終了しています。というのも、この間に、小型化した携帯電話が急速に普及したからです。1980年代には肩掛けの重たい携帯電話がありましたが、あっという間に小型化して1990年代半ばにはショートメールというかたちで文字も送れる機能をもって爆発的に一般に普及したのです。そして2007年には、ついにApple社がiPhoneを発売しました。

　このような「情報社会化」、というよりもインターネットを活用した「ネット社会」になるという意味での「ネット社会化」の進展は、日本において2000年代に入って非常に著しいものがあります。2000年に日本ではIT基本法が成立します。日本をIT先進国にする取り組みです。しかし、ネット社会化は、GAFAないしはGAFAMと呼ばれるITリーダーに先導されて急激な展開をみます。2000年にはGoogle検索の日本語版サービスが開始されました。2001年には、Wikipediaがスタートします。2002年にはブログも流行り始めます。そして2003年にはSkypeも設立され、2004年にGmail、2005年にGoogle Map、2006年にはFacebookの一般公開、GoogleによるYouTubeの買収、そしてこのころからTwitterも流行し、iPadも普及して、SNS（Social Networking Service）の流行が世界中で語られるようになりました。2007年にはiPhoneが発売され、その直後にAndroid系のスマホ（smart phone）もつづいて、携帯電話も一気にPC（personal computer）化し、SNS活用の主要情報機器となります。2000年の「00年代」はSNSの飛躍的発展の出発点として位置づけられるでしょう。「SNS社会化」に向かう時代といってもよいかもしれません。

さらに、2010年の「アラブの春」と呼ばれるアラブ諸国での政治変動の際の社会運動参加者への呼びかけ、2011年の東日本大震災におけるSNSの活用など、災害時・混乱時のネット活用が再認識されました。ちなみに、2011年には、スティーブ・ジョブズが他界するのですが、このころにはLINEやInstagramも着目され、ネット上での右翼＝ネトウヨなどという政治潮流も注目されました。このように、1995年のWindows95を基点とすると、ここ25年＝四半世紀で一気にSNSが活性化し、さらに2020年に入って一躍「グローカル化」された「新型コロナウィルス」(COVID-19)の世界的流行(パンデミック)においては、企業や学校等の「オンライン」活用のテレワークも俄然注目されました。その際、オンライン会議が可能な「Zoom」がその典型例ですが、在宅勤務やオンライン授業、あるいはウェブ会議などが2020年に急速に一般化されてきました。まさに「SNS社会化」の時代の到来です。

　つまり、IT(インターネット技術)、ICT、IoT(物のインターネット)などの言葉とともに、インターネット活用のSNSの発展には著しいものがあります。しかし、その発展は、必ずしもバラ色とはいかない面もあります。いわゆるAIの進展に伴うシンギュラリティ（特異点）の到来も語られ始めました。AI(人工知能)がそれを創造した人間の能力を超えて、人間が逆にAIに支配されてしまうような事態の出現です。そうした時期が来るのかどうかは大いに議論の余地ある点ですが、政治を含めて、人がAIなどのITをベースにした機器で未来をデザインする時代の到来です。ただし、予測通りにはいかない点もたくさんあります。突発の地震やパンデミックのような自然災害的な「危険」が襲うことは、現在の段階では避けられない面がありますし、また逆にある程度は避けられるはずの、原発事故や核戦争という「リスク」もあります。ウルリッヒ・ベックのいう「リスク社会」が本格化してきたともいえます(ベック『危険社会』参照)。

　その意味でも、今後の社会で何が起こるかは、じつは不確定です。そうしたなかで、これから未来を生きていく若い世代の人びとは、現代をどう考えているのか、そして彼らの生活世界の土台を作ってきた今の大人が、未来を

どう構想していくのか、こうした点が社会の創新＝イノベーションを考えて
いくときの基本線になるでしょう。この章と次の章は、そのような問題考察
の道標となるような思索を心掛けたいと思います。

⑵ IT と若者意識

　いま、上で最後に述べたことは、2001 年の 9.11 同時多発テロ、2008 年の
サブプライム・ローンの破綻に伴うリーマン・ショック、2011 年の東日本
大震災と原発事故、2012 年以後の尖閣諸島問題と中国の台頭と習近平の政
策（一帯一路）と安倍政権による安保法案の成立、2015 年のＥＵへの難民の大
量流入、2016 年のトランプ大統領登場とイギリスのＥＵ離脱、2020 年の新
型コロナの世界的流行など、必ずしも「想定の範囲内」にはなかった突発事
が、グローバル社会に大いに影響を与えるかたちで進展している、いわば現
在進行形の出来事です。2010 年代以降は、自国中心主義、「一国主義」、ナショ
ナリズムが際立つ時代になりました。ネット社会化で世界がネットワーク状
に瞬時につながり、国境の壁が低くなってトランスナショナルな状況が生ま
れるのと対照的に、新型コロナ問題で象徴的であったように、一気に国境と
いう壁が高くなり、ナショナルな単位が重要視される流れも生まれてきてい
るのです（ロックダウンは建物、道路、都市などの封鎖を意味し、そうした用法が
一般的でしたが、社会意識の上では鎖国のような国家単位で表象されやすい状況が生
まれました）。そして、米中対立も 2010 年代に明確になってきました。

　ところで、後で見ますが、これまでは国境の壁が低くなったかのように、
国境を越えた人の移動が急速に拡大していました。しかし、こうした拡大は、
2020 年の新型コロナの流行で急停車状態となり、その移動者数も激減します。
ただ、2021 年以降は予測が立たないとはいえ、（すぐに回復するとは思えませ
んが）アフターコロナ時代には、その数値は次第に戻ってくると思われます。
そうした時に、日本社会はどのように対応するのか、アフターコロナの状況
で考えることは興味深いものがあります。

　ただし、コロナ禍で、コロナの影響をそれ自体はあまり受けない IT 関係

は、AI やビッグデータの活用も含めて、その有用性が認識されて、今後とも
ますます進展していくことが考えられます。事実、コロナ禍では、AI を活用
したビッグデータは人の流れの把握などで重視されました。2020 年代は、AI
の時代の到来なのでしょうか。たしかに、技術のイノベーションによる楽観
的な像もまた取り結ばれています。それは、再度整理しておけば、人工知能
（AI）やロボット、さらにインターネットを物の動きと連動させた IoT（Internet
of Things）、ビッグデータ、AI 活用の自動運転、宇宙利用・宇宙開発、再生医
学、などが象徴的でしょう。先に少し触れましたが、人間が作った人造人間
＝レプリカントに反抗されてしまうという筋書きの「ブレード・ランナー」と
いう映画は 1980 年代早々の作品でしたが、映画の舞台はじつは 2019 年でした。
さらに 2019 年には、それから 30 年後の「ブレード・ランナー 2049」という続
編も作られました。その 2040 年代は、シンギュラリティ問題でしばしば語ら
れる年代です。実際には、その時期どうなっているかはわかりません。

　しかしながら、2019 年を通り過ぎ、2020 年も東京オリンピック中止とい
う余波まで飛び出して、新型コロナ一色の一年となりましたが、1980 年代
に予測した「ブレード・ランナー」のように、宇宙を自由に飛び回る乗り物
が一般化する状況のような未来社会図の展開にはなっていません。しかしな
がら、それでも、人工知能やロボットの進展で、未来の労働負担が軽減され
るとか、IoT やビッグデータの活用によって私たちの生活の質が飛躍的に向
上すると考える人もいます。たしかに自動運転は、高齢者にとっても朗報で
しょうし、再生医学の進展は難病を患っている人にとっては大変な朗報であ
ろうと思われます。しかし、技術のイノベーションの側面だけで未来を語ろ
うとする没社会科学的な言説が多すぎるような気がします。

　技術のイノベーションの延長線上で、こうした明るい未来のイメージ、な
いしは社会のイノベーションの進展が現実化されるためには、「絶対的条件」
があるということを、本書の序章で述べておきました。それは具体的には、
20 世紀を特徴づけてきた世界大戦・冷戦・核戦争といった戦争がない、平
和な状況であることという「絶対的条件」です。核兵器をもった複数の国に

おいて世界大戦的な戦争が生起すれば、遠隔の機械操作で戦闘のための兵器が空中を飛び交い、さらには宇宙でも核兵器が飛び交うグローバルな戦闘が予想されます。米国も中国も「宇宙軍」をもっています。こういう状態になると、明るい未来のイメージは即座に破壊されるでしょう。21 世紀、じつは私たちは、本当はこのような「きわどい地点」にいるのではないでしょうか。そうした時代について、21 世紀の今後を牽引していく若い世代の人びとは、どのように考えているのでしょうか。今度はこの点に関して、見てみましょう。ここで問いたいのは、若者の現在および未来へのまなざしです。

　2016 年に、ベネッセによって、現在の生活に対する満足度調査が行われました。満 18 歳以上の 1 万人に対する調査で、回収率 62.8％でした。回答者全体では、「満足している」という割合は 10.7％、「まあ満足している」が59.4％で、合計すると 70.1％が現在の生活に満足しているという結果になりました。ただし、世代別にみると、興味深い点が分かってきます。とくに「満足している」という回答は、若者層（18-29 歳）で 20.6％でした。それは、30 代の 12.6％、40 代の 7.9％、50 代の 7.9％、60 代の 9.6％と比較してかなり高いという点が示されました。通常、満足感が高まるといわれる 70 代以上の高齢者でも 11.4％ですので、それと比較しても倍近い割合です。さらに「満足している」に「まあ満足している」も加えた場合の「満足度」は、若者層で83.7％です。他の世代は、60-70％台ですので、この 8 割を超える若者層が現在の生活に関して「満足度」が高いことは、かなり特徴的なことです。

　さらに興味深いのは、20 代でのこの「満足度」が、1970 年、80 年、90 年の調査時には 50％台の前半だったのですが、それが 2000 年代に入って 65％まで高まってきていたことです。そして遂に 2016 年の調査で、80％を超えたのでした（古市憲寿『絶望の国の幸福な若者たち』参照）。18-29 歳の若者層が断トツで生活満足度が高くなっているのは、なぜなのでしょうか。この点を少し考えてみたいと思います。

　そこで少し若者論の変遷とでもいうべき、若い世代に対するこれまでの捉え方に言及してみましょう。以下では、煩雑になるのを避けて、10 年単位

で概観します。そして戦後でも若者が注目されるようになる1960年を基点に示していきましょう。

① 1960年前後には「昭和一桁世代」と呼ばれる1930年代半ばごろの若者の活躍が、「60年安保闘争」のときに中心となります。戦後に価値観が大きく変わり、軍国的雰囲気から反戦平和意識が教え込まれた世代です。

② 1970年前後の「団塊の世代」は、1940年代の後半生まれが20歳前後になる1960年代後半ごろから、とくに1947-49年のベビーブーム時代に生まれた人びとが学生運動に関与した世代です。

③ 1980年前後の「シラケ世代」とは、学生運動の季節が終わって熱気が「しらけ」始めていた1980年ごろに20歳前後となる世代で、政治的・社会的関心から距離を取ったとされる世代です。1980年に20歳になる1960生まれは、親が1930年生まれ中心の世代です。

④ 1990年前後の「バブル世代」は、1970年生まれが20歳前後となる1990年代前後のバブル期の世代ですが、かれらは、その少し前からの若者に対してつけられてきた（大人には理解不能な）「新人類」というネーミングから続いている世代でもあります。さらに、1990年代の世代は就職氷河期の「ロスジェネ世代」とも呼ばれていました。

⑤ 2000年前後の「ゆとり世代」は、1980年生まれが20歳になるのが2000年で、別名、「ミレニアル世代」ともいわれます。親は1950年前後の生まれです。このあたりから幸福感がアップしてくるのですが、パソコンが身近な存在となり始める世代でもあります。

⑥ 2010年前後の「SNS世代」は、1990年代生まれが20歳になる2010年は、すでにみたように、SNSがかなり浸透してくる時期です。「スマホ世代」ということもできます。また「新人類ジュニア」世代でもあります。親は、高度成長期に育って豊かさを実感し始めていた1960年代生まれです。SNSで友達とつながり、情報はスマホで検索して入手し、オンラインで買い物もできるようになってきた世代です。とくに生活苦も無く、友達と適度な距離で楽しめ、私生活もスマホ中心にエンジョイできると

なると、とくに大きな不満を日常生活で持つこともなくなってきた世代だといえるのではないでしょうか。

⑦現時点での最後が、2020 年前後で 20 歳になる新しい「Z 世代」で、2000 年代生まれのかれらは「デジタルネイティブ世代」とも呼ばれます。親は 1970 年前後の生まれが中心で、もはや完全に SNS は生活の一部であり、コロナ禍もあって、オンラインでの授業や会議が当たり前になってきた世代です。この世代あたりから、日本社会は変わり始めるのでしょうか。私たちの人生設計にかかわる社会意識の変化について、わかりやすい例があるので、簡潔に触れておきましょう。

　社会学者の見田宗介は、NHK 放送文化研究所の「日本人の意識」調査を活用して、「各世代間の回答傾向の隔たりを統計処理により数値化」してみると、次のようなことが分かると論じています（見田宗介『現代社会はどこに向かうのか』）。すなわち、戦争世代（1926 年以前生まれ）と戦後第 1 世代（1929 年〜1943 年生まれ：60 年安保世代に近い）で 0.19（この数値が大きいほど世代化の距離が大きい）、戦後第 1 世代と団塊世代（1944 年〜 1953 年生まれ：いわば 70 年安保世代）で 0.2、そしてさらに団塊世代と新人類世代（1954 年〜 1968 年生まれ）で 0.15 という数値になるのに対して、団塊ジュニア世代（1969 年〜 1983 年生まれ）と新人類ジュニア世代（1984 年代生まれ以降で 1990 年ごろまで［ＮＨＫ調査は 2013 年］）では、なんと 0.01 という数値になっています。つまり、上記の用語法を使うと、ゆとり世代［ないしはミレニアル世代］（団塊ジュニア）と SNS 世代［ないしはスマホ世代］（新人類ジュニア）とでは、世代間の「距離」がきわめて近いことが分かります。逆に言えば、1990 年ごろのバブル世代［新人類世代］ごろまでは、世代間の距離が大きいことが示されていたのです。簡単にいえば、1970 年代前半頃に生まれた人にとっての「威厳のある親」と、その後に生まれの人の「友達のような親」といったように対比的に表現できるでしょう。

　そこでさらに、世代間の距離がまだ大きかったと思われる 1973 年調査と、友達のような親との近しい関係が見えた 2013 年調査を対比してみると、興味深いこととして、次の例を挙げることができます。すなわち、「女子の大

学進学」についてみると、「賛成」という答えは、1973 年調査では全体で約
25％ですが、2013 年調査では全体で約 57％となり、倍増しています。もう
1 つ、日本のことを取り上げてみると、「日本は一流国」と考える人は、1973
年調査では全体で 28％でしたが、2013 年の調査では全体で 56％となりまし
た。ここでも倍増しています。そして最後に、「日本の経済発展が重要だ」
と考える人についてみてみると、1973 年調査ではわずか全体で約 7％だった
のに対して、2013 年調査では全体で約 44％になっていました。つまり約 6
倍です。この 1970 年代から 2010 年代のおおよそ 40 年間の変化を、どのよ
うに考えればいいのでしょうか。

　戦後の経済の高度成長のなかで、公害や働きすぎ(エコノミック・アニマ
ル)といったネガティブな面も指摘されていた 1970 年代前半と、経済発展
は GDP レベルで中国にこのころ抜かれたとはいえ、高い経済水準を維持し、
しかも情報機器の発達で生活のしやすさや豊かさを実感できる SNS 世代の
2010 年代前半では、「経済」への視点が異なっているのかもしれません。経
済発展、経済発展と血眼になっていたことへの反発のあった世代・時代と、
高い水準の経済発展は維持されるべきで(持続的な)経済発展は当然のことだ
と考えているうえに、IT 関連の発展がバラ色の未来を描き始めているなか
で経済発展は喜ばしく、必要なことだと考えている世代・時代との差異が、
ここに見えてくるように思われます。

　しかしこうした世論や見方の変化、あるいは社会意識の変遷は、じつは現
状においても、とてもドメスティック(国内的)なものなのです。これまでは
意識的に日本国内の日本人のことだけをみてきました。しかし、その国内自
体も、いま大きな変化の時期にきているのです。次に、この点を考えてみた
いと思います。その際に、ここでは、これまであまり言及していなかった「日
本社会の国際化」を例にとって、そうした変化の一端を見てみたいと思います。

⑶日本社会の国際化?

　1980 年以後、とくに 1990 年前後からは法的にも明確に、日本社会は「国

際化」を加速させました。たとえば、日本の「在留外国人」は、以下すべて概数ですが、1970 年には 70 万人でしたが、1980 年以後の 10 年刻みで、80 万人 ⇒ 100 万人 ⇒ 167 万人 ⇒ 213 万人と増え、2019 年末には 287 万人となりました。1970 年と比べて、この半世紀で、約 4 倍です。また日本に来ている「外国人留学生」は、1970 年には 1 万しかおらず、1980 年には 4 万人となりましたが、それ以後はたいして伸びずに 1990 年に 6 万人、2003 年にようやく 10 万人を超えました。だがその数は、2010 年に 14 万人になってから急増し、2019 年には 30 万人となりました。1970 年からみれば 30 倍です。もう 1 つ、訪日旅行者（外国人訪日客数：インバウンド）も見ておきましょう。1970 年にはわずか二桁の 66 万人でしたが、1980 年に 131 万人に倍増し、さらに 1990 年には 324 万人と増え、そして 2001 年に 500 万人を超え、2013 年に 1000 万人を超え、2018 年にはついに 3000 万人を超えました。2019 年も微増して 3188 万人でした。ここ半世紀ほどで 48 倍という増え方だという計算になります。逆にいえば、現在の水準からみれば、高度成長期ごろまで、日本にはあまり外国人はいなかったといえるのです（拙著『現代国際社会学のフロンティア』参照）。

　これらの変化は、1990 年に新たな「出入国管理法及び難民認定法」（入管法）が施行されて、それ以後に日系南米人が日本に働きに来るようになり、1993 年からは外国人「研修生」制度が始まり、2010 年からは外国人「技能実習生」と若干の制度変更と名称変更がありながらも、その数も徐々に増え（40 万人といわれている）、日系南米人＋技能実習生＋高度技術者等で、外国人「労働者」100 万人時代といわれるようになりました（2019 年 4 月からは「特定技能」という在留資格での受け入れも始まりました）。そして、国際結婚も、かつては外国人男性（典型はアメリカ人男性）と日本人女性の国際結婚でありましたが、1990 年ごろからは外国人女性（典型は中国人女性とフィリピン人女性）と日本人男性の国際結婚が目立つようなりました。1970 年には年間約 1 万組の国際結婚がありましたが、1990 年には約 2 万組となり、さらに 2006 年には約 4 万組となって、全婚姻数の約 6%、16 組に 1 組は国際結婚だと話題になりました。ただし、現在は少し減って約 2 万組（全婚姻数の約 3%）に落ち着いています。

　さて、ここでポイントとなるのは、これらの外国人関連の数値を持ち上げているのが、じつはその多くが日本以外のアジア系の人びとだということです。在留外国人も、留学生も、そして旅行者も、さらに国際結婚の相手も、そのトップは、中国系の人びとです。中国本土、台湾、香港、さらにはシンガポールの中国系の人びとが際立っているのです。それに、コリア系、フィリピン系、さらには最近ではベトナム系やインドネシア系などの、アジア系の人びとの日本社会でのプレゼンスが際立っています。つまり、日本社会の「国際化」とは言われますが、実体としては、日本社会の「アジア系外国人による国際化」、すなわち日本社会の「アジア化」とでもいうべき変容が際立っているのです。もちろん、2020年以来の新型コロナウィルス問題で、外国人は日本に来にくい状況（帰りにくい状況でもありましたが）となりましたが、この問題が落ち着くと、日本社会の「国際化」＝「アジア化」はもう一度進展していくと考えることができます。それは、日本の人口減少、少子高齢化、若い世代の3K労働忌避、などといった要素からなる、労働力不足が当面はっきりしているからです。AIやロボットの活用で、すぐに労働力不足が解消される状況にはありません。

　さて、こうした国際化＝アジア化という時代状況のなかで問われているのは、じつは未来に向けた構想です。それは政治のレベルでは、これまでのように国家内部で完結するものではない、中長期的な「政策」見通しが必要とされるのです。そうした「政策」は、しかしながら、その背後に「思想」がなければ、単なる人気取り的な場当たりの、ポピュリズム的なものに陥りやすいものとなります。つまり実践的な政策の背後にある哲学・思想こそ、ポストモダン時代の、いまの国際化＝アジア化の時代に、あらためて問われる必要があるのです。

　しかもそうした哲学・思想は、資本主義や国家主義、さらには主体主義や科学主義の再考を射程入れたものでなければなりません。なぜなら、これらの近代的な思考・志向では、平和問題、共生問題、格差問題、環境問題に対応できないからです。自分の国家さえよければよい（国家主義）では、他の国

の人びとの共生問題や、その前提となる平和の問題に対応できず、そして富める国と貧しい国のように世界規模で格差が際立つようになるからです。そこで、次に資本主義と国家主義に焦点を当てながら、現代のグローカル時代の世界をみていってみましょう。

2. グローカル化と資本主義と国家主義

(1)グローカル化再述

　グローバルについてはすでに数多くの議論がなされてきています。最近でもグローバル化に関する大きな辞典が刊行されました (The Oxford Handbook of Global Studies)。そうしたなかで、近年では、「グローバル化疲れ」(globalization fatigue) といった言葉さえ生まれています。まず、あらためて現在、グローバル化がどのように語られているかを確認してみましょう。『広辞苑』(第七版) では、「グローバル化」の項目はなく「グローバリゼーション」の項目があるだけですが、その意味は「国を超えて地球規模で交流や通商が拡大すること。世界全体にわたるようになること。」とあります。また、包括的な定義例として、文部科学省の「国際教育交流政策懇談会 (第1回) 配付資料」(2009年1月27日) によると、グローバル化とは、「情報通信技術の進展、交通手段の発達による移動の容易化、市場の国際的な開放等により、人、物材、情報の国際的移動が活性化して、様々な分野で「国境」の意義があいまいになるとともに、各国が相互に依存し、他国や国際社会の動向を無視できなくなっている現象ととらえることができる」とされています (https://www.mext.go.jp/b_menu/shingi/chousa/kokusai/004/gijiroku/attach/1247196.htm、2020年5月11日閲覧)。

　グローバル化 (グローバリゼーション) は、『広辞苑』のように交流や通商が文字通り「世界全体にわたるようになること」ですが、そうした変化が生じたのは文科省の資料にあるように、「情報通信技術の進展、交通手段の発達による移動の容易化、市場の国際的な開放等」によるとすれば、現在論じられているグローバル化は 1990 年前後から本格化したというべきでしょう。

つまり、前節でみたような急速なネット社会化、交通手段に関しては車社会化（モータリゼーション）と1970年代後半に現れて紆余曲折はありますが、とくに最近のLCCに代表される格安航空会社による航空代金の格安化、そしてそれまでの東西冷戦において西側と東側に分かれていた経済圏が東欧ソ連の崩壊にともなって市場が開放されたこと、こうしたことも考えると、グローバル化は1990年前後の時期に本格してきたと考えることができると思われます。

　しかしながら、国境を越えて世界規模に拡大するというグローバル化という捉え方は、この変化の事態の反面しか捉えていない面があります。というのも、すでに触れたことですので再確認ですが、グローバル化は同時にローカル化を伴うものだという面が語られていないからです。逆に言えば、ローカル化なくしてグローバル化はないとも言えます。つまり、ネット社会化にせよ、航空代金の格安化にせよ、国境を越えることにせよ、そうした変化の矢印の先にはそれに対応するローカルな場での変容が必要となります。それをローカル化ということができます。先に示した一番わかりやすい例は、マクドナルドのグローバルな展開という面でのグローバル化でした。マクドナルドが世界規模に拡大するということは、世界のローカルな場所にマクドナルドの店舗ができることです。

　ただし、それぞれの地域でマクドナルドが開店するという意味でローカル化すると同時に、ローカル化にはもう一つ、ローカルな場で受容されるようにローカルな特性が付与されることがあるという点にもすでに言及しました（成城大学グローカル研究センター編『グローカル研究の理論と実践』参照）。それまでのローカルな食文化の特性がファストフードのマクドナルド店で採用されて、照り焼きバーガーや中華味ハンバーガーなどが登場するという意味でのローカル化も促されます。さらにはローカルな食文化がグローバルに認められ、受け入れられていくこともあります。日本のすし文化がヘルシー志向の欧米の食文化に受け入れられていって、グローバルなものとなるような場合です。

　以上のような意味合いを含めて、グローバル化は必ずローカル化と密接につながるので、その連関を見失わないという点で、むしろ「グローカル化」(glocalization) という表現を使うことが適切だと筆者は考えているわけです。ただし、この「グローカル化」には、グローバルを志向するいわば「上向」作用とローカルを志向する「下向」作用があることにも論及してきました。グローバル化というだけでは見えてこない事態をグローカル化という動きは捉えることができます。1990年前後から本格化したのは、じつは「グローカル化」なのです。そしてグローバルなものがローカルに影響を与え、逆にローカルなものがグローバルに影響を与える「上向」と「下向」の動きも重要です。そうしたグローカル化を丹念に読み解くことが、グローバル時代と称される現在、必要な課題なのだと筆者は考えています。

⑵現代資本主義の変容——祝賀資本主義

　さて、こうしたグローカル化概念を一種の「補助線」として念頭に置いて、21世紀の現代世界を見ていきたいと思います。ここでは、2008年のリーマン・ショックにつながるサブプライム・ローンの話と、2020年開催予定だった東京オリンピックの話にまず言及してみましょう。

　2007年に問題となったサブプライム・ローン問題とは、簡単に言えば、返済能力の低い人でも貸付が可能となるように、最初は低金利だが、やがて高金利になっていく仕組みで住宅を手に入れた人が、時間の経過とともに高金利となる貸付金の返済ができなくなってローンが焦げ付き、その貸付金が回収できずに、関連する企業・金融機関が大きなダメージを受けた問題です。そしてそれが、伝統あるリーマン・ブラザーズの倒産にもつながっていたのです。そこから、世界の金融不安も誘発して、世界経済が一時期低迷する事態となりました。この問題は、リーマン・ブラザーズという一金融機関の問題ではありません。ここでは、「サブプライム・ローン型」の資本主義を一種の「モデル」として念頭において、資本主義の変容の問題を考えてみたいと思います。ですから、以下のことはサブプライム・ローンやリーマン・ショッ

クの正確な解説ではありません。19世紀的な資本主義が、20世紀的資本主義を経て、21世紀にはどうなるのか、そうした視点からモデル的に資本主義の変容を以下で描いてみたいと思うのです。

　機械制大工場で生産物を製造し、それを流通・販売して利潤を得るという古典的な19世紀的な産業資本主義が、今日では、「製造」の部分を省略して、かつ金融工学的な仕方で利潤を確保するための「株式市場」を確保するというかたちで、21世紀的な金融資本主義に変質しているのです。かつての産業資本主義は、当初は国民経済学の範囲内で発展してきました。しかし、イギリスがそうであったのですが、綿製品のような生産物の販売は国内だけでは市場が飽和します。それが国内的には生産過剰となって、しばしば国内での恐慌を生んできたわけです。そこで、市場を国外に求めて海外進出するようになります。端的にいえば、それが19世紀末から20世紀前半的な帝国主義的な資本主義の特性であり、固定的な国外市場の拡大を求めて、ヨコに広がるかたちで他国・他地域を植民地化していったのです。そしてその植民地争奪戦が2度の世界大戦を引き起こしていったといって過言ではありませんでした。

　しかし、20世紀の後半には、植民地自体が制度的には消滅していくポストコロニアル時代に入り、植民地市場には以前ほどは期待できなくなります。そこで、メディアが大きく進展し、広告や宣伝などで商品の購買を刺激する戦略が活性化して、国内で商品購入の「欲望」が喚起される仕組み（メディア戦略）が出来上がります。それが、最初は大量生産大量消費で、皆が買っているから、皆が持っているから、私も——時代に遅れないように——同じようにしようといった仕方で、画一的に同調的に消費していたいわばフォーディズム的消費が一般的でした。しかしそれが、ポスト産業社会段階（ポストフォーディズム）になると、ポスト構造主義のところでも見たように、他者と差異化された（＝差別化された）個性的な商品だからとして、非画一的な個性発揮の発露として、差別化された商品を購入する「高度消費社会」が出現しました。バブル期はその一つの頂点です。とはいえ、個性的消費を皆が行

うこと自体は「画一的」で、それは決して「個性的」ではないのですが、それ
はそれとして、ともかく自分の欲望にあった個性的なものを選ぶように「宣
伝」されることで、消費意欲が掻き立てられてきたことは確かです。いわば
今度はタテに（上下に）広がるかたちで、深層の欲望も掻き立てる、このメディ
ア戦略がグローカル化の進展でやがて世界各地のローカルな場でも機能しは
じめたのです。前述のマクドナルド的（およびその他のファストフードのみなら
ず、ファストファッションなども含めて）な「グローカル化」する企業が登場して、
新たな欲望を喚起していったのです。

　しかしそれは、ごく一部の世界規模の「グローカル企業」の戦略、いって
みれば多国籍をこえる超国籍の成功した企業のみが採りうる戦略であって、
植民地もなく、国内市場も飽和状態に陥って不況と向かい合う企業は、別の
方法を考える必要がありました。それが、（現時点で考えうる）最後の手とし
て、「消費を掻き立てる欲望形成」のいわば究極の手法として考えられたの
が、上述の「サブプライム・ローン型」の資本主義でした。国内の低所得者
層も、金利が安いので自分の住宅をすぐに手に入れることができる。そして
頑張って仕事すれば、その後に金利が少しずつ上がって、うまく対応できる
はずだったのです。筋書きは、そうなっていたのです。しかし現実は、やが
てやってくる高金利に対応できなくなり、破綻してしまいます。そうした筋
書きは、いわば「無理筋」のタテの欲望喚起の筋書きであったわけです。

　このように、資本主義は、19世紀的な自由放任の、それゆえ恐慌も定期
的に引き起こした製造業中心の産業資本主義が、国内市場の飽和状態を脱す
べく帝国主義的な資本主義に変容し、そして同時に国家が経済政策に介入す
るケインズ的な財政投融資政策にも後押しされて、国としては一定の発展
があるように見えながら、帝国主義的資本主義が植民地の市場獲得を争い
あう2度の世界大戦を招き入れたのです。しかし、とくに第2次世界大戦後
は、ポストコロニアル時代となり、しかも第2次産業的な工業的な製造業か
ら第3次産業的な脱工業社会となって、むしろ利潤の獲得対象は、生産物製
造の資本主義的利潤から金融操作による資本主義的利潤の獲得へと変質しつ

つ、物それ自身ではなく、個性や享楽の自己欲望の最大化を主観的に増大さ
せるいわばシンボル的消費へと消費者の欲望を喚起するように、戦略が移行
していったのでした。そして、それがいま限界にきているのです。

　そこで、その次なる手ともいえる象徴的な手法は、各種のイベントへの関
心を最大化して集客し、関連する消費を誘発して、利潤を得る手法です。そ
れが、イベント資本主義あるいは祝賀資本主義と言われる「商法」です（とき
に惨事便乗型の資本主義も登場します）。そしてその典型が、オリンピックとい
う祝祭です（鵜飼哲『まつろわぬ者たちの祭り』参照）。そもそも、オリンピックは、
19世紀の終わりにクーベルタン男爵が、古代ギリシャにおけるオリンピア
の競技大会にならって「復活」させた国際大会でした。古代ギリシャの都市
国家においては、都市が主体となって開催するかたちをとってきました。だ
が、現代オリンピックは、名目は都市開催だとしても、実際には国家が大き
く関与し、国別にメダルをいくつ獲得したのかを競い合う「国別対抗国際競
技」の様相を呈して、いわば国家間の競争を促す祝祭となってきました。そ
れゆえ、ファシズムの時代も、東西冷戦の時代も、そしてポスト冷戦後も、
国威発揚の場としてオリンピックが利用・活用されてきました。ナチス・ド
イツの国威発揚、ソ連や東独の組織的なドーピング問題、そして中国の台頭
を象徴するセレモニーなど、「国際」関係＝「国家間」関係が如実に示される
大会となってきたのです。

　さらに、大会自体は圧倒的に欧米開催が多く、アジアでは現在までに3
回（2020東京大会を除いて、東京、ソウル、北京の3大会）、南米ではわずか1回、
アフリカではゼロ、という始末です。オリンピックを開催するだけの経済的
余裕が国家にあるかないかが重要だというような言われ方もされましたが、
1980年のロス・オリンピック以後は、むしろテレビの放映料や民間の関連
事業の利潤追求の貴重なイベントと化しています。だからこそ、2020東京
大会は、開催決定までに大手広告代理店を通して3億円という使途不明のお
金がIOC関係者に流れたとされていますし、真夏の7月開催予定という過
酷な日程は、放映権を獲得したアメリカのテレビ局の都合に合わせた開催日

程であったのです。少なくとも、オリンピックが、テレビ等の放送権も含めて、企業的に「お金になる」イベントなのです。いわば「祝祭」というかたちで、祭りを演出し、そこにアスリートを取り巻く観客という人びとを大量動員し、非日常的な消費意欲を掻き立てる装置がオリンピックなのです（小笠原博毅・山本敦久ほかの『反東京オリンピック宣言』や『やっぱりいらない東京オリンピック』など参照）。

　もちろん、1964年の東京大会は、戦後日本の経済の高度成長に弾みをつけるかたちで、東海道新幹線や東名・名神高速道路、そして首都高などのインフラ整備にも力を入れて、経済の活性化を試みて、「オリンピック景気」と称され、経済成長を示して成功した事例です。2020東京大会はどうでしょうか。現在、本書執筆時点では、2020年の東京オリンピックは新型コロナウィルスの影響で2021年に延期となりましたが、目論見通りにいくかどうかはクエスチョンマークがついている状態です。

　なお、オリンピックは冬季大会もあります。2022年は北京で開催される予定です。中国は2008年の夏季オリンピックの後、冬季も主催することで完全に世界の主要国メンバーとして認められることとなります。というのも、冬季オリンピックを開催できるのは、基本的に「北」の国々で、雪の降る寒冷時期をもっている国々です。アフリカや南米ではあり得ません。それで本当にグローバルな世界の祭典といえるのかどうかは問わないとしても、オリンピックそれ自体が北半球の、西洋の発祥で、近代オリンピック自体も基本的には「北」の国々のイベントなのです。近年では、アジアの日本と韓国そして中国が夏冬オリンピックの開催国となるわけです。それぞれの国の大会が経済発展の思惑をもって開催されるのです。日本の2020東京大会は、当初は東日本大震災からの回復をアピールするためとされ、原発問題は完全にコントロールされているとも述べられて、まさに当時の安倍政権のアベノミクス戦略の一環で、オリンピック景気を再現させる起爆剤にしようとしていました。その大会の延期後は、「新型コロナを克服した大会」にしようと（勝手に）目的が変えられているようにも思われますが、はたして思惑通りにい

くのでしょうか。無観客でも開催しようという動きもあります。だが、表向きの目的はいわばどうでもよいのです。そのイベント開催で経済が活性化し、利潤が増大すればいいのですから……。

　日本としては、2020 東京大会がだめでも、次に 2025 年の大阪万博が待っています。ちょうど 1964 年の東京オリンピックと 1970 年の大阪万博とのつながりと同じように、経済発展の再来を狙っているわけです。アベノミクスにおける武器輸出、原発輸出といったなりふり構わぬ経済発展路線と同様に、またギャンブルである「カジノ」を作って経済の活性化を図るのと同様に、何が何でも金を落とさせ利潤を上げるためには、倫理も道徳もいらないかのような振舞いです。ギャンブルが、単に道徳的に問題があるといっているのではありません。資本主義の行き詰まりを、ギャンブルのような射幸心を煽ることで打開しようとする発想を問題にしているのです。つまり、文字通りのカジノ資本主義、祝祭資本主義、祝賀資本主義、これらの姿には、なりふり構わぬ利潤獲得のチャンスの形成といういわば末期的な資本主義の姿が露呈されているように思われます。いったい、資本主義はどうなってしまうのでしょうか。次なる課題は、「資本主義の終焉」に言及することです。

⑶資本主義の終焉とその先

　じつは、資本主義の形成期の話のなかですでに若干触れていることですが、一部の社会科学者の間では、「資本主義の終焉」が本格的に語られ始めています。たとえば、水野和夫は、サブプライム・ローンの崩壊、リーマン・ショック、そしてゼロ金利時代において、もはや「より早く、より遠く、より合理的に」という資本主義のスタンスが変容し、13 世紀の第 4 回ラテラノ公会議での利子公認から始まった資本主義がいまや終焉の時期に来ているとみています（水野和夫『資本主義の終焉と歴史の危機』）。そして彼は、資本主義後に求められるのは、人文学的思考と複数学習による多面的理解にもとづく経済社会だと示唆しています。さらに、広井良典は、資本主義終焉後のポスト資本主義は「定常型社会」というべきもので、約 20 万年前の人類誕生の後で、①

約 5 万年前の宗教・信仰の成立などの意識のビッグバンによって人類の生活が安定し、第 1 の定常型社会に入っており、さらに約 1 万年前の農耕の開始などでさらに人類は発展したのちに、②BC5 世紀ごろの普遍宗教の成立で古代帝国などの第 2 の定常型社会に入っていたが、17 世紀ごろからの近代化において市場化、産業化、金融化などの資本主義化で拡大・成長を続ける時期を経て、③いまや第 3 の定常型社会に入りつつあると述べています（広井良典『ポスト資本主義――科学・人間・社会の未来』）。

　ちなみに、広井のこうした発想は、先にも取り上げた見田宗介の議論に依拠しています。見田は、『現代社会はどこに向かうのか』で次のような発想に関心を寄せています。それは、人類の「ロジスティック曲線」と呼ばれるもので、どんな生物も、①緩やかに数が増える時期（ステージ 1：助走期）のあとに、②急激に増える時期（ステージ 2：大爆発期）を経て、再び安定する時期（ステージ 3：安定平衡期）を迎える。しかしながら、ある生物の大爆発期の勢いが強すぎると、安定平衡期になる前に滅んでしまう、こういった発想でした。このような緩やかな斜向の S 字型の曲線を歩んできた人類が、いまやステージ 3 の安定平衡期に移行できるかどうかの端境期にある、と見田は考えているようです。そして、そのステージ 3 の時期の重要な人間意識は、「アート・愛・友情」であると彼は語っています。科学的な合理性偏重でない「芸術・アート志向」と、理性ではない情動の「愛」を重視し、かつ友との「つながり」を大切にする「友情」という社会関係形成、それらが必要だと見田は見ているのでしょう。それはあまりにも、誌的、文学的な表現ですが、しかし時代は確実に、その方向に動きだしているように思われます。というよりも、そうしなければ、もはや地球社会は持続しない、と思われる地点まで来ているのです。

　それが、平和問題、共生問題、格差問題、そして環境問題に明確に表れているのです。新型コロナに対するワクチンが急いで開発されましたが、それはパンデミックに対する科学・医学の勝利なのでしょうか。本書の冒頭でも記しましたが、2021 年の 1 月段階で、AFP= 時事の配信記事が伝えるところ

によれば、国連のアントニオ・グテーレス事務総長は、世界の新型コロナに
よる死者が 200 万人を超えた「痛ましい節目」に、「ワクチン・ナショナリズ
ム」に警鐘を鳴らし、「ワクチンは、高所得の国々にすぐ行き渡ったが、特
に貧しい国々には全く届いていない」と述べ、「科学の面では成功しているが、
連帯の面では失敗している」と指摘したのです。まさに、国際社会学的、歴
史社会学的にみて、問題はここにあるのではないでしょうか。

　BI（basic income：最低生活保障制度）という発想が、社会科学者や政治家たち
の一部で語られ始めています（原田泰『ベーシック・インカム』や井上智洋『AI 時
代の新・ベーシックインカム論』など参照）。それは、資本主義の特性、たとえ
ば自由かつ私的な利潤追求が格差社会を生み出し（格差社会化）、さらに自由
かつ私的な企業競争が競争社会を生み出す（競争社会化）傾向にある点を自覚
し、問題化するものです。それは資本主義の典型国、アメリカにおいて顕著
です。しかも、アメリカを中心とするグローバル資本主義は、グローバルな
格差をも生み出してきました。国連関連諸機関の最近のデータによれば、概
数ですが、世界の富裕層 1％が世界の富の半分を保持していると指摘されて
います。さらに例を挙げますと、1 日 1.9 ドル以下で生活する人が世界に約
8 億人弱いるとか、世界の飢餓人口も約 8 億人強であるとか、非識字人口（文
字を読めない人の割合）が約 8 億人弱おり、しかもそのうち 2/3 が女性である
とか、管理された水を飲めない人が約 20 億人強いるとか、5 歳未満児死亡
率は 1000 人中で日本は 3 人だが、アンゴラでは 157 人、チャドでは 139 人
などと言われているとか、インターネット普及率も先進国では 80％強であ
るが、開発途上国では 40％、後発途上国では 20％であるといった言われ方
もしています。ようするに、格差は国内でも世界レベルでも明確に見られる
のが 21 世紀の現代社会だとすれば、それに対してどう私たちは対応できる
のでしょうか。その 1 つの試みが、最低生活保障制度であるベーシック・イ
ンカム（BI）の確立という対応策です。

　BI の基本原則は、国民すべての「最低生活を保障する」ために、一定の額
を政府が「無条件で国民全員に」支給するという仕組みです。別のところに

も書きましたが（拙著『トランスナショナリズム論序説』）、こんな試算ができます。日本の勤労者が得る年間の報酬が全体で250兆円だとすると、BIの制度で、たとえば50%の税金を課すとすると、国の税収は125兆円となります。それを日本国民1億2500万人に平等に配分すると一人当たり年額100万円となります。月額にすると8.3万円ちょっとです。仮に無職の配偶者と子ども2人のサラリーマンで年収440万円（ほぼ2019年度の日本人の平均年収です。月収では約36.7万円となります）だとすると、その半分の220万円が税金にとられ、残りは手取りで220万円、月額約18万円しか所得がないように思われますが、BIによって8.3万×4人分で約33万円入ってきますので、合計51万円となります。年収ベースでは612万円です。これはあくまでも机上の単純化された計算ですが、日本人の平均月収よりも多くなりますね。もし病気になったり、失業したりして収入がゼロになっても、最低生活は保障されますので、1人当たり8万強、家族4人で30万円強が保証されます。近年の生活保護の受給額が40代夫婦と子供2人で18万円程度（厚生労働省による）ですので、それよりも多いことになります。国民全体ということは、無年金者も失業者も子どもも、受給されるということです。そ、そんなうまい話があるのだろうかと思う人もいるかもしれません。

　じつは、フィンランドは一種の社会実験として、このBI制度を一部の人に適用しました。そして政府は、2020年5月に、アンケート調査とインタビュー調査をもとにして、その結果をまとめた報告書を出ました（News Week Japan 2020/05/11による）。それによると、フィンランド政府は、無作為に抽出した25歳から58歳までの2000名を対象に、2017年1月から2018年12月までの2年間にわたり毎月560ユーロ（約6.5万円）を支給しました。そしてこの期間の失業手当受給者を比較の対象群としてBI受給者の生活満足度などを調べました。その結果、BI受給者の方が生活満足度は高く、精神的ストレスも少なく、他者や組織への信頼度が高く、自分の将来にも高い自信を示したとのことです。インタビュー調査でも、BIが自律性を高め、経済状況をコントロールでき、ボランティア活動など新たな社会参加を促すケース

もあったことがわかりました。フィンランド国民は約半数がBIに賛成とのことです。

　しかしながら、逆にいえば、約半数の人はBIに賛成していないことになります。たとえば、先の例で、子どものいない独身者の場合、年収が440万だとしても、220万を税金に持っていかれて、かわりに手にするBI支給額は年100万円ですから、差し引き年に120万円損をする計算になります。月10万円損するわけです。このように、うまい話ばかりではないので、独身者にはまた別途に施策を講じる必要が出てくることになります。そうなると、いろいろなケースで大変細かな作業が必要となるうえに、不公平感もなかなかぬぐえないと思われます。税額を軽減し、かつ支給額も削減するとなると、「最低生活保障」という枠組みが崩れてしまうかもしれません。かくして、BIは、理想は高いのですが、現実の運用面ではまだまだ問題が多いと思われます。

　ただし、筆者自身は現在のBIの発想の根本のところで、少なからぬ疑問をもっています。それは、これまでのBIの発想が、基本的に「国家単位」で考えられているからです。スイスやオランダでもBIの実施を検討していますが、これらの国はいずれも豊かな国です。世界の一人当たりの名目ＧＤＰの国別ランキング（2018年）では、スイスが世界192か国中で第2位、オランダでも13位、フィンランドは15位です（ちなみに、日本は26位です。出典はＩＭＦのデータ：globalnote.jp参照）。豊かな国が、さらにBIで最低生活保障が完備されることでますます質量ともに豊かになっていく一方、貧しい国はどうなるのでしょうか。BI本来の発想それ自体、つまり人びとが最低限の生活を送れることを保証する発想それ自身は、重要なことだと考えますが、それは「世界格差」を解消する方向でなされるべきではないでしょうか。豊かな国の人びとがその収入の一部を、その国の経済水準に対応するかたちで世界機関に預け、そしてその機関が貧しい国の人びとの経済水準に対応させて最低限の生活保障をすべく支援するようなイメージです。今日、善意の人びとが国際NGO活動として散発的にやっていることを、グローバルなレベルで

制度的に行っていくことが望まれるのではないでしょうか。そして何よりも、それを阻んでいるのは、「ナショナリズム」です。それは、自分の国が一番大事といったものから、自分の国さえよくなれば他はどうでもよい、さらには自分の国がよくなるためには他の国を打ち倒さなければならないといったような諸タイプからなる、「自国ファースト」の発想であり、それがある限り、世界規模の思考は育ちません。

　国家間競争が世界大戦というかたちで 2 度も行われた 20 世紀前半、そして冷戦というかたちで国家間競争が激化した 20 世紀後半、さらに、中国の急速な発展に伴い、2020 年のコロナ騒ぎでも明確になったように、米中の非難合戦や覇権争いなど、国家主義的な傾向を一部の国は強く持ち続けています。そこを、いかにして変革し、イノベートしていくのか。それがいま、世界で問われていることだと思われます。資本主義と国家主義の克服はいかにして可能か。最後に、この問題を考えながら、皆さんに問いを投げかけるかたちで結びに入ろうと思います。

3.　未来社会への構想力──社会環境をデザインする

(1)何が問われているのか──脱成長

　さて、本書の序章で、日本政府の Society 5.0 に関して説明し、そしてその発想を批判的に検討しました。国際競争に勝ち抜くための、最新の IT の社会実装、研究力の強化、国際連携の強化、最先端分野の重点的戦略、といった Society 5.0 の発想への批判の核心は、経済発展を中心として国際競争に勝ち抜くといった国家主義的な発想も批判しつつ、まず何よりも、平和の問題に象徴される望ましい社会環境の構築が前提となることを論じました。そして平和のためには、国境を越えた人びとの共生・協力・連携が重要なこと、そしてとくにグローバル時代に考えるべきことは、世界規模の格差の解消に先進国が努力し、さらに温暖化対策を中心に地球環境への対処が重要なことも論じてきました。つまり、平和・共生・格差・環境への対処こそが、いま

や喫緊の課題であり、国際競争に勝ち抜いて経済発展を至上命題とするようなナショナルな発想は間違いである、と考えているのです。

　以上のことを的確に表現する言葉として、筆者は、近隣の諸国と平和のための不戦条約の締結を柱とする「トランスナショナルでリージョナルな連携」をまず考えたいと思います。そしてその内実として、リージョナルな統合体の形成を目指す方向性を模索したいと考えています。本書では詳細には論じませんが、東アジア共同体といった地域統合体の検討は不可欠だと考えています。さらに格差の問題に関しては、BI の発想を世界規模に広げるかたちでの「国際 BI」といった国際的な支援の組織化を進めることが重要だと思われます。そして最後に、環境問題に関しては、化石燃料使用からの脱却を目指す再生可能エネルギーの活用による脱炭素社会の実現を目指すべきでしょう。以上をシンボリックなかたちで図式的に示せば、平和→不戦条約、共生→広域連携、格差→国際 BI、環境→脱炭素化となるでしょう。

　そうした方向性のなかで、当面、筆者が一番重要だと思われるのは、「脱成長」という考え方です（斎藤幸平『人新世の「資本論」』で「脱成長」が論じられています）。それは、さきほどの資本主義の終焉を論じたなかでも定常化社会などという表現で論じられていましたが、国家間の経済発展競争に基づく経済成長主義を大きく転換させる発想です。経済成長で国際競争を勝ち抜くというのではなく、平和、共生、格差、環境の問題に英知を向けることこそ、現時点では重要なのです。そのいずれにおいても、「国家を超える連携」が喫緊の課題です。筆者はそれを、「トランスナショナリズム」という言葉に仮託して論じてきましたが、それは国家を超えて脱国家的に連携して、平和、共生、格差、環境の諸問題に対応することを意味します。そのためには、自国の経済発展だけを命題とするような国家主義を克服し、格差問題や環境問題に対応すべく連携しながら、国家を超えた平和と共生を実現していくことなのです。

　経済成長路線を強引に推し進め、そのために外国に武器を売り込んだり（「防衛装備品移転」）、さらに原発さえも売り込んだり（「原発輸出政策」）してま

で、経済発展を強引に実現しようとしたのが、安倍政権時代のアベノミクスだったとすでに指摘しました。筆者からみれば、これが安倍政権の最も問題で、かつ一連の問題の根底にある核心的論点であるような気がしてなりません。もちろん、安保法制も大いに問題です。しかし、「美しい国」日本が経済発展して豊かな国になるために、それを阻害するような国々とは一戦を交えてでも、この経済発展の方針を守る、そしてそのためにはまずは戦い（戦争）の準備もしておく、というのが安保法制だったのではないでしょうか。そうするのは、周りに「敵」がいるからだという理由です。だがそれは、「敵」を作っておいて、戦争の準備をするという愚かな戦略だと思われます。なぜ最初に、近隣の国々と「仲良くする」ことを最優先に考えないのでしょうか。なぜ他者との共生を真っ先に考えないのでしょうか。そんなことをすると、相手に負けてしまうからなのでしょうか。

　先に見たように、「こんな戦争をして、日本の國はどんな利益があったでしょうか。何もありません」と戦後すぐに文部省も憲法の話で強調していました。イラク戦争でも、アメリカは自らの覇権を維持するために、生物兵器があると偽って戦争を仕掛けました。それは、アメリカの覇権を守り、石油エネルギーの確保などを狙いつつ、世界経済を自らの思うままに動かしたかったのではないでしょうか。つまり、資本主義経済における経済的優位性を維持発展させるための戦争だったのではないでしょうか。経済発展は、それまでして守るべきなのでしょうか。経済発展を至上命題にする限り、アメリカに代わって覇権国となる国も同じことをするでしょう。したがって、平和、共生、格差、環境といった問題を最優先に考えると、経済発展は当面、「悪」なのです。

　そこで注目すべき言葉が、「脱成長」なのです。ですから筆者は、「持続的な発展」という言葉も、発展を持続させるという意味合いで語られる限りは、問題ある標語だと考えています。平和と共生を実現しつつ、格差をなくし環境に配慮した、ゆったりとした発展というならば、納得します。発展や成長が不要だと述べているわけではありません。しかし、持続的発展という言葉

で、「発展」という命題をぼやかすような姿勢に関しては、明確に「脱成長」という言葉を掲げて、問題を明確にする方が戦略的にも好ましいと考えています。

　つまり脱成長とは、脱資本主義、脱国家主義をも含意しています。それは、ポストモダン論者たちの脱主体という自己中心主義批判や、理性批判(脱理性)をも踏まえた視点なのです。脱資本主義といっても、生産を否定するものではありません。またかつての社会主義のように国家が割り当てて生産する方式でもありません。むしろここでいう脱資本主義は、株主型資本主義からの脱却といってもいいかもしれません。株式への投資で資本主義的生産を活性化させ、不労所得を得たりするというかたちではありません。資本を活用して生産すること自体は、もちろん否定されるべきではありませんが、それはマルクス風に言えば、商品の「交換価値」ではなく、物の「使用価値」を中心に、しかも平和、共生、格差、環境に配慮してなされる生産であるべきです。

⑵社会環境デザイン論

　筆者はかつて(『トランスナショナリズムと社会のイノベーション』や『トランスナショナリズム論序説』)、理念理論的な社会環境デザイン(SED)論を提示しました。最終的には、以下の13の問題への対応を考えようとするものでした。新しい補足も交えて、簡潔に以下に示しましょう。

　　①国境問題：国籍・移動の柔軟化と移住者の政治参加を保証するトランスナショナリズム

　　②企業問題：超国籍企業の国際的監視やトービン税的課税によるグローバルな財源確保

　　③平和問題：核廃棄・反戦平和維持・脱原発の推進に基づく、新しい平和維持システム構築

　　④教育問題：教育(とくに科学技術系と社会・言語系)の拡充による開かれた研究教育

⑤対話問題：通訳・翻訳システム（電子翻訳含む）の確立と英語・米語帝国
　　　　　主義からの脱却

⑥情報問題：SNS・スカイプ・Zoom 等の情報コミュニケーション・シス
　　　　　テムの積極的活用

⑦環境問題：地球規模の自然環境保全システムの整備・拡大と自然保護の
　　　　　団体の連携強化

⑧貧困問題：グローバルなベーシック・インカム的な施策による国益から
　　　　　国際益への転換

⑨弱者問題：マイノリティへのサポート体制のグローカルな構築に基づく
　　　　　社会的弱者支援

⑩人権問題：自由および平等そして反差別の観念の普及と可傷的人間存在
　　　　　の生存権確保

⑪支援問題：国際 NGO/NPO 的な諸団体の積極的な展開とソーシャル・
　　　　　ビジネスの活用

⑫南北問題：北の技術／資金の、南（グローバル・サウス）への移転と南北
　　　　　の交流の促進

⑬共生問題：たとえば、当面の日本的課題としての「北東アジアの平和と
　　　　　共生」への連携

　しかし、後述するように、国境が閉ざされて人や物がトランスナショナル
に移動しえない状況を考えると、生きるための食糧問題がクローズアップさ
れます。その段階では、あらためて第 1 次産業的な地産地消の試みも注目さ
れます。そこで、もう 1 つの項目を追加して、

⑭農業問題：食糧や飢餓の脱国家的な問題解決を含む、生の確保に向けた
　　　　　農業の再活性化

　2015 年 9 月、ニューヨーク国連本部で「国連持続可能な開発サミット」が
開催され、150 を超える加盟国首脳の参加のもと、「我々の世界を変革す
る：持続可能な開発のための 2030 アジェンダ」が採択されました。それが、

SDGs（Sustainable Development Goals）です。それは、2001年に定められた「ミレニアム開発目標（MDGs）」を踏まえたものです。このMDGsでは、ゴールとして、①極度の貧困と飢餓の解消、②初等教育の完全普及の達成、③ジェンダー平等と女性の地位向上、④幼児死亡率の削減、⑤妊産婦の健康の改善、⑥HIV／エイズ、マラリア、その他の疾病の蔓延の防止、⑦環境の持続可能性確保、⑧開発のためのグローバルなパートナーシップの推進、の8つが掲げられていました。

　それに対して、SDGsでは、以下の17の目標が掲げられています。すでに本書でも触れているので、ごく簡潔に示してみましょう。①貧困に終止符、②食料確保と栄養改善と農業推進、③健康と福祉の確保、④教育提供、⑤ジェンダー平等、女性のエンパワーメント、⑥水と衛生の管理、⑦エネルギー確保、⑧持続可能な経済成長、完全雇用、適正な仕事、⑨レジリエントなインフラ整備とイノベーションの拡大、⑩国内および国家間の不平等是正、⑪都市と人間の居住地を持続可能に、⑫持続可能な消費と生産、⑬気候変動対策、⑭海洋と海洋資源の保全、⑮陸上生態系の保護、生物多様性の確保、⑯平和で包摂的な社会を推進、⑰グローバル・パートナーシップの活性化、です。

　以上を筆者なりにまとめると、以下の4点となります。
　(1)生命維持系：①貧困克服・②飢餓と食糧・③健康と福祉・⑥水と衛生・⑫消費と生産
　(2)社会生活系：④教育・⑤ジェンダー平等・⑧雇用確保・⑨インフラ整備・⑪都市環境
　(3)自然保護系：⑦エネルギー・⑬気候変動・⑭海洋資源・⑮陸上生態系
　(4)国家関係系：⑩国家不平等の是正・⑯平和な包摂社会・⑰グローバルなパートナーシップ

⑶脱成長と共愉への道

　以上のSED（社会環境デザイン）論あるいはSDGsを考えようとすると、どうしても現代資本主義の再検討に目を向けざるをえません。資本主義は上述

のような問題点を解決することにどこまで寄与するでしょうか。あらためて、資本主義の問題点を考えてみたいと思います。

　斎藤幸平によれば、資本主義は、ひたすら成長をめざし、商品の「使用価値」よりも「(交換)価値」を重視し、人命より儲かるか否かが最優先され、環境破壊を招く恐れがあるとみなされています(『人新世の「資本論」』)。そこで、彼は未来社会へのポイントとなる5点を、特に晩期マルクスの思想から学んで、以下のようにまとめます。①使用価値経済への転換、②労働時間の短縮(AI活用は、利益増大ではなく労働時間の短縮に向け、ワークシェアリングを考える)、③画一的分業廃止(アダム・スミス以来の発想の転換)、④生産過程の民主化(地産地消を含めた、各自が必要なものの生産であって、消費を煽らない、新しいイノベーションの可能性)、⑤エッセンシャル・ワークの重視(つまり、ケア労働を含めた生きていくために必要な人間労働を、加速主義ではなく、減速主義で進めていく)。それを彼は、「脱成長コミュニズム」という表現で示しています。

　具体例は、現代版入会地としての、デトロイトの都市破綻後の都市農業・エディブル・シティ都市果樹園の試みや、バルセロナ市の2020年1月の気候非常事態宣言において、自由主義を批判し、フィアレス・シティ(恐れ知らずの都市)のネットワーク形成を目指す動き(たとえば、2050年までにCO2排出ゼロにする運動や、近距離飛行機の廃止や自動車の速度制限ほかの「経済モデルの変革」宣言に着目し、「脱成長社会」を目指す姿勢)に着目しています。そのほかにも、ジェントリフィケーション(再開発で富裕層が大都市中心部に流入する現象)への抵抗、協同組合による参加型社会(ワーカーズ・コープと参加型民主主義)、気候正義にかなう経済モデルへ(気候変動被害の是正:気候正義)、そして自治体(municipality)が国境を越えて連帯するミュニシパリズム(国境を越えてつながる自治体主義)、つまり国際的な「フィアレス・シティ」の横の連帯などが論じられています。

　もちろん、「脱成長」という視点に関しては、これまでも多くの論者がいろいろな視角から論じてきました。今日でも、イヴァン・イリイチの「コンヴィヴィアリティ(conviviality)」(筆者はこれまで自分の著書で「共愉・共歓」という訳

語を示してきました）概念が再着目されていますし（イリイチ『コンヴィヴィアリティのための道具』）、それを「脱成長」と絡めて論じる議論もあります。勝俣誠ほか編の『脱成長の道』と題された邦訳の論文集では、コンヴィヴィアィティが「共愉」および「分かち合い」と訳されて、「脱成長」と結びつけて日仏の研究者たちがコンヴィヴィアリティを論じています。

　とくに現代版のコンヴィヴィアリティ概念から「コンヴィヴィアリズム」を提唱している2人の論者、アラン・カイエとセルジュ・ラトゥーシュは次のように述べています。「いま緊急になすべきことは、無限の成長願望、すなわち誰もが常に物質的により豊かになれるという希望を諦め、われわれが互いに殺し合うことなくともに生きる術であるコンヴィヴィアリズムを考え出すことである」（カイエの言葉）。また「〈脱成長〉の道は、いまここにあるこの世界に対してこれまでとは異なる視線を投げかけること、つまり、われわれ自身を異なる視線で見つめることである。……〈脱成長〉の道は。……民衆が制度によって辱められることのない社会を再構築するための道である」（ラトゥーシュの言葉）。こうした視点は、今後を考えるときに重要なことだと思われます。なお、コンヴィヴィアリティの語源であるフランス語のconvive は、「食卓を囲み、共愉のひとときを過ごす者」を意味しています（西川潤ほか編『共生主義宣言』参照）。こうした議論とともに、斎藤幸平の主張には、かなり頷けるところがあります。

　ただし、上述の斎藤の著作には、3つの気になる点があります。もちろん、ここで取り上げた彼の本は、新書版の一般書ですので、何でもかんでも彼のこの本で論及できるわけではないことを理解したうえで、やや「ないものねだり」ですが、次の点が気になります。第1に、この本では、資本主義批判は明確に記されていますが、国家および国家主義への再検討に関しては十分な言及がありません。資本主義が国家主義と結びついている現代社会では、この点に関する検討が不可欠だと思われます。第2に、戦争と平和の問題がこの本ではほとんど触れられていない点です。ですので、筆者は前段で「われわれが互いに殺し合うことなくともに生きる術であるコンヴィヴィアリズ

ム」というカイエの言葉を引いておいたのです。さらに第 3 に、この本には、上述のように「国境を越えて連帯するミュニシパリズム」といった点への言及はありますが、具体的なトランスナショナルな連帯の方法については必ずしも十分に展開・構想されていません。今後、斎藤自身がこうした点を展開していくだろうと期待できますが、筆者自身は「トランスナショナリズム」という言葉でこうした問題群を検討してきているので、最後の章となる次章で、東アジアのリージョナルな連帯を含めて、簡潔にまとめておきたいと思います。

終章　越境の思想

——東アジアにおける平和と共生のための連携

1. トランスナショナリズムとリージョナリズム

(1)東アジア連携と沖縄

　現代の(国際)政治レベルで「東アジア」の連携が論題となるのは、何といっても1990年マレーシアのマハティール首相による「東アジア経済グループ(EAEG)」構想の提唱でした(1992年に「東アジア経済協議体(EAEC)」に改称)。しかしアメリカは、アジアのまとまりを警戒してAPEC(アジア太平洋経済協力会議)の方に力を入れはじめました。そうしたなかで、1994年には「ASEAN地域フォーラム(ARF)」の最初の閣僚会議が開催され、さらに1997年には第1回の「ASEAN＋3[日中韓]」(APT: ASEAN Plus Three)の首脳会議が開催されました。

　アジアではこの間に、アジア新興工業地域(NIES)の台頭からアジア通貨危機の勃発といった出来事もありましたが、欧米ではヨーロッパ連合(EU)や北米自由貿易協定(NAFTA)の成立も見られました。そこで、APTにおいては、EAVG (East Asia Vision Group)が動きだし、韓国の金大中大統領を中心に2002年のその(EAVGの)報告書で初めて公式に、「東アジア共同体(East Asian Community)」という言葉が明記されるようになりました。ただし、日本においては、森嶋通夫が『日本にできることは何か——東アジア共同体を提案する』という著作で、同様な方向性を1997年に打ち出していたことは急いで付け加えておきましょう。

　その後、APTは2005年には、「東アジアサミット(EAS)」に改編され、

ASEAN ＋ 3 ＋ 3［豪新印］の体制となりました（なお、2004 年には、いわば日本ベースで政府系の「東アジア共同体評議会（CEAC）」が東京で中曽根康弘元首相を会長として発足しました）。しかしながら、東アジアサミットでは、「3 ＋ 3」の体制にするかどうかで路線対立があったので、その後の会合は形式化・儀礼化することになりました。とくに 2011 年に米ロが東アジアサミットに正式加盟してからは、「自由で開かれたインド太平洋」や日米豪印の「民主主義のダイヤモンド」（当時の安倍首相の言葉）などのクアッド（Quad）として、東アジアサミットはいまやほぼ失速状態に陥っているように思われます。そしてその後、2013 年頃からの中国における一帯一路政策、さらに 2015 年の ASEAN 共同体の成立など、各国の思惑が交錯し、この方向の未来像は力を失ったように思われる面もありました。

　しかし日本では、2009 年に成立した民主党・鳩山政権における共通通貨や安全保障を柱とする「東アジア共同体」構想が見られました。ただし民主党政権自体が短命に終わり、この構想が政治レベルで活性化することはありませんでした。しかし同時に、日本における「地方」（地方自治体）および「民間」のレベルでは、別の動きも生じていたのです。この点について沖縄を中心においてみておきたいと思います。

　すなわち、1993 年頃から沖縄の大田昌秀県政下で、アジアとの連携を核とする「国際都市構想」が本格的に開始されました（1996 年決定）。ただし、1998 年に大田知事は知事選で敗北し、この構想はローカルな県の政策レベルでは背景に退きました。それに代わって、保守系の「沖縄イニシアティブ論」や「二一世紀日本の構想」の提唱（2000 年）がみられ、さらに 21 世紀の 00 年代中ごろ以降の普天間基地の辺野古への移設を明示化した「ロードマップ」の作成とその後の保守系の仲井眞県政への移行（以上は 2006 年）によって、自治権拡大を期待した政府レベルの道州制案の消滅もあって、地方／民間ベースのローカルな東アジア共同体の構想もいったんは潰えたかに見えました。

　しかしながら、2010 年に松島泰勝らによる「琉球独立宣言」が出され、いわばパーソナルなレベルでの動きが活性化します。さらに松島らは琉球民族

独立総合研究学会を設立しました(2013年)が、この独立論の動きと深く絡み合いながら、パーソナルなレベルの「東アジア」関連のいくつかの運動の流れにも同時に着目することができます。すなわち、まず上述の国際都市構想から東アジア共同体研究へと進む流れから、「東アジア共同体研究所」の設立という動き(2013年：理事長は鳩山友紀夫)と「東アジア共同体・沖縄(琉球)研究会」の発足(2016年：発足時の共同代表は木村朗と高良鉄美)という諸個人ベースのパーソナルな動きがありました。なお、前者の研究所は2014年に沖縄の那覇に同研究所「琉球・沖縄センター」を設けたことも付け加えておきましょう。

　さらに、すでに本書で触れていますが、北東アジア連帯への志向をも伴ったかたちの、脱国家志向・平和(非戦)のための琉球共和社会憲法案(初出は1981年)を柱とする複数の琉球憲法私案の2010年代の「復活」という流れもありました(川満・仲里編『琉球共和社会憲法の潜勢力』)。いずれもが沖縄戦の悲惨さを踏まえた反戦平和思想とアジア/世界との連携を模索する私案です(拙著『トランスナショナリズム論序説』)。2010年代は、その意味で、琉球独立論とならんで、東アジア共同体の議論がパーソナルなレベルで再活性化しはじめた時期であるということができます。なお、これらと歩調を合わせるかのような、日米間の密約問題を含む沖縄基地問題の研究と日本の対米従属批判の流れ、たとえば2011年からの矢部宏治の著作活動から白井聡の『永続敗戦論』の登場と、それ以降の日本知識人による議論展開の流れもあります(鳩山友紀夫ほか『東アジア共同体と沖縄の未来』、木村朗編『沖縄から問う東アジア共同体』参照)。

⑵リージョンへの問い

　そこで、いま問われるべきなのは、理論的＝実践的な課題としての「東アジアの連携」という問題であろうと思われます。中国・東アジア研究の韓国人歴史家・白永瑞は、中国に東アジアという視点はあるのかと問うています(『共生への道と核心現場——実践課題としての東アジア』)。また現代中国を論じ

る中国人の徐涛は、1990年代を中心に中国外交における「東アジア」の発見を語っています（『台頭する中国における東アジア共同体論の展開』）。そこで国際政治的な面で、北東アジアを中心とする東アジア共同体（EAC）論への道を再度——部分的な繰り返しを厭わずに——確認してみたいと思います。

　現代政治史的には、北東アジアにとっては、1992年の中韓国交回復が重要で、さらに1994年のASEAN地域フォーラム（ARF）への中国参加も東アジアを考える上では大きな転換点でありました。他方、思想界に目を向けると、まずは韓国知識人の植民地関連の課題意識から発して、分断問題（南北朝鮮、中台、沖縄／日本）と帝国日本批判を踏まえた東アジア共同体への志向が挙げられますが、中国でも、孫歌の著作活動によって、東アジアへの視線と中国における課題意識が明確になってきます（『歴史の交差点に立って』、および孫歌ほか編『ポスト〈東アジア〉』）。さらに、台湾における陳光興の『脱帝国』での研究も注目に値します。

　そのとき、日本の状況はどうだったのでしょうか。21世紀に入って、森嶋通夫についてはすでに触れましたが、その後、姜尚中と和田春樹が韓半島を強く意識して「東北アジア共同の家」構想を展開し、谷口誠や進藤榮一も「東アジア共同体」に関する新書を刊行しました。さらに2010年代に入ってからは、政治的な東アジア共同体構想が頓挫するなかで、あらためて上述の2つの研究グループの流れである東アジア共同体研究が本格化したのでした。とくに今日、「東アジア共同体研究所」は中国との連携を前面に出し、「東アジア共同体研究会」は日本国内の社会-政治問題の批判的検討と主に韓国との連携とに重きを置いているように思われます。

　だが、パーソナル・ベースのこの2つの研究グループが、これからどこまで議論の射程を実践論的に広げられるのかは不分明なところがあります。おそらく、この点が今後に向けた現時点での課題となるでしょう。例えば、そこからは、フィリピンやベトナム、あるいはモンゴル・(極東)ロシア・ハワイ・太平洋島嶼国などとの連携は展望できるのでしょうか。かつての盟主日本的・アジア自閉的な帝国日本の「アジア主義」（嵯峨隆『アジア主義全史』参照）

の轍を踏まないためには、今後はこの点もさらに問われてくると思われます。

　そこで、1つの未来への展望として、北東アジアにおける新たな地域的連携と学知的連携の道について触れておきましょう。前節で繰り返し見たように、東アジア共同体の議論は、2005年に路線対立が明確となり、結局オーストラリア・ニュージーランド・インドが加わったASEAN＋3＋3の16か国での東アジアサミット（EAS）というかたちとなり、さらに2011年にはアメリカとロシアも加わって、18か国体制となり、狭い意味での（北）東アジア共同体論からは離れていき、東アジアサミットの会合自体も儀礼化していったことに触れました。

　しかしながら、北東アジアの平和のための共生・連携は不可欠です。とくに、日本においては、政府側から中国脅威論や北朝鮮脅威論が喧伝されて、日本の世論自体が安倍政権の国家間対立を助長するかのような「軍事的な備え」の政策を支える構造となっています（ただし、米軍基地問題を抱える沖縄では、逆に、2010年代には知事選挙や県民投票などで政府批判の立場が鮮明に示されています）。こうした「脅威論」を超えて、かつ軍事増強志向をも超えて、（北）東アジア地域の平和と共存の状態を創造し、その地域の人びとが連携する道を、われわれはいかにすれば見出すことができるのでしょうか。

⑶東アジア共同体への回路

　現時点で国家の国際関係の政策に過大の期待を寄せることができないとすれば、人びと1人ひとりの行為、およびそうした平和と共生への志向をもった諸個人と民間団体のレベルで、新たな関係性（人際関係・民際関係）の構築以外には当面、道が開かれていないように思われます。そしてそうした新たな関係性の構築が、やがて国家をも動かすことが可能になるかもしれませんが、そのような道とは、具体的にどのような道なのでしょうか。この点を考えるためにも、筆者が示してきた、本書第1部でもみてきた、現代世界を（コーポレアル・）パーソナル・ローカル・ナショナル・リージョナル・グローバルなレベルからみていく視点を再度取り入れてみましょう。それは、リージョ

ナルなレベルで、人びとが（国家間の「国際関係」ではない）諸個人間の「人際関係」や民間団体間の「民際関係」として、パーソナルに、そしてローカルに連携する道です。すでに事実上、アジアでは経済的には人びとはリージョナルに連携しあっています。パーソナルにも国際結婚のようにトランスナショナルな実践がなされています。文化的にも交流は進んでいます。そうした前提となる事実的なトランスナショナルな事態を基盤としてはじめて、未来を展望する希望の光が見えてくるのではないでしょうか。

　それは、先述の沖縄の大田知事が進めようとしたした「国際都市構想」のような、具体的に都市連携や地域連携へと進める道でもあります。友好都市関係の創出や都市・地域単位の相互交流などから始め、沖縄や済州島といった基地問題を抱える都市間の連携という具体的な方途も考えられます。斎藤幸平の示した「ミュニシパリティ」タイプの地方政府（地方自治体）同士の個別の連携・交流も考えられます。そうしたローカルですが、トランスナショナル・トランスローカルな動きが広がることで、ナショナルな問題を超えて、リージョナル・グローバルな展開が見えてくると思われます。ヨーロッパ連合もその提唱から70年、具体的に動き出してから40年かけて成立し、ヨーロッパの平和と共生を──Brexitや難民問題を抱えながらも──実現しています。北東アジアもパーソナル・ローカルな足下から、そうしたリージョナルな連携の動きを着実に進めていくことが現時点では肝要なことだと思われるのです。

　かつては独立国で、その後に他の（大）国に併合され、現在は基地問題で揺れている沖縄や済州──さらにはハワイも同様です──が連携することの重要性は、あくまでも一例に過ぎないとしても、アジア太平洋における重要な試みの端緒となるでしょう。アジアの平和を考えるとき、アジアの内部だけでは不十分だとすれば、太平洋の似た状況の地域（島嶼部）との連携も考えられます。いずれにせよ、アジア太平洋の自治体連合のようなリージョナルな地域的連携を促すことは、実現可能な1つの道であるように思われるます（たとえば、地域的連携の一例として、United Municipality in Asian and Pacific Region＝

UMAP：（ハワイ―沖縄―済州―南洋等の島嶼連携を核にした）「アジア太平洋地域自治体連合」といったようなネットワーク連携も構想できるかもしれません）。

　しかし、夢のような話はここまでとして、最後にもう１つ重要な連携の具体例を示したいと思います。それは、研究者やいわゆる知識人と呼ばれる人びとの連携の道です。筆者が属する社会学会の例を挙げておきたいと思います。日本社会学会においては――残念なことですが――沖縄や東アジアの連携への本格的な着目はようやく21世紀に入ってからのことでした。では、この地域の研究者の連携は、今はどうなっているのでしょうか。そこでの理論的な課題は、「方法論的ナショナリズム」（U・ベック）を乗り越え、人文社会学的な知を含めた筆者のいう未来構想的発生論を展開できるかどうかという点にあるように思われます（拙著『トランスナショナリズム論序説』）。この後者に関してはいまだ検討課題に留まっているというのが現状ではありますが、前者とともに、少しずつではあるが動き始めているとも思われます。本節の最後にこの点に触れておきましょう。

　今世紀初頭から本格的に動き出していた「東アジア社会学者ネットワーク（EASN）」という団体（その10年間の成果として、筆者も寄稿している Kim, S. K. 他編『A Quest for East Asian Sociologies』という著作を出しています）は、日中韓の社会学会の連携の動きと一部は連動しながら、2019年の春に「東アジア社会学会」（EASA）として、正式に発足しました（設立大会は同年3月に東京・中央大学で開催されました）。こうした動きは、学知的連携という実践的な課題の点では大いに着目できるものです。また、そこでの「トランスナショナル社会学」という常設部会（RN ＝ Research Network）の成立（筆者が部会長です）は、これまで主に国家内社会にのみ焦点化してきた伝統的な社会学を――現状ではまだまだ各国の社会の現状報告およびそれらの比較に留まる傾向があるとはいえ――「方法論的トランスナショナリズム」（筆者の用語）の方向で再検討する意味でも興味深くなるはずです。そしてそれは、単なるリージョナリズムに閉塞しない、グローカル（＝グローバル＋ローカル）でソシオロジカルな「方法としてのアジア」（竹内好『日本とアジア』参照）という視点から、世界を視野に

入れた、いわばトランスナショナルかつトランスカルチュラルな、東アジア・太平洋の知的（＝知識人の）共同体形成という（研究者の）実践的課題を展望していく必要性が——平和構築のためにも——今後さらに一層求められるであろうと考えています。2020年はコロナ禍で韓国で開催予定の第2回大会が延期となっていますが、オンライン開催の方向も模索されています。ともかく、その一歩は踏み出され、東アジア共同体に向けた小さな回路の1つは出来つつあるのです。

2. 移動と越境の思想——グローカル研究と脱国家的志向

⑴コスモポリタニズムの意味

　これまでは、あえてリージョナリズムという言葉を多用しませんでしたが、見てきたのは東アジアを例とする「リージョナリズム」の展開でした。それは、まず地理的、文化的な「近しさ」という交流可能な自然圏に基づいた「連携」の道であって、最終の目標ではありません。それは、1つの出発点に過ぎないのです。目標は、コスモポリタニズムです。ただし、ここで述べようとしているコスモポリタニズムは、世界市民社会論といった意味でのコスモポリタニズムではありません。この点に触れることから、結びに代えた「まとめ」に向かいたいと思います。

　トランスナショナルな政策として、当面はリージョナリズムとしてのEUやASEANにも学びつつ、また沖縄の大田元知事のトランスローカルな国際都市構想にも触発されつつ、いきなり東アジア共同体を組織的に構想するのではなく、有志による「北東アジアにおける平和と共生のための連携」を模索するのが現実的で正当な戦略ではないでしょうか。それは、北東アジアにおいて、日中間、日台間、日朝間、日韓間、そして朝鮮半島の南北間などで、国際的に見ても、著しい対立関係（新旧の冷戦）が残存／現存しているからです。そこにおいてパーソナル・ローカルなレベルから平和を模索する動きがなければ、そして一歩でも平和に向けた進展がなければ、北東アジアは世界

の火薬庫のような混とんとした状況に置かれ続けることになります。平和を
論じる以上、「ここがロドスだ、ここで跳べ」というような、まさにここに
試金石的な課題があるといわざるを得ません。先の研究者の東アジア連携へ
向けた小さな動きは、有志による「北東アジアの平和と共生に向けた連携」
への小さな一歩だったのです。そこを出発点として、グローカルな展開へと
進むためには、コスモポリタニズムという「社会思想」も求められています。
そこで、グローカルな視点からコスモポリタニズムを問い直す視点について
述べてみましょう。

　すでに触れましたが、コスモポリタニズムは、ヘレニズム時代の哲学者
ディオゲネスが、アレクサンドロス大王に問われて、私はポリスの市民では
なく、コスモポリスの住人だと答えたことが契機となっているといわれてい
ました（西原・樽本編『現代人の国際社会学・入門』の終章も参照）。ディオゲネス
自身は、樽の中でおそらくは日光浴を楽しみながら思索しつつ生活していた
ので、世界を飛び回るという意味でのコスモポリタンではありません。した
がって、彼が思い描くコスモポリタンは、むしろ心穏やかに、知を磨き上げ
ながら、日々を他者とともに過ごしていく平和な状況にある人のことではな
いでしょうか。

　現代のコスモポリタニズムは、イマニュエル・カントが『永遠平和のために』
のなかで「世界連邦」を構想したことが、現代的な出発点だといわれます（そ
ういえば、カントも生まれ育った場所にとどまり外国には出ていませんでした）。彼
は、国際環境裁判所などの増設も視野に入れており、慧眼であることは確か
です。しかしそれは、いってみれば「法政治的コスモポリタニズム」であって、
現代ではデービッド・ヘルドが国連改革を志し、選挙による下院の設立に
よって二院制を実現したうえで、民主的な世界政府へ向けた動きとして考え
られているような動きにつながるものです（ヘルド『コスモポリタニズム』）。そ
れに対して、「哲学倫理的コスモポリタニズム」もあります。アメリカのロー
ルズが自由の平等性を出発点として、自由を行使できない人への支援などに
よって、機会の均等を確保しようとした「正義論」の発想は、国際正義論と

して拡大すれば、トマス・ポッゲのように、国際的な格差社会に対する国際的支援を正義としてコスモポリタニズムを実現しようとする発想になっていきます（『なぜ遠くの貧しい人への義務があるのか』）。もちろん、それは重要な視点で、筆者も国際 BI（ベーシック・インカム）論としてすでに関連的に言及してきています。しかしながら、いまここで論及したのは、もっと地に足の着いたコスモポリタニズムの展望なのです。

　別の著作で論じたことがありますが（拙著『現代国際社会学のフロンティア』）、国際社会学は、国際政治学や国際経済学などとは異なり、社会学として日常生活世界の人びとの相互行為状況から出発します。それは、ヴェーバー社会学以来の伝統です。筆者はそういう意味で、人びとの「移動」に焦点を合わせ、しかも現代においては、トランスナショナルに越境する移動が非常に重要な現象として注目すべきことを主張してきました。それが筆者のトランスナショナリズム論の出発点です。そこに着目することは、ベックの言うような「方法論的ナショナリズム」を超克していくことです（ベック『ナショナリズムの超克』）。筆者は、そうした視座に立つことを「方法論的トランスナショナリズム」と称してきました。そういう意味では、ジェラルド・デランティが外国人にも配慮して、脱西洋中心を心掛けながら、コスモポリタニズムを提唱する視座とは一部重なります（『Routledge Handbook of Cosmopolitanism Studies』参照）。

　しかしもっと、生活に根差した「社会学的コスモポリタニズム」を考える必要があるのではないでしょうか。なぜなら、世界（コスモス）を生きていくのは、日々の私たち自身だからです。そうだとすると、ここで着目すべきは——すでに何か所かで言及しているのですが——ヌスバウムの論点（ヌスバウム『正義のフロンティア』）だと思われます。マーサ・ヌスバウムは、マイノリティへの配慮を強調します。それは外国人、女性、障害者、高齢者、子ども、そして動物にまで及びます。そしてそうした「他者」との共生を目指すのが、ヌスバウムの狙いです。しかし何といっても、そうした配慮のもとになっているのは、彼女の人間観で、そこにみられる興味深さです。

　彼女は、『正義のフロンティア』で人間の潜在能力（ケイパビリティ）を最大

限に発揮できるような社会のあり方を検討しています。それは、10 項目の
考察すべき「中心となる人間的ケイパビリティ」として示されています。い
まそれらを簡潔に記せば、1) 生命、2) 身体の健康、3) 身体の不可侵性、4)
感覚・創造力・思考力、5) 感情、6) 日常の実践理性、7) 他者との連帯、8)
他の種との共生、9) 遊び、10) 環境の制御、です。以上は少し雑多な感があ
るので、グローバルな「正義」の基準としても彼女が指摘した以上の 10 項目
を、筆者なりに 4 つにまとめるとするならば、

　　①人間の生命・身体の「傷つきやすさ」(vulnerability) を保護し、

　　②人間の理性や思考力だけでなく、感性や感情や実践理性も重視し、

　　③他者との連帯のみならず他の種との共生も考慮し、そして最後に、

　　④遊びの余裕をもって、社会と自然の環境を顧慮すること、

と総括することができると思います。

　ここには本書において問題にしてきた、近代の理性中心的／合理的人間像
および人間中心主義や国家中心主義を超える意図がしっかりと見えるのでは
ないでしょうか。ヌスバウムの興味深さは、本書と触れ合うこうした地点に
あるということができます。ヌスバウムの試みは、一国内の理性的な健常者
としての国民 (しかも成人男性) を中心にしているかにみえる従来の正義論を、
マイノリティへの着目という展望の中でジェンダー論や障害者論もかかわる
点で大きく進展させる試みとなったのです。

　では、そうした主張はどうすれば実現可能となるのでしょうか。筆者とし
ては、それを具体的に「北東アジアにおける平和と共生に向けた連携」とい
う当面の目標＝出発点と考えて、前章で結論的に見てきたわけです。しかし、
もっと身近な日常生活レベルでは、つまりパーソナルやローカルなレベルで
は、地域に根差したトランスナショナルな土着のコスモポリタニズムが必要
だと考えてきました。大震災のような災害時に人びとが協力し合う場に見ら
れるコスモポリタン的な活動のなかに、その萌芽がみられます (西原・樽本
編『現代人の国際社会学・入門』終章参照)。そうした相互扶助的な土着化されて
きた／土着化されうるコスモポリタニズムこそが、持続可能なコスモポリタ

ニズムとして着目されるべきではないでしょうか。それは、世界市民主義な
どといった「大きな物語」ではなく、身近な地点にある「万民対等主義」とで
もいうべき、対等な関係の構築の問題なのです。それゆえ、コスモポリタニ
ズムは、じつはマイノリティ問題や差別問題と密接につながる論点なのです。
そうした地に足の着いた地点からの、社会学的なコスモポリタニズムがいま
問われていると思われます（西原・杉本編『マイノリティ問題から考える社会学・
入門――差別をこえて』参照）。

　社会学者・塩原良和は『分断と対話の社会学』のなかで、次のように述べ
ていました。「方法論としてのトランスナショナリズムは、グローバルに共
有される価値規範の模索という理念論的トランスナショナリズム、あるいは
コスモポリタニズムの問いを呼び起こす」のですが、「今日において、コス
モポリタニズムとは世界市民協同体や世界政府の形成を目指す理想というよ
りは、現実に出現しつつあるグローバルな政治（略）・経済・社会（略）・文化（略）
の現実を踏まえたうえで、国家や民族、文化や宗教を越えた連帯や共働を目
指す立場である」とまとめています。まさに筆者がコスモポリタニズムでい
いたいことを見事に表現していると思います。それゆえ、もはや付け加える
言葉はありません。

⑵脱国家的志向――共生思想と農生思想

　筆者の問題意識は、中国の旧満州からの引揚家族としての家庭環境のなか
で幼少期から少年期を過ごして戦争の悲惨さを知り、さらに高校生のときに
はベトナム戦争が本格化して路上で射殺されるベトコン（南ベトナム解放民族
戦線）の兵士とおぼしき人の写真や、戦時下に裸で逃げ惑う村の少女の写真
に接して非常にショックを受けて反戦の思いを強くし、世界とりわけ東アジ
アの平和を願う心性が形成されたことを告白しておこうと思います。そして、
そのためには自分に何ができるのかという問題意識を抱きながら、これまで
の探究生活を送ってきました。その探究の途上での1つの方法論的帰結がグ
ローカル研究です。別の表現を用いるならば、グローカル化という「補助線」

を方法論的に引くことで、トランスナショナリズムという補助線とともに、これまで見えてこなかった論点が明確になってきたように思われます。

　ここは、その間の事情を詳細に論じる場ではありませんが、本書の最後に、次のことだけは明確にしておきたいと思います。現時点での筆者の問題意識は、東アジアとりわけ北東アジアにおいて、間主観的な非戦意識の形成はいかにして可能か（特に北東アジアにおける平和と共生のための連携がいかにして可能か）という点、およびグローカルな視点から何が今後さらに検討されるべきなのかという問いに対して、研究上および実践上で模索するという点にあるということです。本書の目的の 1 つは、こうした問題を考えるための方法論的、認識論的、実践論的な視角を確認し、そうした視角を読者と共有することにあったのです。

　本書の冒頭近くで述べてきたことと重なりますが、まとめに代えるかたちで繰り返しを厭わずに、次のように記しておきましょう。

　すでにグローバル化に関しては多くの議論が蓄積されていますが、筆者自身は、グローカル研究として、あらためて「グローカル化」の諸相として、軍事の、経済の、政治の、法のグローカル化、そして何よりも「社会のグローカル化」と「文化のグローカル化」を分析的に区別し、かつテクノロジーの、エコロジーの、病のグローカル化も便宜上区別して考えたいと思います。とくに「社会のグローカル化」の推進力は、何よりも人の「移動」にあります。再三述べてきたように、多くの人びとが事実として、国境を越えて、生活、仕事、勉学、結婚、亡命、避難、旅行などのために移動することが、社会のグローカル化を推し進めてきたのです。これは、生活苦を随伴する格差社会や戦争・紛争などといった外的条件、技術のグローカル化に伴う交通手段や通信手段の発達という外的条件があるにせよ、まさしく人びとのパーソナルな生世界（life-world）レベルでの変容が、ナショナル、リージョナル、グローバルな変容に結び付くことが焦点となります。いいかえれば、上からではなく、下からのコーポレアルやパーソナルな人の移動が、ローカルやナショナルな位層のあり方を、さらにはより広域のリージョナルな、そしてゆくゆく

はグローバルな位層のあり方を変容させるという意味で、ローカルな動きがグローバルに影響を与える「グローカル化の上向」の動きといってよいでしょう。

　実際、具体的に筆者の念頭にこれまであったのは、国家の足元での人の移動の出発地というローカルな場から、他国の到着地というローカルな場へのトランスナショナル・トランスローカルな移動を介して、移民や難民や外国人労働者などの動きが、国家や地域統合体のシステムを揺り動かしているという点でした。さらに最近では、「グローカル化の上向」運動の例として、基地反対運動や核兵器の廃絶を願う運動に、筆者は着目しています。この典型的な事例は、1950年代に起こった東京の砂川における米軍立川基地の拡張反対運動(砂川闘争)が、アメリカの軍事上の極東戦略および世界戦略に変更を与えた例や、コスタリカなどのローカルな人びとの動きが国連レベルでのグローバルな「核兵器禁止条約」の発効にまで至るような例だと述べておくことができます。

　こうして筆者自身はこれまで、「グローカル化の上向」の動きを、とくにトランスナショナリズムという用語に仮託するかたちで強調してきました。その際に念頭にあるのは、移民のような国境を越える人びとの事実としてのトランスナショナルな動きだけでなく、社会研究におけるトランスナショナルな視角という方法としての重要性であり、そしてさらに、平和の問題、共生の問題、格差の問題、環境の問題などといった今日の社会問題において、国家のもつ限界を必要に応じて乗り越えていく脱国家的な方向性としての、理念としてのトランスナショナリズムを追求するという方向性でした。この論点を社会思想的な文脈にパラフレーズすれば、誤った人間中心主義的で個人主義的な「主体主義」や、感性や身体性を軽視する「科学主義」といった近代的思考のパラダイムを批判し、さらに社会理論的には、利潤最大化を目的とする「資本主義」や自国中心主義的な「国家主義」を批判的に考察する方向で検討を重ねてきたわけです。

　資本主義国家は、かつては帝国主義的な植民地主義を経済的背景にして、

自らの国家の成長・発展を願う心性（ナショナリズム）をも創造して、20世紀の国家主義のぶつかり合いを経て生き延びてきましたが、今日では環境問題（CO_2問題、森林破壊問題、オゾンホール問題、海洋汚染問題など）と、それに付随する食糧問題（飢餓問題から農薬問題、あるいはグローバルなアグリ・ビジネスに至るまで）などで、いまや限界点・転換点を迎えているという時代認識を筆者はもっているのです（ラワース『ドーナッツ経済学が世界を救う』参照）。

　しかしながら、そもそも人は、ローカルでパーソナルな位層のもとで、コーポレアルな（身体的な）存在として、食物摂取を共同で確保しながら生存してきた存在者なのです。だが食糧問題を考えてみると、その生存の足元がいま揺らぎ始めている面にも着目できます。それゆえ、本書の最後として言及するだけになりますが、「脱成長」を念頭に置きながら、一方で農産物で生命を維持することを重視するローカルかつリージョナルな「農生思想」（農によって生きるという思想）と、他方で農に基づく食をトランスナショナルかつリージョナルな共同で管理しつつ確保する「共生思想」といった2つの基本発想からなる「生世界」の維持を考えていく道についても思いを馳せるべきでしょう。この点については、本書の第7章を中心とする理論展開上のどこに位置づけられるのかという問題も、最後に考えてみたいと思います。

　その基本的な位置づけは、次のように考えられます。本章はまず、旧冷戦状態が継続し、新たな米中の冷戦も語られるなかで、東アジアの連携を求める動きの活性化・深化が「東アジア共同体」の形成可能性として沖縄から具体化し始めている点が出発点でした。ただし、そのためには戦前の「東亜の新体制」とか「東亜協同体」といったような日本の帝国主義的な発想ではもちろんなく、距離的にも経済的にも依存関係が自然的に生じやすい、いわば隣人の自然圏的な場での、それゆえ北東アジアや西太平洋地域の人びととの平和の構築と共生の実現のための協力・連携から出発していく必要があります。

　こうしたトランスナショナルな（国境を越える）人際的な関係が、身近な範囲の実行可能な分野からはじめて、やがてリージョナルに（広域地域的に）活発化させていくことが、通信網や交通網の発達したグローバルな社会をやが

てより充実した差別のない世界にしていく1つの道となるだろうと思われます。そのためには、まずは確実に、私たちの周りの生世界を、平和のうちに他者と共生しながら、対等な関係で新たな世界を作り上げていく環境が必要です。その環境づくりを、まずは「生きる」ために必要な食糧確保に役立つ農業を中心とする第1次産業を再活性化して、脱資本主義的な脱成長の方向で考えていく必要があります。その1つが、農業で結びついていく東アジアという方向性です(進藤榮一ほか編『農が切り拓く東アジア共同体』や豊田豊『食糧自給は国境を越えて』参照)。その可能性の追求が、今後の重要な選択肢の1つとして位置づけていくことができるのではないでしょうか。

　いずれにせよ、こうした発想も含めたリージョナリズムの展開は、グローカルな視点からの脱国家的なトランスナショナリズムの理論と実践に迫っていくことになると思われます。そして、そのめざすところは、土着のコスモポリタニズムないしは万民対等主義であろうと筆者はいま考えています。以上で、ひとまず、本書を閉じることにしましょう。

文献リスト [50音順]

*なるべく、現時点で入手可能な文献を優先して挙示した。
*訳書のあるものは、それを優先した（[　]内は原著の執筆年ないし刊行年である）。
*文庫化されている著作は、文庫を優先した（[　]内は原著の執筆年ないし刊行年である）
*訳書のない文献は、リスト最後に外国語文献として示してある。
*なお、リスト中の中韓の人名は原則として日本語読みにしている。

【ア行】

浅田彰 1983『構造と力』勁草書房

浅田彰 1986『逃走論―スキゾキッズの冒険』ちくま文庫 [1984]

アタリ、ジャック 2014『所有の歴史』山内昶訳、法政大学出版会 [原著 1988]

阿部謹也 2017『中世の窓から』ちくま学芸文庫

新川明 1971『反国家の兇区』現代評論社（増補版 1996）

アンダーソン、ベネディクト 2007『定本 想像の共同体―ナショナリズムの起源と流行』白石隆・白石さや訳 [原著 1983]

家永三郎 1974「日本における家観念の系譜」『講座家族 8』弘文堂

石附実 1992『近代日本の海外留学史』中公文庫

石橋湛山 1984『石橋湛山評論集』松尾尊兌編、岩波文庫

井上智洋 2018『AI 時代の新・ベーシックインカム論』光文社新書

イリイチ、イヴァン 1989『コンヴィヴィアリティのための道具』渡辺京二・渡辺梨佐訳、日本エディタースクール出版部 [原著 1973]

植木枝盛 1974『植木枝盛選集』家永三郎編、岩波文庫

ヴェーバー、マックス 1989『プロテスタンティズムの倫理と資本主義の精神』大塚久雄訳、岩波文庫 [原著 1920]

植村邦彦 2010『市民社会とは何か―基本概念の系譜』平凡社新書

ウォーラースティン、イマヌエル 1981『近代世界システム論（I・II)』川北稔訳、岩波書店 [原著 1974]

鵜飼哲 2020『まつろわぬ者たちの祭り―日本型資本主義批判』インパクト出版会

浮世博史 2020『もう一つ上の日本史―古代～近世篇』『もう一つ上の日本史―近代

〜現代篇』幻戯書房

内村鑑三 1981『内村鑑三全集 1』岩波書房

梅渓昇 2007『お雇い外国人―明治の脇役たち』講談社学術文庫

エリアス、ノベルト 1977/78『文明化の過程（上）』赤井彗爾ほか訳、『文明化過程（下）』
　波田節夫ほか訳、法政大学出版局［原著 1939］

エリアス、ノベルト 1981『宮廷社会』波田節夫ほか訳、法政大学出版局［原著 1969］

エリアス、ノベルト 2014『諸個人の社会―文明化と関係構造』（新装版）ミヒャエル・
　シュレーター編、宇京早苗訳、法政大学出版局［原著 1939/1987 ほか］

エルズリッシュ＆ピエレ 1992『〈病人〉の誕生』小倉孝誠訳、藤原書店［原著 1991］

エンゲルス、フリードリッヒ 1966『空想より科学へ―社会主義の発展』大内兵衛訳、
　岩波文庫［原著 1880］

大城立裕 2015『対馬丸』講談社文庫

大塚久雄 1968『近代化の人間的基礎』筑摩書房

小笠原博毅・山本敦久ほか 2016『反東京オリンピック宣言』航思社

小笠原博毅・山本敦久 2019『やっぱりいらない東京オリンピック』岩波ブックレッ
　ト

小熊英二 1995『単一民族神話の起源―「日本人」の自画像の系譜』新曜社

小熊英二 1998『〈日本人〉の境界――沖縄・アイヌ・台湾・朝鮮 植民地支配から復
　帰運動まで』新曜社

小熊英二 2012『社会を変えるには』講談社現代新書

オルテガ、イ・ガセット 2020『大衆の反逆』佐々木孝訳、岩波文庫［原著 1930］

【カ行】

海部陽介 2019『日本人はどこから来たのか？』文春文庫

勝俣誠・アンベール、M 編 2011『脱成長の道』コモンズ

加藤義信ほか 1996『ピアジェ×ワロン論争』ミネルヴァ書房

川上徹太郎・竹内好ほか 1978『近代の超克』冨山房百科文庫

川島武宜 1950『日本社会の家族的構成』日本評論社

川原温 1996『中世ヨーロッパの都市世界』山川出版社

川満信一 2010『沖縄発――復帰運動から 40 年』情況新書

川満信一・仲里効編 2014『琉球共和社会憲法の潜勢力――群島・アジア・越境の思
　想』未來社

姜尚中 2001『東北アジア共同の家をめざして』平凡社

カント、イマヌエル 1985『永遠平和のために』宇都宮芳明訳、岩波文庫 [原著 1795]

木村朗編 2017『中国・北朝鮮脅威論を超えて──東アジア不戦共同体の構築』耕文社

木村朗編 2019『沖縄から問う東アジア共同体─「軍事のかなめ」から「平和のかなめ」へ』花伝社

クラッパー、ジョセフ 1966『マス・コミュニケーションの効果』日本放送協会放送文化研究所訳 [原著 1960]

クロスリー、ニック 2003『間主観性と公共性』西原和久訳、新泉社 [原著 1996]

ゲルナー、アーネスト 2000『民族とナショナリズム』加藤節監訳、岩波書店 [原著 1983]

纐纈厚 1999『侵略戦争─歴史事実と歴史認識』ちくま新書

高誠晩 2017『〈犠牲者〉のポリティクス─済州 4・3／沖縄／台湾 2・28　歴史清算をめぐる苦悩』京都大学学術出版会

【サ行】

斎藤幸平 2020『人新世の「資本論」』集英社新書

榊原英資・水野和夫 2015『資本主義の終焉、その先の世界─「長い二一世紀」が資本主義を終われせる』詩想社新書

佐藤俊樹 1993『近代・組織・資本主義─日本と西洋における近代の地平』ミネルヴァ書房

サルトル、ジャン・ポール 1955 年『実存主義とは何か』伊吹武彦訳、人文書院 [原著 1946]

塩野七生 2017『ギリシャ人の物語 II──民主政の成熟と崩壊』新潮社

塩原良和 2017『分断と対話の社会学──グローバル社会を生きるための想像力』慶應義塾大学出版会

白井聡 2013『永続敗戦論』太田出版

シュタインホフ、パトリシア 2003『死へのイデオロギー─日本赤軍』木村由美子訳、岩波現代文庫 [原著]

シュッツ、アルフレート 2006『社会的世界の意味構成─理解社会学入門』佐藤嘉一訳、木鐸社 [原著 1932]

シュッツ、アルフレッド 1985『シュッツ著作集 第 2 巻 社会的現実の問題 [II]』渡部光・那須壽・西原和久訳、マルジュ社 [原著 1962]

シュッツ、アルフレッド 1991『シュッツ著作集 第 3 巻 社会理論の研究』渡部光・

那須壽・西原和久訳、マルジュ社 [原著 1964]

シュッツ、アルフレッド 1998『シュッツ著作集 第 4 巻 現象学的哲学の研究』渡部光・那須壽・西原和久訳、マルジュ社 [原著 1966]

シュンペーター、ヨーゼフ 1977『経済発展の理論―企業者利潤・資本・信用・利子および景気の回転に関する一研究〈上〉』塩野谷祐一・東畑精一・中山伊知郎訳、岩波文庫 [原著]

徐涛 2018『台頭する中国における東アジア共同体論の展開』花書院

進藤榮一 2002『分割された領土――もう一つの戦後史』岩波現代文庫

進藤榮一 2007『東アジア共同体をどうつくるか』ちくま新書

進藤榮一・豊田隆・鈴木宣弘 2007『農が拓く東アジア共同体』日本経済評論社

進藤榮一・木村朗編 2016『沖縄自立と東アジア共同体』花伝社

進藤榮一・木村朗編 2017『中国・北朝鮮脅威論を超えて―東アジア不戦共同体の構築』耕文社

末浪靖司 2012『対米従属の正体―米公文書館からの報告』高文研

杉本良夫・マオア、ロス 2002『日本人論に関する 12 章』ちくま学芸文庫

スミス、アダム 1969/70『道徳情操論(上・下)』米林富男訳、未來社 [原著 1757]

スミス、アダム 1969『国富論』(『世界の名著 31　アダム・スミス』)玉野井芳郎・田添京二・大河内暁男訳、中央公論社 [原著 1776]

成城大学グローカル研究センター編 2020『グローカル研究の理論と実践』東信堂

孫歌 2008『歴史の交差点に立って』日本経済評論社

孫歌・白永瑞・陳光興編 2006『ポスト〈東アジア〉』作品社

【タ行】

高田保馬『世界社会論』中外出版

竹内好 1993『日本とアジア』ちくま学芸文庫

谷口誠 2004『東アジア共同体――経済統合の行方と日本』岩波新書

玉木俊明 2019『世界史を「移民」で読み解く』NHK 出版

デカルト、ルネ 1997『方法序説』谷川多佳子訳、岩波文庫 [原著 1637]

デカルト、ルネ 2006『省察』山田弘明訳、ちくま学芸文庫 [原著 1641]

童話屋編集部編 2001『あたらしい憲法のはなし』童話屋

トクヴィル、アレクシ・ド 2015『アメリカにおけるデモクラシーについて』岩永健吉郎訳、中公クラシックス [原著 1835]

富永健一 1996『近代化の理論―近代化における西洋と東洋』講談社学術文庫

豊田隆 2016『食糧自給は国境を超えて―食糧安全保障と東アジア共同体』花伝社

【ナ行】

仲宗根政善 1982『ひめゆりの塔をめぐる人々の手記』角川文庫

永田洋子 1982/83『十六の墓標　炎と死の青春（上・下）』彩流社

浪川健治 2004『アイヌ民族の軌跡』山川出版社

西川潤・アンベール、マルク 2017『共生主義宣言』コモンズ

西原和久 1994『社会学的思考を読む―社会学理論と「意味の社会学」へのプロレゴ
　　メナ』人間の科学社

西原和久 1998『意味の社会学―現象学的社会学の冒険』弘文堂

西原和久 2003『自己と社会―現象学の社会理論と〈発生社会学〉』新泉社

西原和久 2010『間主観性の社会学理論―国家を超える社会の可能性 [1]』新泉社

西原和久 2016『トランスナショナリズムと社会のイノベーション―越境する国際社
　　会学とコスモポリタン的志向』東信堂

西原和久 2018『トランスナショナリズム論序説―移民・沖縄・国家』新泉社

西原和久 2020『現代国際社会学のフロンティア―アジア太平洋の越境者をめぐるト
　　ランスナショナル社会学』東信堂

西原和久・油井清光編 2010『現代人の社会学・入門―グローバル化時代の生活世界』
　　有斐閣

西原和久・樽本英樹編 2016『現代人の国際社会学・入門―トランスナショナリズム
　　という視点』有斐閣

西原和久・保坂稔編 2016『増補改訂　グローバル化時代の新しい社会学』新泉社

西原和久・杉本学編 2021『マイノリティ問題から考える社会学・入門―差別をこえ
　　て』有斐閣

ヌスバウム、マーサ 2012『正義のフロンティア―障碍者・外国人・動物という境界
　　を越えて』神島裕子訳、法政大学出版局［原著 2006］

【ハ行】

ハイデガー、マルティン 1994『存在と時間』細谷貞雄訳、ちくま学芸文庫［原著
　　1927］

バウンド 2019『60 分でわかる！ SDGs 超入門』功能聡子・佐藤寛訳、技術評論社

博報堂生活総合研究所編 1985『「分衆」の誕生―ニューピープルをつかむ市場戦略
　　とは』日本経済新聞出版

226

鳩山友紀夫ほか 2014『東アジア共同体と沖縄の未来』花伝社

バーバ、ホミ、K. 2009『ナラティヴの権利―戸惑いの生へ向けて』磯前順一・ダニエル・ガリモア編訳、みすず書房

原田泰 2015『ベーシック・インカム―国家は貧困問題を解決できるか』中公新書

ハラリ、ユヴァル・ノア 2016『サピエンス全史―文明の構造と人類の幸福（上）』[原著 2011]

東アジア共同体研究所・琉球沖縄センター編 2020『沖縄を平和の要石に』芙蓉書房出版

広井良典 2015『ポスト資本主義―科学・人間・社会の未来』岩波新書

廣松渉 1991『世界の共同主観的存在構造』講談社学術文庫[原著 1972]

廣松渉 1982『存在と意味―事的世界観の定礎』第一巻、岩波書店

廣松渉 2001『物象化論の構図』岩波現代文庫[原著 1983]

廣松渉 1988『哲学入門一歩前―モノからコトへ』講談社現代新書

廣松渉 1992『哲学の越境―行為論の領野へ』勁草書房

廣松渉 1993『存在と意味―事的世界観の定礎』第二巻、岩波書店

百田尚樹 2018『日本国紀』幻冬舎

ブーアスティン、ダニエル 1964『幻影の時代―マスコミが創造する事実』星野郁美・後藤和彦訳、東京創元社[原著 1962]

フーコー、ミシェル 2020『監獄の誕生―監視と処罰』(新装版)田村俶訳、新潮社[原著 1974]

藤原和樹 2020『朝鮮戦争を戦った日本人』NHK 出版

フッサール、エドムント 1995『ヨーロッパ諸学の危機と超越論的現象学』細谷恒夫・木田元訳、中公文庫[原著 1954]

フッサール、エドムント 2012『間主観性の現象学―その方法』浜渦辰二・山口一郎監訳、ちくま学芸文庫[原著 1973]

麓慎一 2002『近代日本とアイヌ社会』山川出版社

プラトン 1979『国家（上・下）』藤沢令夫訳、岩波文庫[原著 1922]

ブリュレ、ピエール 1997『都市国家アテネ――ペリクレスと繁栄の時代』青柳正規監修、高野優訳、創元社[原著 1994]

古市憲寿 2015『絶望の国の幸福な若者たち』講談社＋α文庫

古川江里子 2011『美濃部達吉と吉野作造―大正デモクラシーを導いた帝大教授』山川出版社

フロム、エーリッヒ 1951『自由からの逃走』[原著 1941]

フロム、エーリッヒ 1970『マルクスの人間観』樺俊雄・石川康子訳、レグルス文庫［原著 1968］

ヘーゲル、G. W. F., 2000/01『法の哲学（上・下）』上妻精・佐藤康邦・山田忠彰訳、岩波書店［原著 1821］

ベーコン、フランシス 1978『ノヴム・オルガヌム―新機関』桂寿一訳［原著 1620］

ベック、ウルリッヒ 1998『危険社会―新しい近代への道』東廉・伊藤美登里訳、法政大学出版局［原著 1986］

ベック、ウルリッヒ 2008『ナショナリズムの超克――グローバル時代の世界政治経済学』島村賢一訳、NTT 出版［原著 2002］

ベル、ダニエル 1975『脱工業社会の到来―社会予測の一つの試み（上・下）』内田忠夫ほか訳ダイヤモンド社［原著 1973］

ヘルド、デビッド 2011『コスモポリタニズム――民主政の再構築』中谷義和訳、法律文化社［原著 2010］

ポッゲ、トマス 2010『なぜ遠くの貧しい人への義務があるのか―世界的貧困と人権』立岩真也監訳、生活書院［原著 2008］

ホッブス、トマス 1982-85『リヴァイアサン（1-4）』水田洋訳、岩波文庫［原著 1651］

【マ行】

前田徹 1996『都市国家の誕生』山川出版社

真木悠介 1977『現代社会の存立構造』筑摩書房

松岡哲平 2019『核と沖縄』新潮社

松島泰勝 2014『琉球独立論――琉球民族のマニフェスト』バジリコ

松島泰勝 2015『実現可能な五つの方法――琉球独立宣言』講談社文庫

松島泰勝・石垣金星 2010「「琉球自治共和国連邦」独立宣言（全文）」『環』Vol. 42.

松浪信三郎 1962『実存主義』岩波新書

マルクス／エンゲルス 2002『新編輯版 ドイツ・イデオロギー』廣松渉編訳、小林昌人補訳、岩波文庫［原著 1845-6］

マルクス／エンゲルス 1971『共産党宣言』大内兵衛・向坂逸郎訳、岩波文庫［原著 1848］

マルクス、カール 1964『経済学・哲学草稿』城塚登・田中吉六訳、岩波文庫［原著 1844］

マルクス、カール 1956『経済学批判』武田隆夫ほか訳、岩波文庫［原著 1859］

マルクス、カール 1965『資本論（1-3）』岡崎次郎訳、国民文庫［原著 1867］

228

マルクス、カール 2020『ルイ・ボナパルトのブリュメール 18 日』丘沢静也訳、講談社学術文庫［原著 1869］

マルクス、カール 1975『ゴータ綱領批判』望月清司訳、岩波文庫［原著 1875］

マルクス、カール 1974「マルクスからヴェラ・イヴァーノヴナ・ザスーリチ（在ジュネーヴ）へ」［いわゆる「ザスーリチの手紙」］『マルクス・エンゲルス全集 35』大月書店［原著 1881］

丸山圭三郎 1981『ソシュールの思想』岩波書店

丸山圭三郎 2012『ソシュールを読む』講談社学術文庫

丸山眞男 2006『現代政治の思想と行動』(新装版) 未來社

三木清 1967『三木清全集』第 14 巻、岩波書店

水野和夫 2014『資本主義の終焉と歴史の危機』集英社

溝口優司 2020『アフリカで誕生した人類が日本人になるまで』[新装版]SB 新書

見田宗介 2018『現代社会はどこに向かうのか―高原の見晴らしを切り開くこと』岩波新書

宮地ゆう 2005『密航留学生「長州ファイブ」を追って』萩ものがたり Vol.6.

森嶋通夫 2001『日本にできることは何か――東アジア共同体を提案する』岩波書店

森宣雄 2016『沖縄戦後民衆史―ガマから辺野古まで』岩波現代全書

メルロ＝ポンティ、モーリス 1967/1974『知覚の現象学 1』竹内芳郎・小木貞孝訳、『知覚の現象学 2』竹内芳郎・木田元・宮本忠雄訳、みすず書房［原著 1945］

メルロ＝ポンティ、モーリス 1966『眼と精神』滝浦静雄・木田元訳、みすず書房［原著 1953］

メルロ＝ポンティ、モーリス 1969/1970『シーニュ（1、2）』竹内芳郎監訳、みすず書房［原著 1960］

メルロ＝ポンティ、モーリス 1993『意識と言語の獲得』木田元・鯨岡峻訳、みすず書房［原著 1998］

【ヤ行】

薬師寺公夫ほか編 2019『ベーシック条約集 2019』東信堂

矢部宏治 2017『知ってはいけない―隠された日本支配の構造』講談社現代新書

山本英二 2002『慶安のお触書は出されたのか』山川出版社

横井小楠 1970「沼山対話」『国是三論』花立三郎訳注、講談社学術文庫［原著 1864］

吉田松陰 1984『日本の名著 31 吉田松陰』松本三之介編、中公バックス

吉田敏浩 2016『日米合同委員会の研究―謎の権力構造の正体に迫る』創元社

吉野作造 2016『憲政の本義―吉野作造デモクラシー論集』中公文庫

【ラ行】

ラエルティオス、ディオゲネス 1989『ギリシャ哲学者列伝（中）』加来彰俊訳、岩波
　文庫

ラワース、ケイト 2018『ドーナッツ経済学が世界を救う―人類と地球のためのパラ
　ダイムシフト』黒輪篤嗣訳、河出書房新社［原著 2017］

リースマン、デイヴィッド 1964『孤独な群衆』加藤秀俊訳、みすず書房［原著 1950］

リップマン、ウォルター 1987『世論（上・下）』掛川トミ子訳、岩波文庫［原著 1922］

琉球新報社・新垣毅編 2015『沖縄の自己決定権―その歴史的根拠と近未来の展望』
　高文研

ルソー、ジャン・ジャック 1954『社会契約論』桑原武夫訳、岩波文庫［原著 1762］

ルソー、ジャン・ジャック 1972『人間不平等起源論』（改訳版）本田喜代治・平岡昇訳、
　岩波文庫［原著 1755］

歴史学研究会編 1997『日本史史料［4］近代』岩波書店

歴史学研究会編 1997『日本史史料［5］現代』岩波書店

レーニン、ウラジーミル 1956『帝国主義』宇高基輔訳、岩波文庫［原著 1916］

レーニン、ウラジーミル 1957『国家と革命』宇高基輔訳、岩波文庫［原著 1917］

ロック、ジョン 2010『完訳 統治二論』加藤節訳、岩波文庫［原著 1689］

ロバートソン、ローランド 1997『グローバリゼーション』（部分訳）阿部美哉訳、東
　京大学出版会［原著 1992］

ロールズ、ジョン 2010『正義論（改訂版）』川本隆史・福間聡・神島裕子訳、紀伊國
　屋書店［原著 1999］

【ワ行】

和田春樹 2003『新地域主義宣言 東北アジア共同の家』平凡社

ワロン、アンリ 1983『身体・自我・社会』浜田寿美男訳編、ミネルヴァ書房

【外国語文献】

Delanty, Gerard (ed.), 2012, *Routledge Handbook of Cosmopolitanism Studies*, Routledge.

Delanty, Gerard and David Inglis (eds.), 2011, *Cosmopolitanism I - IV*, Routledge.

Juergensmeyer, Mark, Manfred B. Steger, Saskia Sassen, eds., 2018, *The Oxford Handbook of Global Studies*, Oxford University Press.

230

Kim, Seung Kuk, Peilin Li and Shujiro Yazawa (eds.), 2014, *A Quest for East Asian Sociologies*, Seoul National University Press.

Moulaert, F., et al., eds. 2013, *The International Handbook of Social Innovation: Collective Action, Social Learning and Transdisciplinary Research*, Edward Elgar Publisher.

謝　辞

　本書は、これまで筆者がさまざまな機会に行ってきた講義・講演での話の内容を中心に、一気に書き下ろしたものです。筆者の話を聞いてコメントを寄せてくれた学生・院生たちや聴衆の皆さんに感謝します。とくに成城大学では、「イノベーション社会論」と「現代国際社会学」の講義を担当し、2020年度はオンライン授業となりましたが、Zoomのチャット機能を使って毎回コメントしてくれた受講生には本当に感謝しています。また、学部のゼミ生や大学院のゼミ生からも、いろいろ刺激を受けました。どうすれば、かれらと関心を共有できるのかと考えながら、授業・ゼミを進めてきました。本書が少しでも読者の関心を惹き起こすものとなっているとすれば、それはかれらのお蔭です。

　本書は、成城大学のグローカル研究センターの出版に関する助成を受けています。このセンターの初代のセンター長である上杉富之教授と、現在のセンター長である小澤正人教授に感謝いたします。とくに小澤教授には、本書への出版助成および日程的なことを含めて、筆者の無理筋の依頼を快く引き受けてくださり、感謝に堪えません。またこのセンターに集う同僚・院生などの関係者、および所属の社会イノベーション学部の同僚にも、いちいちお名前を挙げることは割愛しますが、御礼を申し上げます。

　ただし、本書の再校の段階で世話になった2人の教え子、1人は2021年の4月から島根県立大学の准教授として教壇に立つ中村圭博士、もう1人は同じく4月から一橋大学大学院博士課程に進学して社会学を研究する古梶隆人君については、とくに名前を挙げて謝意を表します。ありがとうございました。

　なお、本書の一部には、2017-2019年度の科研費（課題番号17K04100）「沖縄独立研究と琉球社会憲法の国家観——沖縄県人・県系人にみるトランスナ

232

ショナリズム」と、2018-2019 年度の成城大学特別研究助成「沖縄の将来構想と東アジア ── アジア太平洋知的共同体形成の可能性」の成果が使われています。コロナ禍の 2020 年度には、実際にアジア太平洋の各地に飛んで調査・研究する機会には恵まれませんでしたが、思索を進めるうえで大いに役立ちました。

　最後になりましたが、いまやほとんど共同研究者となりつつある、東信堂の下田勝司社長に深く御礼申し上げます。かつて「社会学のアクチュアリティ：批判と創造」シリーズで共同作業を本格的に始めて以来、そしてさらに「国際社会学ブックレット」を共同で企画し刊行している現在、下田氏の支えによって研究が成り立っていることを痛感し、感謝に堪えません。今後は、国際社会学ブックレットのコーディネーターの 1 人として私自身もさらに協働作業を担えれば幸いです。末筆ながら、東信堂の関係者の皆様にも心から御礼申し上げる次第です。

2021 年 1 月 30 日

西原和久

事項索引

あ行

か行

234

人名索引

著者紹介

西原　和久（にしはら　かずひさ）

成城大学社会イノベーション学部心理社会学科教授・名古屋大学名誉教授。名古屋大学にて博士号(社会学)取得。マンチェスター大学、南京大学、ハワイ大学等の客員研究員・客員教授などを経験。専門は、社会学理論、移民研究、国際社会学。

主要著書：『意味の社会学―現象学的社会学の冒険』(弘文堂、1998年)、『自己と社会―現象学の社会理論と〈発生社会学〉』(新泉社、2003年)、『間主観性の社会学理論―国家を超える社会の可能性 [1]』(新泉社、2010年)、『トランスナショナリズムと社会のイノベーション』(東信堂、2016年)、『トランスナショナリズム論序説―移民・沖縄・国家』(新泉社、2018年)、『現代国際社会学のフロンティア』(東信堂、2020年) など。

編著：『権力から読みとく現代人の社会学・入門〔増補版〕』(藤田弘夫との共著：有斐閣、2000年)『現代人の社会学・入門―グローバル化時代の生活世界』(油井清光と共編：有斐閣、2010年)、『現代人の国際社会学・入門―トランスナショナリズムという視点』(樽本英樹と共編：有斐閣、2016年) など。

訳書：『シュッツ著作集』(全4巻、マルジュ社、共訳) のほか『間主観性と公共性』『社会学キーコンセプト』『社会運動とは何か』『社会的身体』(いずれも、N.クロスリー著、新泉社、単訳ないし共訳) など。

グローカル化する社会と意識のイノベーション―― 国際社会学と歴史社会学の思想的交差

2021年3月25日　　初　版第1刷発行　　　　　　　　　　〔検印省略〕
定価はカバーに表示してあります。

著者ⓒ西原和久／発行者　下田勝司　　　　　　　　印刷・製本／中央精版印刷

東京都文京区向丘 1-20-6　　郵便振替 00110-6-37828
〒113-0023　TEL (03) 3818-5521　FAX (03) 3818-5514
発 行 所　株式会社 東信堂
Published by TOSHINDO PUBLISHING CO., LTD.
1-20-6, Mukougaoka, Bunkyo-ku, Tokyo, 113-0023, Japan
E-mail : tk203444@fsinet.or.jp　http://www.toshindo-pub.com

ISBN978-4-7989-1703-0　C3036　ⓒ NISHIHARA, Kazuhisa

東信堂

国際社会学ブックレットシリーズ

- 国際社会学の射程 ―日韓の事例と多文化主義再考【国際社会学ブックレット1】　西原和久・芝真里編訳　一二〇〇円
- 国際移動と移民政策 ―社会学をめぐるグローバル・ダイアログ【国際社会学ブックレット2】　西原和久・有田伸・山本かほり編著　一〇〇〇円
- トランスナショナリズムと社会のイノベーション ―越境する国際社会学とコスモポリタン的志向【国際社会学ブックレット3】　西原和久　一三〇〇円
- 現代国際社会学のフロンティア ―アジア太平洋の越境者をめぐるトランスナショナル社会学【国際社会学ブックレット4】　西原和久　一一〇〇円

- グローカル化する社会と意識のイノベーション ―国際社会学と歴史社会学の思想的交差　西原和久　二六〇〇円
- 海外日本人社会とメディア・ネットワーク ―パリ日本人社会を事例として　吉野耕作・松本行真編著　四六〇〇円
- 移動の時代を生きる ―人・権力・コミュニティ　大西比呂志・吉原直樹監修　三二〇〇円
- 北欧サーミの復権と現状【先住民族の社会学1】 ―ノルウェー・スウェーデン・フィンランドを対象にして　小内透編著　三九〇〇円
- 現代アイヌの生活と地域住民【先住民族の社会学2】 ―札幌市・むかわ町・新ひだか町・伊達市・白糠町を対象にして　小内透編著　三九〇〇円

- 白老における「アイヌ民族」の変容 ―イオマンテにみる神官機能の系譜　西谷内博美　二八〇〇円
- 迫りくる危機『日本型福祉国家』の崩壊 ―北海道辺境の小規模自治体から見る　北島滋　一〇〇〇円
- ネオリベラリズム都市と社会格差 ―インクルーシブな都市への転換をめざして　城所哲夫・瀬田史彦編著　三六〇〇円
- 分断都市から包摂都市へ：東アジアの福祉システム　全泓奎編著　三二〇〇円
- 東アジア都市の居住と生活：福祉実践の現場から　全泓奎編著　二八〇〇円
- 東アジア福祉資本主義の比較政治経済学 ―社会政策の生産主義モデル　メイソン・キム著／阿部・全・箱田監訳　二六〇〇円
- 東アジアの高齢者ケア 国・地域・家族のゆくえ　須田木綿子・森川美絵・平岡公一編著　三六〇〇円
- 園田保健社会学の形成と展開　米林喜男編著　三八〇〇円
- 社会的健康論　園田恭一　二五〇〇円
- 保健・医療・福祉の研究・教育・実践　園田恭一　三四〇〇円
- 研究道 学的探求の道案内　平岡公一・武川正吾・山田昌弘・黒田浩一郎監修　二八〇〇円
- 認知症家族介護を生きる ―新しい認知症ケア時代の臨床社会学　井口高志　四二〇〇円

〒113-0023　東京都文京区向丘1-20-6　TEL 03-3818-5521　FAX03-3818-5514　振替 00110-6-37828
Email tk203444@fsinet.or.jp　URL:http://www.toshindo-pub.com/
※定価：表示価格（本体）＋税

東信堂

〒113-0023 東京都文京区向丘1-20-6　　TEL 03-3818-5521　FAX03-3818-5514　振替 00110-6-37828
Email tk203444@fsinet.or.jp　URL:http://www.toshindo-pub.com/

※定価：表示価格（本体）＋税

東信堂

（シリーズ 社会学のアクチュアリティ：批判と創造　全12巻）

- クリティークとしての社会学——現代を批判的に見る眼　宇都宮京子編　一八〇〇円
- 都市社会とリスク——豊かな生活をもとめて　浦野正樹編　一八〇〇円
- 言説分析の可能性——社会学的方法の迷宮から　佐藤俊樹編　二〇〇〇円
- グローバル化とアジア社会——ポストコロニアルの地平　西原和久編　二三〇〇円
- 公共政策の社会学——社会的現実との格闘　武川正吾編　二〇〇〇円
- 社会学のアリーナへ——21世紀社会を読み解く　友枝敏雄編　二三〇〇円
- モダニティと空間の物語——社会学のフロンティア　吉原直樹編　二六〇〇円
- 戦後日本社会学のリアリティ——せめぎあうパラダイム　厚東洋輔編／池岡義孝編　二六〇〇円

（斉藤日出治編／三重野卓編／吉野英岐編／新原道信編）

【地域社会学講座　全3巻】

- 地域社会学の視座と方法　似田貝香門監修　二五〇〇円
- グローバリゼーション／ポスト・モダンと地域社会　古城利明監修　二五〇〇円
- 地域社会の政策とガバナンス　矢澤澄子監修　二七〇〇円

（シリーズ世界の社会学・日本の社会学）

- タルコット・パーソンズ——最後の近代主義者　中野秀一郎　一八〇〇円
- ゲオルグ・ジンメル——現代分化社会における個人と社会　居安正　一八〇〇円
- ジョージ・H・ミード——社会的自我論の展開　船津衛　一八〇〇円
- アラン・トゥーレーヌ——現代社会のゆくえと新しい社会運動　杉山光信　一八〇〇円
- アルフレッド・シュッツ——主観的時間と社会の道徳的空間　森元孝　一八〇〇円
- エミール・デュルケム——社会の道徳的再建と社会学　中島道男　一八〇〇円
- レイモン・アロン——時代の証人　岩城完之　一八〇〇円
- フェルディナンド・テンニエス——ゲマインシャフトとゲゼルシャフト　吉田浩　一八〇〇円
- カール・マンハイム——時代を診断する診断者　澤井敦　一八〇〇円
- アントニオ・グラムシ——『獄中ノート』と批判社会学の生成　鈴木富久　一八〇〇円
- 費孝通——民族自省の社会学　佐々木衛　一八〇〇円
- 奥井復太郎——都市社会学と生活協同の創始者　園部雅久　一八〇〇円
- 新明正道——綜合社会学の探究　藤田弘夫　一八〇〇円
- 米田庄太郎——新総合社会学の先駆者　山本鎮雄　一八〇〇円
- 高田保馬——理論と政策の無媒介的統一　中久郎　一八〇〇円
- 戸田貞三——実証社会学の軌跡・家族研究　川合隆男　一八〇〇円
- 福武直——民主化と社会学の現実化を推進　蓮見音彦　一八〇〇円

〒113-0023　東京都文京区向丘1-20-6　TEL 03-3818-5521　FAX03-3818-5514　振替 00110-6-37828
Email tk203444@fsinet.or.jp　URL·http://www.toshindo-pub.com/

※定価：表示価格（本体）＋税

〒113-0023　東京都文京区向丘 1-20-6　TEL 03-3818-5521　FAX03-3818-5514　振替 00110-6-37828
Email tk203444@fsinet.or.jp　URL·http://www.toshindo-pub.com/

※定価：表示価格（本体）＋税